子秋风范

柴松岳 二〇一〇年夏

柴松岳题词

英雄千万众
文雄千万众

夏衍同志大寿

赵朴初敬贺

千高九五尊

赵朴初题词

的 燈火 照亮 我們 奮進

之 鷗 學習 他 走 我們 的 責任

庚寅 初秋 書華

亥行舊居記念館

蘇叔陽

黃冑《白貓圖》

苏叔阳题词

夏衍同志是老革命、老作家、又是文艺界的老前辈，他待人平等、人人愿意接近他。敬重他，今见故居陈列朴素大方也无官气，益增我对夏公之思念。二〇〇一年五月华君武书

华君武题词

一刻

兹录夏衍同志的一段话以纪念

夏衍同志诞生一百十周年

张浚生

张浚生题

申石伽《坚挺直节图》

新凤霞：《幽姿雅韵》（夏衍之子沈旦华教授赠夏衍故居）

编辑委员会名单

巨匠光华映钱塘

夏衍研究文集

夏衍研究会◎编

浙江大学出版社
ZHEJIANG UNIVERSITY PRESS

全国百佳出版单位

怀念夏公(代序)

博大宽厚,平易近人,

您是知识分子的挚友。

千辛万苦,出生入死,

您是革命战士的楷模。

您是人民的好儿子,您是杭州的骄傲!

您的道德文章源远流长,

您的风骨人格,永远是后来者学习的榜样。

大哉夏公,吾浙先贤,

高山景行,仰慕如此!

程仰熙

二〇一〇年六月十五日

目　　录

第三辑　夏衍作品研究

第四辑　夏衍精神的传承

第一辑

——夏衍与杭州

夏衍故乡行

沈祖安

一

自从 1919 年初夏,夏衍第一次出远门去上海算起,夏衍在这漫长的七十余年里,共回来过几次家乡?夏衍自己回答说:"大概不到十次。具体次数就记不清了!"

在我的记忆中,黄宗江和谢晋都当面问过他,连研究夏衍多年的陈坚教授也多次要和我核实夏衍回故乡的次数和内容。但是在夏公 1993 年 7 月最后一次来杭州时当面向我和陈坚、林缦说:"我想最多六七次,使我印象最深刻的几次,总共有四次。就是从日本回来就回杭州'避风头'那一次,加上 1951 年冬季随谭震林同志回杭州,只住了两夜就回上海的那一次。第三次就是 1981 年,恢复电影百花奖,和首届金鸡奖,在里西湖新新饭店举办颁奖活动,与各方面朋友相见最多的一次。我还正式回到严家弄的老家。1986 年那一回,我印象深的是,有关方面把我安排在新装修的蝶来饭店的'总统套房'。我不愿揩公家的油,自己又住不起,才搬到新新饭店的一间标准房。倒蛮落位。第四次是住在汪庄的那一个星期。内容也丰富,也值得回忆。"

"那这一次(1993 年)呢?"

夏公愣了一下,随即笑道:"这是最近的一次,印象……还不深。同样也住在老地方汪庄 2 号楼,但是说实话……一时还无法说。我还没有离开杭州,因为还不清楚……不知以后还会有什么有趣的事,总是在离开后过一段时间,印象也会更实在,也更真切。"

二

于是,我只能根据我所了解的说。也不能全程叙述,只是从时间的次序,由远及近,由表及里,有话即长,无话则短。

1919 年 4 月,夏衍第一次出远门六个月后,在 1920 年 1 月的冬天回过杭州,也可以称之为他开始走上革命道路后第一次回故乡。

1919 年 6 月初,夏衍第一次去上海时,经亲友介绍,去上海江南造船厂电机厂实习机电制造工艺,第一次学习用数据绘图。虽然没能学到真本事,半工半读中也没有拿到应有的工资津贴,还让姐姐和姐夫送来半年的生活费。因此家中不得不将两间约二十椽的店面卖掉。这就是他说的"生平第一次愧对家乡"的事。

但是他在这里结识到不少朋友。其中有几位是"一生最重要的引路的朋友"。并且有机会经过实际的才智考核,在上海的洋务会馆将"沈乃熙"的名字列入保送赴日勤工俭学的名册,虽然这个等待批文出洋的时间也足有半年。

1920 年 1 月,为了在等待审批的渴望,夏衍靠朋友的推荐,帮助当时反对地方军阀的酷令暴政的进步力量传递宣传品,不慎暴露,就连夜逃回杭州。

这是夏衍在 1919 年初夏离家寻找救国良方和解决安身立命的壮行中,第一次回故乡。

1920 年前后的杭州风气并无明显的开通。辛亥革命在名义上胜利了,但是各地的民国军政府,虽然袍子马褂已经改成中山装,辫子剪了已近九年,但是梳成小分头的民国官吏的脑海里,依然是那个万变不离其宗的仗势欺人的官僚政权。当时杭州已办了三份报纸:如《民国日报》、《新闻日报》和《浙江新闻报》,都是国民党的右派元老和新派 CC 头目办的。他们用时髦名词为自己扩大地盘,以时髦的名词为巧取豪夺来蒙面遮盖,甚至为没有了皇帝之后的酷吏专政张扬,以军阀、豪绅与党棍的合流来曲解三权合作。更为野蛮的是:让地方势力出钱买武器和刑具来镇压民众,因此新兴军阀变本加厉的手段更加肆无忌惮,当然比上海的空气要浑浊得多。

夏衍离家不到一年光景。但是这一年在上海受到新鲜空气的熏陶,他真的成长了。这次回来,忽然觉得杭州今年的冬天格外冷。母亲为他装满一铜火囱的炭火。因为乃熙从小怕冷,所以一天三次为他换上烧红的热炭。但是夏衍觉得这"不是从外面冷进去的,而是从心里冷出来的"。

尤其是早上地保——乡村里为国民党各级党部和区乡政府调查外来人口和登记闲杂人员的走卒的嘴脸,使夏衍十分恼怒。导火线还是那两张"洋蚕种"引起的。因为杭州闲林埠的"模范蚕种场"向由日本浪人行贿操纵,由地方保丁助虐的"蚕种改良新法",其实是为了讨好日本人而迫害乡民的酷政。

据说就是在 1919 年的"双十节"不久,浙江省政府的农业厅蚕桑实验所收了日本人经营的在华农桑合作株式会社的一笔"补偿费",浙北杭嘉湖周边十二个县、七十二区的蚕种培植,大部采用日本的雄蚕"赢 6"和中国的雌蚕"华 10"交配的新蚕种。

"和尚哥,你在大码头做事,见过大世面,你倒评评理看,这样的欺侮同胞,就是秦桧的末代子孙! 什么'民族共和'、'保护民权民有',革命党里全都是祸害同胞的披着羊皮的狼!"青年农民沈春芳比夏衍小一岁,读书不多,小学毕业就在家务农。就是他平时喜欢看闲书,看民众教育馆里的报刊,关心时事,又常常去听大书,从说书先生的口里听到古今中外的一些新鲜事和倒霉事。所以在同辈农民中显得开通和有见识。尤其是他对夏衍说的那几句话:"怪不得老百姓还是有苦没处说,原来真是革命党里钻进封建余孽,辛亥革命不彻底,民国政府是块空招牌! 你说,老百姓还有啥望头?"

夏衍当然比沈春芳心里明白得多。因为这一年来,他脑海里装着的见识,各种观念形成的思维方法,虽然还很不成熟,甚至还比较幼稚。但是他的体会，是在生活实践中来的。并且都是从大书先生和卖糖的小热昏那里听来的。但是真要他回答沈春芳的疑问，说实话，他当时还说不清楚。

在上海，他所听到的和所看到的，不仅是这场辛亥革命是否彻底和到底有没有成功的问题。而是有不少地方，把清朝衙门改成民国政府，服装和场面不同了，内容几乎没有改变。但是革命不彻底，是不是还要重来一次大革命？又怎么个"革"法？他脑子里也是一片空白。但是他不能辜负春芳的热望，当然也不能用空话去哄骗他。因此一只手搭在他的肩膀上，用五个指头拍拍他的背脊说："我想，一定会有许多有大学问、大本领的能人还在为我们想办法，会引导我们寻找救国救民的良方！"

沈春芳也相信，沈乃熙这位和尚哥心里一定比自己明白一点，因为他是上海回来的。但是他也谅解他，更不想难为他，于是说到眼前的事："和尚哥，小和尚顺便问你一声：你此番又要出远门了，一定会跟着高人去寻找救国良方吧？你这个大地方大庙里去过的和尚，可以来小庙里做当家师吗？"

夏衍听了又高兴又好笑。为什么他和沈春芳都有一个"和尚"的绰号呢？因为他们这四五个同住在附近的邻家男孩，从小都在附近一个剃头摊上剃头，为了便宜和方便，他们从小都剃光头，几个小光头从小在一起玩耍，很像灵隐寺和海潮寺里的一群小和尚。所以他们在自己的家里，都有一个"和尚"的雅号。根据年岁长幼，便有大和尚、小和尚、三和尚和四和尚的称号。后来都到了青少年的年纪，有的都梳起了西式小分头，但是"和尚"的绰号一直沿用下来。

夏衍望着疑惑不决的沈春芳说："论名次，我是二和尚，你是四和尚，但是我们毕竟都还是小和尚。我想，下次回到杭州，我也许会讲出几句，现在还想不到的话来，你等着吧！"

沈春芳说："我等着！"

其实，到了七年后他从日本秘密回国，躲过上海十六铺轮船码头的搜查,连夜逃回杭州。第二天见了变成"大和尚"的沈春芳,他们还没有话说。因为他觉得自己还只是革命阵营的"小和尚"。

夏衍在1920年2月初春节过后的第五天,就去上海了。这回他手里多了一只用细藤条打制的皮箱式的白藤箱,比他当年去上海时的小藤篮,要考究精致得多。

"看看,穿上一身中山装,拎了这只藤箱,真像一位读书先生!"大姐高兴地说。

"眼前也只能这样了,只怪我沈家没本事,娘亏待你了。"母亲说,"只望你自己争气了!"在夏衍的眼里,母亲的眼神总是忧郁的。但是充满了母爱。

"我知道。"夏衍素来性格内向,加上心中愧疚,再没有话可以安慰母亲。"你放心……我走了。"夏衍每次别母远去,心里总有许多话要说。但是见到母亲的忧郁眼神,什么都说不出来。

这是夏衍去日本以前对娘说的两句话,只有六个字,直到五十年后,他还记得。

三

据夏衍自己回忆和他的亲属证实,自从1919年6月夏衍离家去上海,这是他的人生旅途上第一次背井离乡,成为他乡游子,浪迹天涯的开始。第二年的春天,他留学日本,走上了风雪迷漫、波澜壮阔的革命历程。此后实在是没有机会回来。从他去日本之前,回乡筹措旅费,在同年腊月回来作为第一次回乡算起,至1937年冬天抗日战争全面开始的前夜,因母病沉重;星夜赶回,住了两夜,这是第二次回故乡。

抗战八年和三年解放战争,他都是在战争和白色恐怖的高压下,浪迹四海,多方奔走。直到1951年春天,他想回乡探亲,就通过陈毅市长向华东局执行书记饶漱石请示。但是这位大权在握的书记,先用冠冕堂皇的话说:"确实有许多年不回去了,可以理解。"但是他不当面回复夏衍，却过了几天让彭柏山转告说："浙江正在土改复查阶段，你家中成份究竟是'地主'还是'小土地出租'，最后要当地农会核实。此时去杭州，恐怕不妥当吧?"这个"吧"字好像轻飘飘。但是夏衍听了心里明白，这是在暗示你究竟它有多大份量，你扛得起吗！他当时是上海市委常委、宣传部长兼市文化局长，头衔也不小。此时去杭州，难免会惊动亲友，引起不必要的麻烦。再一想，潘汉年也晓以利害得失，不去也好，权当这是领导对你的关心好了。

谁知没到两天，谭震林同志已奉调到北京当政务院副总理，分管农业。他要赶回杭州，卸掉"浙江省委第一书记"和"浙江省政府主席"的职务，向接替工作的省委书记谭启龙交代工作。就在电话里对夏衍说："听说你想回家乡去看看，跟我一起走吧，三天后一起回来，怎么样?"

夏衍却感到为难。因为他要在上海继续工作，不想得罪饶漱石。因为饶漱石虽还年轻，但资历不浅，在新四军重建后成为刘少奇的得力助手，深得器重，调来华东局担任书记，也是在少奇同志的推荐之下，取陈毅而代之的。正犹豫间，饶漱石的秘书电话通知说："能随谭政委回杭州，很好。饶政委说，您是一位有丰富斗争经验，又是原则性很强的老干部了，一切情况，您自己斟酌。"

夏衍就随谭震林返杭州，住在南山路大华饭店分部——涌金桥边那幢有大草坪的别墅里。除了随同会见各方人物，哪里都没去。时值仲春，清明刚过，谷雨之前，春光明媚。谭政委让省接待处长陪夏衍去旧居探亲，但是夏衍没去。因为当地正在"土改"复查阶段，他想到那"自己斟酌"四个字，让汽车沿南山公墓绕了一圈，把原来接待处代为做好的一只大花圈，挂在公墓口的大树上，汽车调头，回到招待所。

花圈上面写着："父母、兄嫂安息"，下款是："乃熙、淑馨敬挽"。

也有不少人对夏衍这样的做法和花圈这样的写法有不同的

说法。后来有人报告了饶漱石,他笑道:"究竟是个书生!"

但是夏衍自己说:"当时换了谁,我看都没有更好的办法!"

这就是夏衍第三次回杭州。

四

夏衍第四次回杭州,是在 1981 年 4 月,电影百花奖和金鸡奖在杭州颁奖,《戏文》杂志在杭州创刊。夏衍这一年为故乡做了许多实事。

夏衍第五次回杭州,是 1986 年,在杭州面对了当时两种思潮的冲突。省委书记薛驹、省委宣传部长于冠西和省文化厅长孙家贤去探望他,问他在杭州想见什么人? 要办什么事。他想了一回说:"就是想去德清的外婆家看看儿时的小学,就打算回去了。"

然后他提了两件事:"一是郁达夫在场官弄的故居'风雨茅庐',现在被占用了,能否保存;二是杭州的行道树多为法国梧桐,树壮、叶盛、根浅,对抗台风不利。"薛书记欣然说:"夏公建议很好,我们及时研究。"

夏衍第六次回杭州,是在 1986 年的秋天。由省委委接待办公室安排在西子国宾馆(汪庄)。可能这是他晚年回乡的最轻松、宽舒的二十天。他在汪庄写了多篇文章,包括代人作序。他嘱咐我说:杭州有不少老朋友要见见面。先后约了陈学昭、汪静之、莫朴、黄源、史行等多位文学、戏剧和美术家的前辈。也接见了浙江小百花越剧团全体演员。临行时,他说:"此番算是真正休息了几天!"

夏衍第七次回杭州,是 1993 年,他生前最后一次回来。这次凑巧巴金先生也在汪庄休息。他们两人坐着轮椅,在西湖边有多次畅谈,可惜不让第三者在场,无缘听到两位爱国的文化巨匠倾心的世纪对话。

他这一次见客很少,但看稿和写字不少。他鼓励浙江的文化人要团结奋进,并肩奋进。

他为人题字中最长的句子,是给沈雷的那一篇:

> 有志者,事竟成,破釜沉舟,百二秦关终属楚。
>
> 苦心人,天不负,卧薪赏胆,三千越甲可吞吴!

用古为今用的手法,激励后人。

五

夏衍第八次回杭州,是由家人接回他的骨灰,撒在钱塘江上。

那一年春天,他在病床上接见了我。他为了方便说话,把吸氧罩拿掉。还是那句老话:"从哪里来?"

我答道:"从杭州来。"

他问:"最近杭州怎么样?"

我答:"从江浙沪长三角算起来,应该还是比较好的,发展较快。"

他微笑道:"那就好……"然后平静地说:"论条件,也应该。"

忽然,他喃喃地说:"我也应该回去了。"

我有点吃惊:"你这样的状况,暂时总不可能去吧?"

他平静地望着我,半响没说话,然后和缓地说:"人老了,想回去了。"然后,他闭目养神,我就悄悄离去。

这是离他逝世半年前的事。也是有一丝诀别的预兆。

不久,我参加了骨灰撒在钱塘江上的仪式。

除孙家贤、梁平波、沈者寿等省市领导外,家属亲友和他的崇拜者挤满一只护航大船。

谢晋打开一瓶"五年陈"绍兴加饭酒说:"夏公,我们好久没有对酌了,我先敬你!"

他刚喝了一口就嚷道:"啊哟,这酒是假的!"大家哄笑。谢晋说:"夏公喝酒不多,但分得出真假",他曾对我说过:"我抽烟,是内行,但是对酒,我是外行。我不能骗他。"

滔滔的钱江水,从西往东涌来,哗哗有声,好像是夏公的笑声:"谢晋,你不也是外行充内行吗?"

江涛陡然涌起,裹着夏衍的笑声。他第八次回来,趁着奔腾的秋涛,冲出鳖子门,奔向浩淼的东海……

幽幽乡情　粒粒成珠

——浅读夏衍忆乡作品

朱友谊

　　夏衍的散文中以政论文为主,特别是上个世纪三四十年代,杂文一直是从"五四"新文化运动以来进步文化向各种黑暗势力作斗争的一种最便捷、最有效的武器,夏衍作为一个早期参加新民主主义革命的斗士,经历从五四运动到左翼联盟到抗战时期到社会主义建设等各个时期斗争,其艰苦性与复杂性贯串在他的散文作品中,犀利的用语,深邃的思想,充沛的情感,紧扣时代的旋律,这些都是他文字的主要特色。

　　读夏衍的文字作品,我感到其中最具震撼力和现实意义的当属他的《包身工》,而最具哲理性和启迪意义的是他的《野草》。但如果从文学性上看,最能表现作者思想与情感纠集、感叹、期望的是他鲜有的几篇怀乡之作。这就是《旧家的火葬》、《忆江南》、《故乡之忆》和《让西湖更美》等 4 篇文章。读这样的文字,让人掩卷长叹,一个出生于旧时代落魄家境的革命者,在那大浪淘沙的年代里,经过各种时期的战争和政治风云磨砺,他对家乡、家事的爱恨交织,贯穿于他写下的文字,虽经岁月几度磨砺,但犹如粒粒珍珠,直到今天依然透出作者对家乡的真挚情怀,充满了对旧事物的恨和对新的事物的希望。

　　《旧家的火葬》写于 1940 年 6 月,写的是夏衍获悉位于杭州近郊太平门外严家弄中的故居,被抗日力量放火烧了后的思想和心绪。

巨匠光华映钱塘——夏衍研究文集

当时的夏衍因抗战从广州转辗到广西桂林,继续从事抗日统一战线的宣传工作,在桂林这个被称之为抗战大后方的"文化城"里,他主持发行《救亡日报》等进步报刊。在《旧家的火葬》一文中,我们可以明显地感受到他身在异乡,对旧家的既有怀恋但更有怨恨的感情。文中主要有两条情感脉络,一条是旧家的由来和当时的用途,这是他反感的:

据母亲说,这屋子是我们祖上"全盛时代"在乡下建造而不用的"别邸",本家住在艮山门内骆驼桥,这是每年春秋两季下乡祭祖时候用的临时公馆,出太平门不远,就可以望见这座大屋子的高墙,那高的可怕的粉墙,将里面住的"书香子弟"和外面矮屋子里的老百姓分开,所以不认识的人,只要一问沈家,那一带的人立刻就会知道:"啊,墙里。""墙里"变了太平门外沈家的代名⋯⋯

在这里,我们看不到夏老对旧家的好感,看不到他对自己家世的认可。"墙里"是他对自己旧居最深刻的印象,直呼其是象征着封建的"破庙"。其实,对旧家夏老还有另一条感情脉络,这主要是来自对母亲的感情,文中他对母亲的描写,只有短短的一段,却是那么的出彩:

在那个时代里,她算得是一个性格奇特的人,四十五岁时死了我父亲以后,从不念过一句佛,从不烧过一次香,出嫁了的姐姐送她一串念珠,她却丢在抽斗里从来不去理会,不信佛,当然不信耶稣,反对中医,有什么毛病专服西药,从这种性格推衍开去,她是一个富于民主精神的人,她从不讨厌邻近的穷孩子到我家里来,也从不禁止我和这些野孩子在一起,把自己吃用的东西省下来送给穷人,是她唯一的愉悦。

母亲在夏衍的心目中的形象虽然是美好的,但也是难以全面接受的,母亲的另一方面,是他不能理解的,比如在对旧家的感情上,她不像夏衍一样来得反感,而是对这所古旧的屋子怀抱着令人不能相信的留恋与执着。所以,旧居在母亲的心中是需要苦心保守的,这让夏衍非常困惑,在夏衍的眼里,旧家其实就是一种潜伏在自己意识深处的一种把人拖留在前一阶段的力量,成为他内心的纠集。同时,旧家也象征着一个旧的社会,与夏衍梦想着追求一个新的社会格格不入。在夏衍的心里这样的旧家是必须彻底砸碎和毁灭的。所以他在获悉旧家被毁时,感到了无比的痛快,这不仅仅是因为,旧家那时候已租给了日伪政权作茧库,又带有了"准汉奸"的色彩,而更是缘于旧家中的那一层封建的象征,阻碍着他内心渴望新生的追求。所以,当这样的旧家被毁后,他便欢呼了。

《忆江南》是抗战时期夏衍写的一篇短文,这是一篇由乡音引起的怀乡之作,准确地讲它是夏老创作的四幕剧《水乡吟》的序跋文。《水乡吟》主要是写一对上海的夫妇何廉生与梅漪在抗战时期来到位于浙西敌我交界处的父亲家中避难,在此,他们救了一位名叫俞颂平的游击队长,而俞颂平恰恰又是梅漪五年前的情人。梅漪因为怨恨俞颂平"把一个自己爱过的女人剩在上海,让她无依无靠",自己就嫁给了"一个没有教养,被人看作低能的丈夫"。当俞颂平突然间又出现在她身边时,她对俞颂平的情感是恨多于爱的。她说"一切都是为了报复,报复一个那样残忍地离开了我的男人"!然而,当俞颂平向她说了"你把恋爱看得太大,把生活看得太小。恋爱之外,还有更大更大的人生,还有更深更深的欢喜"这番道理后,她的思想与情感又发生了转变,主动帮助俞颂平安全地脱险。

这个故事的中心是写梅漪的转变,而作者真正想表现的则是浙西人民抵抗的热情。结合剧本来看,家乡民众的抗日壮举,给夏衍的情感冲击是巨大的,所以他在《忆江南》中写道:"眼看得见的是几乎无可挽回的土堤般的溃决,眼看不到的却像是遇到阻力而更显出了它威力的春潮。要不是浙西人民武装和游击队一再的出击与阻挠,这一年夏季的法西斯洪水也许会冲得更远一点。我明白了浙西人所谓的'浙西人的柔弱'这个概念只能适用于上层知识分子,于是而我也居然常常以王八妹之类的草泽英雄作为我故乡的夸耀了。"

《忆江南》文章开篇是引用李白的《春夜洛城闻笛》,这给文章奠定了浓浓的思乡之情,而正文却宕开一笔,由一对小儿女的絮语、乡音展开了对饱受战火蹂躏的故乡的深情回忆。故乡的人民有背井离乡之苦,更有不屈抗敌之勇。这就让《忆江南》通篇的文字具有了深沉幽怨的特点,这在夏衍的散文中是不多见的,亦可以说,这是在特定的环境和条件下,作者对抗战中那些既平凡又勇敢的浙西民众的另一种歌颂的注解。

写《忆江南》时,夏衍身居重庆,所处的环境为国民党统治区的中心,形势较为复杂和恶劣。他在自传中写道:"1942 年 6 月份起,我开始给《新华日报》的副刊写文章,也在国际版上写一点时评之类,有被扣被删的,也有好运气登出来的,客观形势使我学会了用曲笔,懂得了'摸气候'。"然而,即使如此,我们也还是在他的曲笔中,触摸到了他被故土民众的平凡悲壮与可歌可泣的行为打动,并在文学作品中加以艺术的升华。唯有遗憾的是,以《忆江南》为序的四幕剧《水乡吟》与他前后创作的《上海屋檐下》、《芳草天涯》一起,受到不少党内"左"派的批驳,这或多或少地截阻了夏衍在现实主义创作上的更大成果。

新中国成立以后,夏衍另有两篇散文是专书故乡的。一篇是《故乡之忆》,另一篇是《让西湖更美》。前者写于 1980 年,主要是对浙江的赞美;后者写于 1985 年,主要是对杭州西湖的祝愿。在《故乡之忆》中,夏衍先是回述了 1954 年和 1960 年两次回浙江的感受,而后对故乡的经济、地理、人文、环境逐一述说,文章用语亲切,娓娓道来,点点滴滴,如数家珍。《让西湖更美》一文是反映西湖历史的大型图照连册《西湖旧踪》的序文,纵观全书,夏衍的文字与西湖的美景完美融合,相应成辉,当属景上添花。在《让西湖更美》中,夏衍从春夏秋冬不同季节起笔,穿插看、听、闻、忆几个方面来着笔西湖,通篇文笔优美,情感真挚,有理有节,倾情讲述了西湖在不同时代的盛衰过程,并着重阐述了如何让西湖在新的时代里重现美景的愿

幽幽乡情　粒粒成珠——浅读夏衍忆乡作品

望。对重现西湖美色,夏衍有自己独到的见解,他说,要让衰落了近百年的西湖重新焕发青春,要做的事情很多,而且一定要有科学的规划,要依靠风景学家、园林学家、植物和动物学家。单凭好心和积极性是不够的,让西湖更美,更有地方特色,一定要抓紧时间群策群力,听取专家意见,制定一个符合实际的、可行的规划。是时,夏衍已是 85 岁高龄,经历了人生的多次磨砺,而文中对故乡之情依然浓重,读后让人怦然心动,发人敬之。

严家弄旧事

沈树人

　　要论杭城东郊的老村坊,严家弄绝对是排得上号的。虽然从外表看,它和别的老村坊大同小异,没有什么两样;然而由于夏衍的旧居沈家墙门就座落在严家弄,这就使这个老村坊显得有点很与众不同。

　　严家弄座落在艮山门外,西邻华家池,东靠新塘老街;从新塘老街蜿蜒而来的一条卵石古道穿村而过,在村西端的老樟树下一分为二:一条沿捍海老石塘往西南,经景芳亭,可达庆春门、菜市桥;一条经华家池,到机神庙、来鹤楼至艮山门。这一带是杭州蚕丝业的发源地,周围桑园成片,桑陌田园,古道恰好将这些蚕桑产地串了起来,很有点像杭城的丝绸之路。从晚清年间开始,艮山门外的织机渐渐地多了起来。木制织机作坊的兴起带动了周边的养蚕。缫丝和络丝,差不多人家都以栽桑养蚕、采茧、络丝为业,离严家弄不远有座机神庙,是专为供奉织造业祖师爷的庙宇,大凡机坊业主都要来此庙烧香祈福,以求财运,机神庙香火盛极一时:人气带动了市面,每当土丝上市季节,一绞绞土丝装在腰子形的篮里,拎到此处来成交,生意十分闹猛,从机神庙到来鹤楼一带,成了东乡蚕茧土丝的重要集散地,久负盛名的"杭纺"、"杭罗"的绸坯也出于此地,故而老杭州一向就有"艮山门外丝篮儿"之说。严家弄地处中心位置,自然成了蚕桑的主要产地,村坊里的人以此为业。因而比起那些单纯务农的村坊,严家弄的内容显然要丰富得多,乡民们的日常生活也都与蚕桑丝茧密不可分,沈家墙门当然也不例外,夏公在这座旧宅院里度过了他的童年,这段岁月也都与蚕桑息息相关。

当夏公在沈家墙门降生时,家道已是十分衰落,高高的风火墙里面只是一个破败的空壳而已,谁知祸不单行,夏公两岁半时,他那个会做郎中的父亲,突患中风,抛下一家老小撒手而去,使得沈家更是雪上加霜。幸亏夏公的母亲在德清娘家时就是个养蚕能手,又肯吃苦,于是就重操旧业,靠养蚕来维持一家的生计。虽然夏公从小身体瘦弱,但他很懂事,又极孝顺,到了五六岁时就学会了养蚕,和几位姐姐一起,成了母亲养蚕的小帮手。

养蚕不但是一门苦生活,而且还有很多讲究。比方说:养头蚕前,蚕房要用烟熏一遍;蚕匾都要浸到池塘里去洗过;夏公还是个孩子只能做些辅助劳动,糊板壁就是由他干的。沈家的蚕房设在厢房,把板壁缝糊上纸,既避光又通风,还能防止虫害钻进蚕房。糊好板壁再在墙脚屋角撒上石灰,这是母亲教的土法消毒,很管用。一过清明就要掸蚁了,所谓"掸蚁"就是用鹅毛把幼蚕从蚕纸上掸到小竹匾里,这是个细活,每逢掸蚁,夏公都做得很认真,总能得到母亲的称赞。从"清明"掸蚁到"谷雨"头眠,这段时间的蚕宝宝还是幼蚕,到了二眠三眠蚕宝宝越长越大,吃桑叶的胃口也越来越大。连晚上都要添几次桑叶;沈家没有男劳力,采桑叶要雇短工,这段时间,桑园里总能看到夏公的身影,那瘦弱的身子,背着一枝桑叶蹦达、蹦达地跟在桑叶担后面。

采桑叶也是有规矩的:要等露水干了之后才能采,因为蚕宝宝不能吃湿桑叶的;下过雨的桑叶必须晾干了才能喂蚕,沈家房子多,摊场大,用不着担心;但却苦了那些房子狭窄的蚕农,每当下雨天,母亲让小夏衍打开墙门,把厅堂让出来,给左邻右舍摊桑叶,这可是夏公幼时最乐意干的一件事。

"大眠"之后,蚕宝宝就要"上山",何谓"上山",就是把变得胀鼓鼓、亮晶晶的蚕宝宝撒到扎好的草篷上,让它爬在上面作茧子;几天之后草篷上结满了白灿灿的茧子,一季蚕的心血全在这里,收下来就能卖钱了。这是养蚕人家最有盼头的日子,此时凡与人照面,相互间总要说上几句吉利话,讨个彩头。

养了头蚕,还得再养一季二蚕,这时天气热了,沈家墙门外总是放着一只大钵头,冲满了凉茶供过路人解渴,这份差事就是小夏衍干的,他知道施凉茶是善事,不仅把茶冲得满满的,还到后院去摘来薄荷叶子泡在茶水里让大家消消暑气,周围邻居都夸他聪明,有出息。

蚕桑成了严家弄人的主业,所以乡间也就衍生出许多与养蚕有关的民风习俗;这里的蚕农每年都要去半山娘娘庙轧蚕花,这是一件大事马虎不得,每年三月清明或摇船或步行都要相约而去;传说半山娘娘是管蚕花的,蚕农去烧香祈福求个十二分蚕花回来;还能顺路从广济桥赤岸桥请回一只只的泥猫,供在蚕房里镇老鼠,因为老鼠要吃蚕宝宝,拉出的屎对蚕的生长极为不利,是蚕农的大忌。

严家弄东侧有座寺庙叫"月塘寺"颇具规模,庙前建有戏台。这里每年都要演"蚕戏"、烧"蚕香",还要办"提灯会",以求蚕神保佑地方上风调雨顺,家家蚕花茂盛。旧时严家弄一带对每年的清明、七月半、冬至这三个"鬼节"特别注重,焚香点烛,供饭供酒,以求祖宗庇佑,而对于"元宵"、"中秋"等人节倒反而淡薄了;只有端午才比较讲究,但不讲究吃什么,而是每家每户门口挂菖蒲,菖蒲能驱邪,端午适逢二蚕季节,养蚕人家怎能不挂,好在菖蒲在严家弄附近并非稀罕之物,池塘边水沟里均有生长,就连沈家墙门后院的池塘里,也能拔到菖蒲。

蚕宝宝最爱干净,严家弄的蚕农对房前屋后,都勤于打扫,养成了比较注重卫生的风俗,与其他专事务农的村坊相比,要清爽整齐得多;而且每到春、夏之交,村子里都要打上"烟堆",这样蚊蝇就比较少了;池塘里要洗蚕匾,要挑水煮茧子,所以每口池塘差不多都铺有石河埠,既方便又实用,而且塘水清澈,十分少见。

养蚕是辛苦的,蚕农都希望有一个好的收成,养蚕或采茧子季节,乡邻见面总要问上一句:"今年蚕花几分?"这几乎成了养蚕季节人们的口头语,可见蚕农心里多么盼望能有个"十二分"的蚕花呀。然而每季总有几家运气不好的蚕农遇上"僵蚕",将一大匾一大匾的"僵蚕"抬出去倒掉,碰到这种倒霉的事情真让人心痛至极。

夏公的童年在沈家墙门度过,他从小就看着母亲和严家弄的蚕农一道辛苦,一道发愁担心。

夏公也和严家弄的小伙伴一起去爬桑树,采桑果,把嘴巴吃得墨黑。

夏公也和小朋友一起去池塘玩水,一起去捉知了,捉多了用火煨来吃。

在乡下,差不多人对孩子都是叫小名的,因为小名贱,好养,比如:小毛头、小乌。这几乎成了风俗,严家弄人也同样,夏公从小就是被邻居小伙伴叫着"小和尚"的小名长大,直到上学,从来没有计较过。

旧事如烟,飘忽了一个世纪,已渐渐淡去,然而家乡的往事和童年的生活,留在夏公心里恐怕是挥之不去,一生都不会忘掉的。而严家弄因为有了夏公,也使这个老村坊变得更加精彩和耐人寻味。

夏衍夜走断塘头

余中伟

灾难深重的 1937 年，侵略成性的日寇对中国虎视眈眈，抗日战争一触即发，真是"山雨欲来风满楼"，杭州城同样是黑云压城，笼罩在一片"白色恐怖"之中。

4 月初的一天，从庆春门外严家弄的沈家墙里传出一片悲泣之声，原来沈家老太太徐绣笙过世了，全家正在为老人办丧事。按当时来说 80 岁的老人已属高寿，一旦过世也算"白喜"，正常得很。但沈家的丧事却让邻居和乡亲们觉得缺少点什么，缺什么呢？缺一个人。

自从沈老太太患病以来，老人家自知来日无多，所以一直盼着能最后见一见小儿子——夏衍。这夏衍自打 20 岁离家，一走就是十八年，没怎么联系，只听说他从日本回国就成了共产党，眼下世道险恶，老太太非常担心，天天都记挂着儿子的安全，这成了老太太唯一的心病。直到弥留之际还在叫着夏衍的小名。全家人几经托人联系，但音信杳无，直到老太太咽气，仍然没能见到，老太太带着一生最后的遗憾离开了人世。

眼看老太太很快就要入殓出殡了，夏衍还能赶在入殓前送一送母亲吗？虽然大家的心里都想夏衍能够回来，但看看时下的局势，都觉得希望是很渺茫的了。

这天早上，夏衍小时候邬家店私塾的同学沈春方肩背一匹"大绸坯子"，急匆匆地走在拥挤的太平门直街上，想快点把肩上布坯交给染坊，他还要赶着回去帮助料理沈老太太的丧事呢。"夏衍不在家,我应该多出点力才对。"他这样想着,突然听到背后有人叫了一声:"春方!"沈春方吃了一惊,回头一看,只见人群中一个三十多岁、普通学生打扮的人向自己招了招手,这人身穿四维呢学生装,虽然比较清瘦,但却很有精神。春方见是个洋学生,自己与他不曾相识,但又觉得有点面熟,特别是那双深邃的眼睛,仿佛能够洞察一切。"啊,难道是'和尚哥'(夏衍小伙伴对他的称呼)回来了!""对,肯定是他,到底还是回来了。"春方心里一阵高兴,刚想开口叫他,突然想到:听说夏衍是共产党,这大街上鱼龙混杂,我这一叫,岂不是招来麻烦……春方略一迟疑,等他再回头时,夏衍早已隐没在人流中。尽管只是见到了夏衍身影,但春方心里特别高兴,"和尚哥"是回家奔丧来了。他赶紧要回去看看。

回到严家弄沈家墙里,春方急忙来到老太太的寿材边,没有见到夏衍,在忙碌的帮忙人群中四处搜寻,没有发现,也没有从沈家老大沈霞轩那里感觉到夏衍已回家的迹象。春方以为刚才是自己的错觉,夏衍没有回来,他也就没有向其他人说起。

这天深夜,入殓的准备工作已按照当地的习俗安排停当,只等时辰到来,由孝子来点主了。所谓点主:就是超度亡灵的神主牌位,在写的时候将"先妣 XXX 之灵位"的"之"字少写一点,由孝子刺破手指,用血点上去,以表孝心,这个风俗是十分讲究的。本来,全家人希望老太太最疼爱的小儿子夏衍来点,既然夏衍不能到,只能由长子沈霞轩来点了。霞轩走向神主牌位时向四周看了看,没有看到他想见的人,便缓缓地举起手,正当他要刺破手指的时候,只听到人群后有一个声音传来:"且慢。"原来是老太太的二女儿,和她一起来的还有一位三十来岁的清瘦男子。

"三弟!"沈霞轩的一声呼喊,大家才看清是沈老太太的小儿子夏衍回来了。

"大哥,我来迟了!"

"没关系,来了就好,姆妈一直在等你回来,可惜迟了一点。好在由你来点主,她老人家也可安息了。"

夏衍走过去,在母亲遗体前默默注视了一会儿,然后深深地拜了三拜。从大哥霞轩手上接过一枚钢针,猛地在左手食指上一刺,一滴鲜红的血液流了出来,同时他的脸上流下了两行热泪,夏衍走上前去,轻声用家乡话叫了一声:"姆妈,我来迟啦! 您安息吧!"说完将鲜血点在灵位的"之"字上。

大家看到老太太日思夜想的"和尚哥"冒着危险回来点"主",都感到很欣慰,纷纷上去和这位昔日的伙伴打招呼。正在这时,夏衍突然觉得自己的手被人碰了一下,一团纸团一样的东西塞到了他的手心。过了一会儿,见人少了些,找个空挡打开一看,上面写着两个字"速走"。看来是有人盯上了。夏衍不露声色,当机立断:走,连夜离开严家弄。

于是,他对大哥说:"上海报馆里还有好多事要处理,我要马上返回,母亲的后事烦由大哥和二姐操心了。"大家都知道夏衍的意思,也希望他快点离开,因为夜长梦多,迟则生变。可是走哪条路安全呢? 春方和几个儿时伙伴都建议他北走笕桥,经丁桥到临平,乘火车回上海,这条路是乡间小道,不招眼,虽说路比较远,但大家都认为比较安全,表示愿意陪着夏衍走。夏衍想了想说:"好,就走这条路,不过你们就不要送了,人多反而不好,还是让茧行的伙计陪我走一趟吧。"说完和大家一一告别,迈步走出了沈家墙里。

两人悄无声息地走出严家弄,四周是一片苍茫的夜色,寂静之中,只听到脚踩在卵石上发出的轻微嚓嚓声。走了一程,前面一条岔路灰蒙蒙地躺在夜色中,茧行伙计轻车熟路,顺脚一拐,上了往北的岔路。

"慢,别走了,我们换条路吧。"夏衍的口气低沉而坚决,茧行伙计听了有点摸不着头脑:

"北去丁桥就这一条路呀……"

"我们不走丁桥了,往南。"

"往南怎么走啊?"

"小阿弟,你还认得断塘头吗?"

"什么,您要走断塘头?"

一提起断塘头,伙计直觉得头皮发麻,浑身的汗毛都不自觉地竖了起来。

这断塘头,就在离严家弄西南二三里路的地方,老石塘在这里塌了一段,成了一个弯头,这弯头与塘外的沙地连成了一片洼地,因为地势低,这一路段既无村无店,更没有人家,十分荒凉,时间一长,成了一片乱葬岗子,周围尽是茅草芦苇,间或还能看到裸露的白皮棺材和草包坟,每逢刮风下雨,阴森森的让人不寒而栗,一到太阳下山,几乎没人敢走这条路。不过虽说如此,但只要穿过"断塘头"向南,倒是一条捷径,直通太平门、清泰门,乘火车方便得很。夏衍知道伙计心里害怕,就说:

"小阿弟,不要慌,送到断塘头你就回去吧,我一个人能走,没问题的。"

茧行伙计看着夏衍,心想:大家都知道断塘头是一个鬼门关,我已算胆大的了,想不到这位文弱书生竟有如此胆量和勇气,说道:

"不,我一定要送你。"

夏衍笑了笑:"那我们走吧。"

不一会儿,断塘头到了,夏衍拍着茧行伙计的肩,动情地说道:

"小阿弟,到此为止吧,辛苦你了,回去告诉大家放心吧,不会有事的。"

然而家里人怎么放心得下呢。见到茧行伙计这么快就回来了,都以为出了意外,直到伙计把夏衍随机应变杀了个"回马枪",改走断塘头的经过说了一遍,大家心里的石头才落下,但终归捏了一把汗,茧行伙计却说:

"大家放心吧,我们到断塘头时,那株白果树正开满了一树的白果花,老话说:有人看到白果树开花,他的前程会很顺利的,所以先

巨匠光华映钱塘——夏衍研究文集

生不会有事的。"

果不其然,茧行伙计回来后的半个时辰,严家弄来了一帮陌生人,带头的两人进了沈家,他们摸出"社会局"的派司,说是要找夏衍,可到处寻遍也找不到夏衍的身影,只好灰溜溜地走了。春方见了这一幕情景,诙谐地说道:

"其实这两人是来报信的,说明'和尚哥'在敌人的眼皮底下安全地离开杭州了。"

一句话说得大家会心地笑了。

南瓜棚、络麻地和新塘上

茹 仁

　　《杭州日报》副刊的"城记"专栏曾刊登过韩斌先生的一篇文章："沧桑岁月，悠悠时光——记8号车经过的地方"，文章从梅花碑写到艮山门，巧妙地将历史事件、风云人物、名人故居和街巷地名等串在一起，洋洋洒洒，十分耐读。在写到艮山门时，有这样一段文字："……不过艮山门在近代再次闻名，却不为它那小农经济的手工机坊。1907年8月23日，沪杭铁路杭嘉段通车，艮山门是从杭州到上海的第一站，整个杭州城包括沿路乡村都轰动了，作家夏衍在事隔70多年后仍然记忆犹新：'我母亲高兴地带了二姐、四姐和我，背了长板凳，带了干粮(南瓜团子)，走了二里多路，至艮山门车站附近沿线的空地，排着队看火车这个从来没有见过的'怪物'。沿线挤满了人，连快要收割的络麻地也踏平了。在盛夏的烈日下两个多钟头，好不容易看到了一列火车从北面开过来，隆隆的车轮声和人们的呼喊声融成一片。'"很显然，文章中的这段回忆，来源于《夏衍的回忆录》，那一年夏公七岁。诚如韩斌先生所言，事隔70多年后，夏公竟对此事记忆犹新。尤其让人想不到的是夏公提到的几个细节：南瓜团子、络麻地、长板凳——这些差不多连家乡人都已淡忘的物事和细节，老人家竟还留在记忆深处，着实令人感叹！

　　沪杭铁路通车的时节，艮山门外全是农地和村坊，村坊里农舍比比相连；城郊农舍的格局和杭嘉湖一带的相差无几，最显眼的就是不管你是穷富户，草舍瓦房，门前定有很大的一块道场地，杭州东郊方言称道场地为"道地"，道地既是晒场又是摊场，所以都比较宽

巨匠
光华映钱塘——
夏衍研究文集

敞；而且道地上还有两个明显的标志——一个很气派的南瓜棚和一对晾衣服的"节节高"，所谓"节节高"也就是两根留着枝桠的竹子，埋在对门口的道地上，作为晾衣物搁晾竿的支柱，叫起来名字又好听："节节高，晾（浪）晾燥"。寓意吉祥，彩口响亮。

南瓜棚是必不可少的，它用四至六根树枝或毛竹埋在土里作柱头，上面架上横档，铺上麻杆竹片；柱子边上再堆一个南瓜墩，种上南瓜秧，然后让南瓜藤顺着竹片沿上南瓜棚。南瓜棚下面也属于农家生活场所，炎炎夏日，坐在南瓜棚下的长板凳吃饭，乘风凉，算是劳作一天之后最惬意的享受了。

青南瓜是农家的家常蔬菜，从夏天可以一直吃到秋天；老南瓜则可以当点心；柴灶烧饭，蒸几块老南瓜，下地做生活权充点心；晚上烧一锅南瓜粥，香喷喷，甜乎乎还能省下半升米。城郊有句俗话："头伏冬瓜二伏茄，三伏老南瓜刨刨皮"，说的就是这种情景。乡间旧俗：每到农历七月十二，家家户户要做"麦糕"，将老南瓜煮熟捣糊和进面粉里，蒸出来的"南瓜麦糕"，看似土气，味道还是很不错的；要是能再掺上点糯米粉，蒸出来的就是南瓜团子，南瓜团子又甜又糯。本地人俗称"南瓜塌饼"，比"麦糕"强多了。每当逢时过节或出门办事，总要做一些带上，既方便又实惠，当年沈家墙门早已衰败，日子过得艰辛，能有南瓜团子当点心也算不错了。想不到这小小的南瓜团子竟让夏公口留余香，萦绕于心，念念不忘。足见家乡的风俗民情对夏公的影响之深。

出艮山门往东，直至乔司、临平、海宁一带农村，大批的旱地都种植"络麻"，"络麻"是本地人的叫法，其学名则叫"黄麻"，且有不少品种，杭郊种植的主要有"圆果种"和"长果种"，后来又多了一个"红皮种"；"长果种"又叫"荚头络麻"，产量比较高，因此种植面积也比较大。络麻是纤维作物，麻皮是麻纺织品和造纸的原料，主干长两米以上，每年4—5月份下种，9—10月份收剥，产地农民称作"剥络麻"，这是一项强劳力活，先把络麻连根拔起，再堆放在长板凳上夹去叶子,然后剥出麻皮,晒干或加工成精洗麻后就能卖钱了。剥去麻皮剩下来白白的麻杆,既能当柴火,又能编成帘子,糊墙或者搭棚,一物多用,很受农家喜爱,杭嘉湖一带是络麻的主要产地,每到"秋分"过后,就进入剥络麻的旺季,家家都要忙活一阵子。而后但见一船船的干麻皮沿着四通八达的水路汇集到拱宸桥北的麻纺织厂专用码头……艮山门火车站后来成了货运站,60年代笔者曾在艮山门车站拉过货,记得车站对面的"白田畈"一带,到处是茂盛的络麻地,直到60年代后期才渐渐消失,不知这是否就是当年夏公看到的络麻地,但方位应该是不会错的。

道地上的南瓜棚,乡间的络麻地,又软又糯的南瓜团子……童年的生活环境和细节,家乡的风情和民俗,对夏公所产生的影响是十分深刻的,老人家到了晚年更是念念不忘,记忆犹新,其情至深,其情至真,我想老人家此时心中所想的,恐怕比我们猜度的要多得多。

夏公对于家乡的印象也表露在他的作品之中,我曾看过他改编的电影《祝福》,其中有许多场景和画面拍得如此逼真,如此的贴切,富有人情色彩,不经意中时时闪现出家乡的影子,就是一个很有说服力的佐证。

说到这里,记得陈坚老师在一次座谈会上曾说过:"我多次和夏公长谈,夏公在说到故乡新塘时,总是称作'新塘上'而从来不说'新塘镇'的……"陈坚老师到底是专家,一下子就听出了夏公的家乡情结。

笔者是本地人,从艮山门外到彭埠一带,特有的本地口语中,到目前为止,都称"新塘"为"新塘上"的,这是语言的地方特色,既上口又亲切,习惯成自然,沿袭至今,恐怕一时也不会改变。同样称谓的还有诸如"皋塘上"(皋塘村北)、"河罕上"、"艮山上"、"叶家塘上"等等,当然,夏公除了讲"新塘上"这句外,也还有不少新塘方言,夏公身居京城,完全可以讲一口官腔,可他老人家直至晚年却乡音不改,乐而讲之,这绝非作秀,老人的一腔乡情,犹似窖藏酒,愈陈愈浓,愈陈愈香,凡此种种,真的让家乡后人感动。

　　一方水土养一方人,童年的生活和环境,家乡的民俗和民风,对于夏公的人格情操、内心世界和情趣所留下的印记是不言而喻的。

夏衍《旧家的火葬》后记六问

谭克德

　　杰出的革命文艺家夏衍自述的文章《旧家的火葬》发表,至今已有66年了。

　　1939年5月31日,一场熊熊烈火,将夏衍的老屋焚烧殆尽,半月后身在桂林办报的夏衍接到妻子来信,方才知晓原委,与妻子同声呼出:"痛快!"

　　夏衍的老屋,共有五开间七进深,有一人合抱的大庭柱,能住三百来号人,可见屋宇之大,高高的风火墙出庆春门就能望见,可见楼之显赫,严家弄的乡亲都称其为"沈家墙里"。

　　如此气派的大屋,因何一夜之间毁于一旦,周围都是乡里乡亲,居然都会隔墙观火,对夏公当时的立场,有何反响。众多疑虑,集聚成六个提问:

　　如何发现着火的,大约在当时几点?

　　火势有多大,蔓延了多长时间?

　　为什么会起火,起火的原因?

　　烈焰熊熊为啥无人扑救?

　　夏衍家人去向哪里?

　　过火后有何传闻,有些什么反映?

　　由于时光流逝,历史变迁,夏公本人过世,知情人越来越少。幸好,夏衍旧居管理办公室为纪念抗战胜利60周年暨夏衍抗战戏剧展演,特邀了几位当年老屋大火的目击者。

　　他们是夏土根79岁、韩火林81岁、黄顺生82岁、朱阿根84岁,四位老乡亲都是以当年目击者的身份,对沈家墙里(夏衍故居)大火中的六问,作了深切、生动的讲述。以夏土根的讲述最为完整,且夏土根老人当年正住在沈家墙里正对门。为保持原始状态,笔者以六问为线索,直录于下,以飨读者。

"我今年 79 岁,当时我 13 岁,5 月底的一天(5 月 31 日至 6 月 1 日,笔者注)晚上 6 点左右,我家刚刚吃过晚饭,就听见'火烧了,火烧了'的喊声。"

"有的大人当时还说,放火的人,起先说要从正门烧,另外的人说正门烧会延烧到对门老百姓,还是直接烧。"(有风火墙间隔,笔者注)

"火是扔了装满汽油的洋瓶(啤酒瓶)以后烧的,所以火势很大,一直烧到第二天天亮,足足烧了一个晚上。"(夏衍称有几十万元的茧子。萧山来的中国兵要放火烧掉它。)

"沈家墙里的人都吓得逃到城里去了,日本佬儿看见大火躲在城里也不敢来救火,周围乡亲听说是中国兵放的火,谁也不愿意去救火,就这样看着它烧,直到烧光为止。"

"对日本佬儿,大家本来就恨,中国兵烧了它的茧行,大家嘴上不说,心里都暗暗感到高兴。"

夏衍老屋火烧,在夏衍的一生中是一段不可磨灭的历史。我们有必要完整地将这段史实记录下来,付诸后人,这既是夏衍研究的珍贵资料,也折射出夏衍一生报效祖国、人民,大义凛然、鞠躬尽瘁的崇高风范,值得我们永远记忆。

1925　一场芬芳的爱情

邵婉靓

　　翻读夏衍 1925 年的书信,就像撩开时间的帷幔,窥见的是那段正在被岁月淹没的却又是充满芬芳的情感在书页中静静地流淌。这段民国时期的爱情,时隔 85 年,就今天看来都经典到了极致。

缘起 1925

　　1925 年,从杭州到日本,又从日本到杭州,一对恋人的信,从春到秋,几乎是隔天就对飞一次,有时是每天都飞。

　　这场爱情起始于 1924 年的夏天,夏衍回杭州过暑假,这是夏衍东渡日本求学的第五个年头。25 岁的夏衍在当时早已到了男大当婚的年龄。他顺从母亲的意愿去德清老家相亲。母亲帮他选中的是蔡家的长女,蔡家在德清也是大户人家。此时的蔡淑馨正在杭州浙江女子省立中学校读书,父亲是杭州纬成公司驻上海的财务总监,生母早亡。那年蔡淑馨正好 20 岁,文雅端庄,极有大家闺秀的风范。夏衍则是学生打扮,举手投足间英姿偶傥。相见之下两人极为投缘。

　　从此爱情之梦始于鸿雁传书,在通讯并不发达的年代,书信就是最好的沟通工具,渐渐密切的书信往来使得两人的感情随之升温。蔡淑馨寄给夏衍的信喜欢用淡紫色或是深青色的信封,这些色彩在夏衍看来都是高贵和纯洁之色,且正好合了夏衍的性情。每当展读蔡淑馨的来信,信笺散发出的暗香,甚至邮花上留下的口脂都令夏衍神往不已。

5月,蔡淑馨在信中夹入花片四枚。7月,一枝西湖莲花经蔡淑馨的手飘洋过海飞到夏衍手中,将一个女子的心思表达得委婉明媚,也催化了这段感情更加炽烈的盛放。那年夏衍虽然学业重,还有很多的社会杂务牵扯他的精力,但他只要三天收不到蔡淑馨的信,就会焦急万分。相隔两地的牵挂与思念增加了这场爱情的刻骨铭心。

这年年初,蔡淑馨由于受到夏衍的影响决定东渡日本留学。

一边是如春花般蓬勃的爱情,一边蔡家却悄悄起了变化。蔡淑馨要留学的消息一经家里得知,便引起了她父亲和继母的反对。蔡家以要夏家承担留学费用为由要夏衍筹集一千大洋。这笔数目不小的钱对夏家和身为学生的夏衍来说,无疑是一个大负担。

为了帮助蔡淑馨筹集学费,夏衍在学业之后从事翻译,但总也筹不齐这笔钱。面对着来自家庭不断的压力,好在蔡淑馨的态度是明朗的,她毅然地选择了和夏衍站在一起。

小粉墙 1925

1925年8月杭州小粉墙。这是夏衍与蔡淑馨第一次约会的地点。

小粉墙何许地名?今天的杭州人已无几人晓得了。

2010年8月,骄阳烈烈。沿着建国中路横河桥拐入大河下,我站在现在的杭州旅游培训中心,前身就是杭州第八中学前。眼前的景象让我有些不敢相信这里就是当年那场芬芳的爱情的发生地——小粉墙。

当年夏衍和蔡淑馨见到的小粉墙应是小桥流水,沿河黛瓦粉墙,垂柳依依。这里曾有龚氏旧宅,名为"庚园",园内清荫覆户,梅竹依墙。门前是一条东西向的河道,东通贴沙河,西接东河。二三十年代庄园出租给行素女中,边上还有一所浙江女子蚕桑讲习所。这年8月,蔡淑馨迫于家庭压力,决定从浙江女子中学转学到浙江女子蚕桑讲习所上学，并约定在夏衍回杭前，蔡淑馨搬迁完毕。所以他们的约会地点也就定在了小粉墙。

那天上午，夏衍赶到小粉墙与心上人见面，结果这天蔡淑馨还没有迁来。第二天夏衍再次去小粉墙，还是没有见到蔡淑馨。直至下午6点，恋人终于露面。有意思的是，这次等待已久的见面并不只是两个人，还有其他同学在场。那晚，夏衍、蔡淑馨和同学几人乘兴来到西湖边。极度兴奋的夏衍侃侃而谈，他的谈吐、他的见识，总之他的一切在蔡淑馨看来又是那么的英气勃发。9点夏衍送蔡淑馨归校，在当天的日记中夏衍记下了他的初吻，地点是小粉墙。

小粉墙前的景观已和从前大相径庭。对此番寻找，本来就不抱什么大的期望。烈日之下，回顾左右，曾经的杭八中校园正在大兴土木，这里曾是我的母校。那些青春年少的日子，回想起来仿佛也如隔世般的模糊，只记得我们的音乐教室在一座老房子里，一架钢琴孤单单地站在大房间的一角，那座飞檐翘角的老房子可能就是庾园留下的最后背影。

与爱人见面并没有让夏衍兴奋几日，接下来要面对的是蔡家的刁难。夏衍给蔡父写了一封自认为是平生最"跌倒"的信，但蔡父并没有被说动，反而严辞相拒。幸亏这种难挨的日子没几天就过去了，浙江女子中学校长叶墨君通知蔡淑馨有一个公费去日本学习的名额。这对夏衍和蔡淑馨无疑是一条光明大道，他们从此可以远走高飞。

1925　一次被世人看作越轨的旅行

令人兴奋的消息鼓动着夏衍和蔡淑馨实施了一次有策划的短途旅行，去富阳新登看望蔡淑馨的同学程。程同学已婚，刚刚生了孩子还在月子中。得知蔡淑馨和夏衍要去看望她，程兴奋不已，说好了让家人的轿子在窄溪接他们。一切看似准备停当，没有丝毫的差错。

那天一早,两人乘车到江头,顺利登上恒泰号,船往窄溪。沿江风光他们无暇顾及,这一年来两人能单独相处的时间太少,彼此倾诉则是他们这次旅行的主题。

船向上游,由于逆水行舟,速度极慢,两人到窄溪时已是下午5时半,上岸之后他们发现程同学的家人等候不及已返回新登。那时不像现在,交通极为不便,更没有汽车可达新登。无计可施之时,等在岸边的船夫出主意,不妨先坐小船到渌渚,从渌渚到新登虽然还有一段路,但已有轿子可雇。于是夏衍雇了小船至渌渚,再由渌渚转乘轿子到新登,到达程同学的娘家时已夜半。

行程虽然颇费周折,但对夏衍和蔡淑馨无疑是一程浪漫之旅。后来夏衍自己也承认这是生平最罗曼蒂克的一日。

第三天,他们回到杭州。等待他们的是亲友的冷面孔,流言扑面而来。夏衍没有想到一次短途旅行,在世俗的眼光中,竟然成了大逆不道。如果是蔡家人反对,他可以忍受,家里人唠叨他也就忍了,然而和他一同留学过的知己竟然也为此事,以小人之心说些不着边际的话,这让夏衍伤心不已。

伤心之余,夏衍很快静下来,摆出敢为敢当的姿态,风言风语就让那些爱说的人去说吧!他要保卫这朵刚刚绽放的爱情之花。

9月初,蔡淑馨做好了去日本留学的准备,预订了去日本的船票,但蔡淑馨的父亲始终没有松口同意女儿去日本留学,甚至在他们出发的前一天,蔡父都还没有首肯。

好在做父亲的还是通情达理的,最终促成了女儿这次难得的留学机会。7日那天上海无风,得到父亲同意的蔡淑馨终于和夏衍一起登上了"上海丸",开始了她在日本的留学生活,也给这段感情注入了希望。

后　话

1930年4月,这场持续六年花满枝桠的爱情终于等到了瓜熟蒂落的季节,夏衍和蔡淑馨在上海举办婚礼,以后他们有了一儿一女,54 个春秋他们相濡以沫。

1984 年 10 月 1 日下午蔡淑馨在北京去世。

11 年之后,1995 年 2 月 6 日凌晨,夏衍也在北京去世。

随着老人的离世,这场爱情的细节开始模糊。幸而有夏衍的这些书信,让我们在八十多年后还能梳理出这段感情的脉络,也让我们在他诸多的头衔之外,看到那个感情丰富的青年夏衍。

母仪垂则辉彤管

—— 夏公的启蒙教育给我们的启示

傅红娟

人们常说，"一个成功的男人，身后必定站着一个伟大的女性。当然，这个女性要么是母亲，要么是妻子。"母亲在一个人一生中起到的作用太大了，母亲给了孩子生命，又都在以她们各自的形象和自己不同的方式方法影响和教育着自己的孩子。母亲修养有度，孩子很容易成为人中龙凤，古今中外这样的例子不胜枚举，一直以来孟母三迁、岳母刺字的故事被传为佳话。还有朱德的母亲、鲁迅的母亲、茅盾的母亲等等都是为母之道的最佳典范。

黎巴嫩诗人纪伯伦说："有的儿女使我们感到此生不虚，有的儿女为我们留下了终身遗憾。"夏公的母亲在九泉之下会为有这样优秀的儿子而感到骄傲和自豪，同样在夏公的心中也会深深感到有这样的母亲此生不虚。夏公的母亲是一个在村里很受尊敬的女性。尽管当时家里没有收入来源，家境已经穷到了靠典当和借贷过日子的程度，也丝毫没有影响她在村里人心目中的形象。夏公的启蒙教育就开始于这样一位母亲的膝下。夏公对天下所有伟大的母亲都非常尊重，高尔基的《母亲》就是夏公第一个翻译、介绍给中国人民的。

夏母是一个坚强、善良、宽厚、贤淑的中国妇女，她以自己独特的人格魅力和独特的爱子方式引导和感染着夏公，她无形之中主导了夏公一生的兴趣、爱好、为人处事和事业的走向。

夏公在《懒寻旧梦录》中和其他回忆性的作品中写到母亲的内

容并不多,可就是在这短短的数页的内容中,夏公给我们再现了一位伟大母亲的教育思想和教育方法,这些思想和方法不仅影响了夏公的一生,也对我们所有为人母的人有着很深的启示。

一、仁德兼备的母亲培养孩子悲悯感恩情怀

著名教育学家苏霍姆林斯基在《家庭教育学》一书中所说:"孩子道德发展的源泉在于母亲的智慧、情感和内心的激情,人在自己的道德发展中变得如何,决定于有什么样的母亲。"

夏公的邻居中有许多比夏公家里更穷困的,夏母在自己都朝不保夕的情况下还不忘接济比自己还苦的邻居。夏公回忆道:"每逢过年过节,樊、李两家送来的一点礼品,她总是要省出一点送给邻里中比自己还穷困的人。"她还特别关心两个人,一个是住在后园陈家荡北面的说话絮絮叨叨酷似"祥林嫂",人称"烦烦老太太"的孤寡老人;一个是住在沿街平房东侧的杨裁缝的妻子"兰生娘娘"。夏母不允许孩子们给这位老太太起"烦烦老太太"的绰号,还不止一次对孩子们说:"别嫌她'烦',她孤身一个,谁也不理睬她,有话无处讲,让她讲讲,心里也舒坦些。"她自己更是以身作则,不厌其烦地听老人唠叨。"兰生娘娘"曾经在夏母奶水不足时,用自己的乳汁喂过夏公,夏母对此举甚是感动,因而不许夏公和别的孩子一样叫她"兰生娘娘",她一定要夏公叫她"娘娘",教育孩子要懂得感恩。

《懒寻旧梦录》中有叙:"母亲一直'吃辛素',就是在每月逢辛的那一天不吃荤;过年要杀鸡的时候,她一定要念'往生咒'。母亲为什么这样做,我当时不懂,现在也不懂。"其实,我也不太明白这其中的原因,但"吃辛素"和杀鸡时念"往生咒",应该可以说明夏母具有一颗仁慈之心。

正是她这种宽厚待人、悲悯弱者的行为,让幼年的夏衍心中就萌生了悲悯情怀,从而也影响着他日后的为人处事和艺术创作。夏公在《上海屋檐下》中塑造了几个栩栩如生的社会底层人民的艺术形象,有命运悲惨的妓女施小宝,整天买醉狂歌的失意者李碑亭,让人难以忘怀。在这些形象中我们不难找到"烦烦老太太"的影子。

夏母还非常孝顺婆婆,但对婆婆殴打和虐待婢女却会表现出强烈的反感。她反对尊卑、贵贱的封建等级制度,因而一再叮嘱自己要出嫁的女儿:在任何艰难的情况下,都不准买丫头。

夏公入塾那天,夏母陪着儿子到乌家店买了一包点心,再用红纸包一块"鹰洋",作为孝顺先生的"束修",然后让儿子给先生叩头。这细小的过程虽然是由儿子亲自完成的,但母亲却是全程陪同,悉心指导,在这个过程中幼小的夏衍懂得了尊重知识、敬畏师长、回报感恩的道理。

二、重视心理健康的母亲提升孩子的心理品质

夏公说:"在'正蒙'小学念了一年半的书,就退学了,这是母亲的决定。"原因是夏公的大姑母嫁进的是望族,可在她的家里却寄宿一个穷亲戚的孩子(夏衍),有人说了些闲话,夏母怕大姑母难堪;再则夏母是发现世界观和价值观还没有完全形成的少年夏衍对和自己年纪相仿表兄弟们的优越条件产生了羡慕之情和自卑之感。针对这些问题夏母毅然决然让儿子回家"自修",自己亲自教儿子珠算,同时让儿子帮家里做些农活。这段时间里夏公一直在家里读"闲书",据夏公说母亲一点不反对。夏公对文学的兴趣也一定就是在这个时候被培养起来了。在夏母设计的这所东方"帕夫雷什"学校里夏公学到了很多很多。

后来夏公去染坊店当学徒的事被母亲知道了,虽然她心里非常不希望自己的儿子去做学徒,但是她听后却不作声。她尊重孩子的选择,但又不忘激励儿子,所以在儿子睡下后,她低声独白:"完了,有什么办法,世代书香,就在我这一代完了,兄弟两个都当了学徒……"我想,夏母一定是故意让儿子听到的,想用这样的方式告诉儿子:生计固然重要,但读书、修身、齐家不能忘!她用巧妙的教育方式,保护了孩

子的自尊,尊重了孩子的选择,同时也教育了孩子要志存高远。

三、礼数周详的母亲陶铸孩子高尚的品质

《西方礼仪集粹》编者埃米莉·波斯特有一句话说得好:"表面上看礼仪有无数的清规戒律,但其根本目的却在于使世界成为一个充满生活乐趣的地方,使人变得平易近人。"的确,看似一些繁文缛节,却可使人心变得平和而宽广,使生活变得和谐而美好。夏公的良好礼仪修养的小故事一直被文化界传为佳话。最让人感动的是夏公临终前,身体感到十分难受。秘书说:"我去叫大夫。"正在秘书开门要出去找大夫时,夏公突然睁开眼睛,艰难地说:"不是叫,是请。"随后,夏公就昏迷过去,再也没有醒来。"不是叫,是请",这句话竟成了夏公的临终遗言。他的临终遗言也是留给我们每一个人的无价之宝。

夏公曾经写成一首"整人诗"。他写道:"闻道人须整,而今尽整人,有人皆可整,不整不成人。"他是在告诉人们无论外形、衣冠、心理、品德都需要随时加以修饰和整理,只有这种善意的"整人"法,才能帮助人们改正不良习气,提高自身修养。夏公并不是一个非常多产的作家,其实依照他厚重的文化底蕴,他可以两耳不闻窗外事潜心搞创作的,可他却忙着把别人看似如同冤家的同行们的作品搬上银幕,如罗广斌和杨益言的《红岩》;茅盾的《春蚕》和《林家铺子》;陶承的《我的一家》;等等。在下文我要提到的《廖仲恺》和《早春二月》两部影片中同样浸润着夏公不少心血,但是我们在影片的演职员名单中却找不到夏公的名字。他就是这样以低调的人生哲学在为中国电影操劳,为中国电影把脉、问诊、开方,为中国电影事业的繁荣"整人"、"整脚本"、"整行风"。

我仔细翻看过《夏衍手迹》,在经夏公亲自修改过的手稿中,我发现一个现象,那就是夏公对原稿"整"得并不是很多,他非常尊重作家的原创,只是做了一些看似不需要修改的"咬文嚼字"的改动。

其实正是在这些看似不需要修改的细节中体现出夏公的修养和治学、行文的严谨。

例如，夏公在修改《廖仲恺》剧本时，把廖仲恺称呼"李大钊先生"的部分全部改成了"守常先生"、"守常兄"。这一改，改出了廖李之间的深厚的友情，这一改，突出了我们中华民族好友间称兄道弟的文化特点，改得太好了！再如，原稿中写道：孙（中山）夫人笑了，夏公把此句改成：孙夫人嫣然一笑。这一改，改出了国母宋庆龄美丽、温婉的高贵气质。

还有一个片断：廖仲恺走进门，把手里的公文包扔到沙发上。何香凝立起："回来了？"廖仲恺点点头："你在画画？"何香凝："现在哪有空画画，我在起草妇女解放宣言。"廖仲恺在沙发上躺下来，感慨地："是啊，没空画画了，就像我没空作诗一样。"夏公把这段改成了：廖仲恺走进门，把手里的公文包扔到沙发上。何香凝立起："回来了，累了吧，快休息一下。"廖仲恺点点头："你又在写什么？"何香凝："我在起草妇女解放宣言。"廖仲恺在沙发上躺下来，感慨地："你没空画画了，我也没空作诗了。"这样一改，把革命夫妻之间互敬互爱、彼此默契、肝胆相照的情谊表现得淋漓尽致。

再看《早春二月》的原稿中：肖涧秋在桌边椅子上看了文嫂一眼才慢慢地说。肖："你们以后怎样过下去呢？"（肖背侧前景）坐到床边上语调阴沉地说。文："先生，我们还能怎么过下去呢？我们想不到怎样活了。"肖：（画外音）"有些田地吗？"文嫂叹了口气说。文："这已经不能说起，就连屋后的一块菜园都给他卖光了。"肖：（画外音）"有亲戚吗？"文嫂苦笑了一下。文嫂："穷人还有亲戚吗？"……肖："当然可以活下去，要不天真没有眼睛了。"无限辛酸涌上文嫂心头。文："你还信天，我早就不信天了，先生。天的眼睛在哪里啊？"她忍不住哭出声来。经过夏公的改动变成了这样：肖涧秋在桌边椅子上看了文嫂一眼才慢慢地说。肖："你们以后有什么打算吗？"（肖背侧前景）坐到床边上语调阴沉地说。文："先生，我们还说不上，想也不敢想。"肖:(画外音)"有些田地吗?"文嫂叹了口气说。文:(摇了摇头)。肖:(画外音)"有亲戚吗?"文嫂苦笑了一下。文嫂:(摇头)……肖:"对,得活下去,俗话说,天无绝人之路啊!"无限辛酸涌上文嫂心头。文:"天?我已经不相信有天了。"她忍不住低低地哭出来。

我们一看就可以清晰地看出夏公的练字的技巧和遣词的素养。如果照原文中的描写文嫂可以说是一个缺少修养的、说话犯冲、不太知道好歹的家庭俗女。我想这样的女人是很难引起肖涧秋的同情和怜悯的,即使肖涧秋真能怜悯这样的女人,愿意为之牺牲自己和陶岚的美好爱情,观众恐怕也不能接受吧?观众就很难与剧中人物产生共鸣,因而影片也就达不到预期的艺术效果了。同是剧作家,这些问题原稿作者为何想不到而夏公能想到呢?这不是谁的文学功底厚薄的问题,这是一个人平时对艺术修养和说话技巧的关注度问题,也可以说明一个作家的人文素养和艺术修养的高下问题。夏母对少年夏衍的不要叫"烦烦老太太"和一定要叫"娘娘"的良好道德教育,一直在夏公的人生中作用着。这让我还想起了夏公中学毕业时,他闹一个姓徐同学和姓柳姑娘的新房时作过的一副对子:"昔传城北徐公美,今说河东柳氏贤",从这时我们就可以看出了夏公的文学素养和练字技巧。

四、兴趣广博的母亲陶冶孩子高雅的情趣

德国教育家第斯多惠说过:教养不在于知识的数量,而在于充分地理解、娴熟地运用你所知道的一切。

夏母虽然识字不多,但在夏父这个不第秀才、当地良医的影响下,还是可以算上知书达理的。她喜欢看戏和听书,且很懂戏。草台班子演戏时,别人不知道演什么内容时,她都会告诉别人。夏公的艺术细胞和对艺术的热爱与母亲的影响是分不开的。夏母还喜爱种花种草,还钟爱养猫,这些高雅的兴趣爱好,在幼小的夏衍心中生根发芽。夏公的兴趣爱好更是广泛,他的书法、集邮等等爱好的

源头,我觉得就是从母亲这里来的。受母亲的影响,童年夏衍时常与猫嬉戏玩耍,猫也成了他的好伙伴。"夏衍爱猫"在文艺圈内也是有名的。夏衍85岁寿辰时,著名漫画家华君武画了他的肖像坐在一只大白猫的怀中,黄苗子还题了诗:"一个老头八十五,创作生涯五十五。果然有'纸'万事足,却道无猫终身苦。你爱猫来猫爱你,'猫道主义'也可以。不拘黑白拿耗子,人生乐事猫怀里!"夏母还是养蚕的能手,这一技术对夏公更是获益匪浅。夏公回忆在拍摄电影《春蚕》时,整个明星公司的摄影棚里只有他是唯一懂得养蚕的"技术顾问"。

夏公对母亲有着深深依恋和敬仰,因而母亲的行为举止、思想品德很容易在夏公心灵上留下深刻的烙印。从夏公一生的广博喜好中我们更能看出母亲对孩子的影响之大。换言之,如果夏公的母亲是一个不管家、不管孩子,整天只知道"筑长城"的女人,我想,中国可能就会失去一名"影坛泰斗"了。

五、坚强自立的母亲铸就孩子坚定的信念

莎士比亚曾经说过:"脆弱啊,你的名字是女人!"夏公三岁的时候就失去了父亲,是母亲徐绣笙以比男人还坚强的意志,像一棵撼不动的大树,荫庇着六个子女。母亲的这种坚韧品质,影响了夏公的一生。许多文人在十年动乱中或失去了坚定的信念,或失去了活着的勇气,夏公却是拖着病残的腿,坚定而坚强地活下来了,因为母亲教会他在挫折面前不低头,因为他始终相信真理永存,乌云遮不住太阳。我想这坚强的信念一定来自母亲的潜移默化。

六、从容淡定的母亲教会孩子豁达乐观

与夏母同时代的妇女都很迷信,她们不论穷富,都把烧香念佛当作生活中的必需品,特别是寡妇们更是如此。但唯独夏母既不念佛也不烧香。用她自己的话来说:"我一辈子不曾跨过寺庙的门槛。"她从

容淡定地对待困难和厄运,她坚信抬头不一定有云,但一定有天,她坚信自己才是多舛命运的改变者,她坚信风雨过后会有彩虹。

记得夏公最不屑、不愿意别人谈起自己被打瘫这件事,开始我不是很理解夏公这一做法。难道是夏公爱面子?难道是夏公还有常人所难以理解的深层次的理由?静思后,我想起意大利电影《美丽人生》,我似乎明白了点什么。夏公这样从容、淡定的、不屑、不愿谈的做法,正是一服医治动乱创伤的最佳良药。没有发自内心对生活热爱的人,是不会有这样的让人难以理解的超脱和淡定的。在他的超脱和淡定中,我们领悟到人生的真谛:生活是美好的,哪怕一时被黑暗所笼罩,我们依然能够感受到美之所在,责任之所在!正像电影《美丽人生》的结束语所说:"这是我父亲所做出的牺牲,这是父亲送给我的礼物。"我觉得,夏公就像影片中的那位父亲为后代们做出了牺牲,他的这帖从容、淡定的、不屑、不愿谈的良药正是送给我们每一个人的礼物。劫后重生的夏公把过去经历的痛苦看作是芝麻绿豆般的小事,在他看来能够为中国电影再做贡献就是人生最幸福的事,还有什么不能释怀的呢?他豁达乐观的美丽的人生,映衬着他平凡而光辉的心灵。

著名历史学家唐振常先生在《文化人无文化》中说到夏衍老人谈作家的修养时认为鲁迅、郭沫若一代比夏公一代强多了,夏公这一代又强于下一代。文化修养恐怕真是一代不如一代了。这是说明了夏公谦虚的美德。目前看来他们担心的文化修养问题恐怕真的会出现一代不如一代的现象。这也正是摆在我们面前的大问题。现在孩子们的母亲文化程度都很高,读过万卷书、行过万里路,论教育的理念和方法比夏公的母亲——一个旧时代的足不出村的普通农家妇女,不知要强上多少倍。我相信只要我们人人都像夏母这个平凡而伟大的母亲一样用心、用爱、用智慧在教育着我们的下一代,我们的下一代绝不会成为"垮掉的一代"而是一代更比一代强。

母仪垂则辉彤管!

巨匠
光华映钱塘——夏衍研究文集

夏衍与猫

王云良

回顾夏衍近一个世纪的人生轨迹,人们惊奇地发现,夏公竟与猫结下了不解之缘。

翻看夏公的老照片,一幅幅夏公与猫在一起的照片特别引人注目:1957 年夏公在北京八大胡同寓所留影,怀抱一只猫;1961 年,夏公在北京寓所留影,怀抱一猫;1988 年有一幅夏公喂猫的照片,图中有三只争着吃夏公扔下去的食物的猫,照片旁附写:"喂猫,是夏衍生活中的一大乐趣。"1986 年,有两幅夏公与小猫一起的留影;1988年 12 月,一幅夏公在寓所与德国汉堡大学教授尹红交谈时的照片,照片中依然有一只猫;1989 年 2 月,夏公在老大姐冰心的家里作客的留影中,也抱着一只猫……可以想象,夏衍的一生,一直有猫的陪伴,照片中的那些猫,在夏公的怀抱里,半眯着眼睛,神态安详,完全陶醉于主人的安抚之中。

夏公为什么如此爱猫? 了解了夏公幼年的生活环境后就不难理解这一点。

夏公出生在杭州彭埠镇的严家弄,三岁时便死了父亲,母亲为生活所迫,养蚕缫丝。从前杭城东郊农户采桑养蚕相当普遍。人们知道,蚕宝宝的天敌是老鼠,养蚕人家对老鼠吃蚕宝宝深恶痛绝,于是养猫避鼠是他们的唯一选择。由于猫忠于职守,温驯听话,给人们带来了益处,久而久之,养蚕地区便把猫当作神物,给予很高的礼遇。据记载:从前养蚕地区在清明时节,都要举行"轧蚕花"这种庙会活动,在庙会商贩摊上都会有泥塑猫、纸剪猫出售。养蚕人家几乎家家都要买一些回去,把纸剪猫贴在蚕笸上,把泥塑猫置在灶上、堂桌上以及神位旁,祝愿祛鼠,以图吉利。夏衍从小耳濡目染这些民间习俗,也对猫产生深厚兴趣,加之夏衍孩提时家境贫困,买不起玩具之类的东西,惟有自家养的小猫是他随手可得的宠物。可以说,夏衍在猫的伴随下度过了他的童年。

在夏公所作的《懒寻旧梦录》中,就有这样一段描述:"……我母亲特别爱猫,并把这一癖好传给了我。记得很小的时候,就有一只和我同年出生的黄白猫睡在我的被窝里。为了喂猫,我常常到陈家荡去钓鱼,大概是六岁那年,钓鱼时失足落水,差一点淹死。"由此可见,夏公一出生就有猫作伴,为了猫,他还差点送了性命。

对于人,童年的喜好往往会影响他的一生。夏衍从小爱猫,对猫的行为仔细观察,以致极为了解猫的脾性。猫好静,你经常会看到冬天里猫独自静静地在阳光下享受温暖,你也经常会发现猫独自在灶肚里悄悄地获取余热,爱猫的小夏衍往往也会和猫一起享受猫的乐趣。这一切也影响了幼小的夏衍的性格。夏衍从小读私塾时非常用功,回家做功课像猫一样窝在房里不出来,以致他母亲称他为"洞里猫"。在日后的人生道路上,夏衍著《春寒》、译《母亲》等长篇巨作,无不需要那种好静的性格。

夏公从小爱猫,给杭州彭埠镇严家弄的老邻居心中留下深刻的印象。1981年5月24日,听说夏衍要回故乡看望久别的乡亲和旧居,知道夏衍从小最喜欢猫的老乡们,还特地准备了一只小猫,送给夏公。夏公一见猫喜得合不拢嘴,无不感激老乡亲对他的"知音"之情。

夏公爱猫,在文艺界也是出了名的,77岁生日时,著名画家黄胄知道夏公最爱猫,专门为夏公画了一幅猫图,以示庆祝。时过10年后,夏衍几乎把所有的书画都捐献给了浙江省博物馆,唯独这幅"猫"画留在了身边,可见夏公把猫看得何等珍贵。

著名漫画家华君武也深知夏公爱猫,曾画过一幅"猫抱着夏衍"

的漫画,十分幽默,我不清楚作者的初衷,但至少可以理解为"夏公爱猫,猫爱夏公,猫与夏公永不离"。猫的确是有灵性的动物,"文革"时夏公被关押了长达8年零7个月,"……回到家里,病中的妻子和子女们为他收拾好那间狭窄但又洁净的小屋。心爱的花猫在他被捕后早被送走,现在竟然奇迹般地回到老主人的身旁,但是不久却安然地躺在夏衍脚旁死了。"(沈祖安《青松盘石傲霜久——周恩来和夏衍的相交与相知》)这的确具有传奇色彩,可见在猫眼里,夏公是可敬可爱的,它至死也不肯离开夏公。

夏公爱猫,除了少年时受生活环境影响,我觉得猫本身具有的优点也是夏衍爱猫的重要因素。猫好静、爱清洁、护家、恋家、聪明、机警……这在家养动物中是少有的。猫的某些优点甚至给夏衍带来深刻的启示。

夏公幼年时爱猫,因为猫护家,猫忠于职守,为保护蚕宝宝,奋不顾身,这给日后成长为青年知识分子的夏衍以深刻启示。"五四"运动时期,军阀混战,帝国主义列强在中国巧取豪夺,国不成国。夏衍也护家,当时夏衍心目中的家已不再是在杭州彭埠镇严家弄的小家,而是中华民族这个大家。他爱这个家,可是家不像个家,于是他就与许多热血青年一样,寻求中国革命的出路。起初他跑日本,学电机专业,走工业救国的路。后来他把救国的希望寄托于国民党,加入了国民党左派。而在国民党中,他寻求不到希望,于是,1927年,在革命处于低潮时,他在上海找到了共产党,加入了共产党。他认定只有共产党才能救中国。在这一时期,他以笔为枪,发表了大量为被压迫的劳苦大众而呐喊的作品,为推翻三座大山、建立新中国做了大量的工作。

夏公一生爱猫,是因为猫恋家。夏公也恋家,但他恋的是新中国这个大家庭,他所做的一切也都想着大家庭。夏公的人生哲学是重在生前为祖国多做贡献,能最大限度地奉献社会,这是他人生的最大追求。夏公一生省吃俭用,用工资和稿费换回了大量珍贵书籍、邮票和书画艺术品,他将这些珍藏无条件地捐献给了上海、浙江博物馆,这些藏品如果换成钱价值有好几千万。但夏公却慷慨献给了国家的公益事业。"夏公捐赠书画时多次表示:'我把这些文物献给祖国,是我的宿愿。我一不要发奖金,二不要发奖状。此等身外之物,送请国家保存,比留给子女好些。'"(刘枫《无私的奉献精神——在"夏衍同志捐赠书画展"开幕式上的讲话》)这充分体现了一位无产阶级革命家大公无私的博大胸怀。

夏公爱猫爱到了骨子里,他临终时有三个愿望:一是还要回杭州,骨灰撒到钱塘江上;二是把他的小保姆安顿好;三是照顾好他的猫。人到临终前的愿望,可算是人生最大的愿望。在这三个愿望中,我绝看不出夏公有半点私利。骨灰撒到钱塘江,这一点完全走出了一般人入土为安的思想,他要以他的行动,倡导丧葬新观念。要把小保姆安顿好,这是他处处为人着想的精神体现。而照顾好他的猫,这可是天底下极少有的临终嘱托,可见夏公对猫的感情是何等的刻骨铭心。1995年2月6日,夏衍在北京走完了他人生的最后一刻,家乡人民为了纪念这位饱经沧桑的革命老人,在杭州植物园内给夏公塑了纪念雕塑,雕塑分别有一大叠书稿、一张藤椅,还有一只猫,这正是夏公几十年的人生写照。

夏衍早年生活小故事(三则)

吴关荣

夏衍邂逅小鱼儿(包身工)

1927年4月夏衍从日本回到上海,就投身于左翼作家运动。直到1930年,他虚龄32岁时才顾得上解决个人问题,算是有个家了。他成了湖州最大的丝厂——纬成公司的老板蔡仁甫先生的乘龙快婿。新娘子叫蔡淑馨,杭州女子师范学校的毕业生,堪称一代才女。对于这桩婚姻,夏衍是满意的,因此他对蔡家是一直心存感激,感谢他们养育了这么一个好女儿,给了蔡淑馨这么好的教育。

一直到第二年秋上,夏衍才有一个报效岳父的机会:他只身去南浔,代替岳父去清理一桩蚕茧方面的陈年旧账。他相信自己能办好这件事,因为他认识南浔一个大名鼎鼎的人物:张静江。早在日本时他就跟张静江有一面之交,好像还谈得很投机。张静江曾经资助过孙中山闹革命,可以称为是同盟会里的元老级人物。目下张静江正在南浔老家养病,如果他肯帮自己讲句话,还有什么事情办不了?

果然,到了南浔,见到张静江,事情就变得十分顺利。张静江很欣赏这个才华横溢的小兄弟。他知道夏衍喜欢清静,不爱张扬,就专门在小莲庄旁边的"鱼米乡"酒楼的一个小包厢里准备小酌为他洗尘。就主客二人,没有一个陪客,也就几样极精致的小菜,一壶烫热了的陈年花雕,两人边吃边谈,话题不外乎时局。张静江什么话都敢说,连蒋介石都敢骂。

两人正喝到兴头上,由于包厢的门在酒保上菜时忘了关,只见一个小姑娘牵着一个老头的手,走了进来。那老头手里拿着一把二胡,一看就是卖唱的父女俩。那小姑娘十六七岁样子,身上倒也干净,一张鹅蛋形的脸,有一双大大的、像是会说话的眼睛。脑后拖着一条又大又粗黑得发亮的辫子。那辫子从脑后斜搭在肩膀上,然后从有着很好看的曲线的胸前垂下来,一直拖到腰际。

"先生,听曲儿罢?"小姑娘说,一口苏北口音。

"唱吧。"张静江手一挥,无非是赏两个小钱的事。他对下人一向和气。

胡琴响了,倒也不俗。小姑娘的嗓音很甜,是苏北小调,两个人竟一下子被她的唱词抓过去了:

> 烟花三月的扬州,
>
> 载不动我的愁,
>
> 二十四桥下的月华,
>
> 有我的泪在长流,
>
> 孤帆远影的碧空下,
>
> 看不到我的逃荒路,
>
> 可怜我啊,
>
> 人比西湖瘦!
>
> ……

"才多大的人,你有什么愁呀泪啊的?"张静江说。

这里话音才落,那小姑娘双膝一曲,"咚"的一声,直挺挺地在酒桌前跪了下来:

"先生,你不知道我们的苦啊,我们是扬州城外东河浜的人,我们那一带闹水,家没了,田也到水底下了,我一家三口出来逃荒,都说南浔有四象八牛七十二金狗,是天下最富的地方,可我们流落到南浔,连口饭也吃不饱。我娘病了,没钱治,我们父女只好来卖唱……"

主客两人的心一下子沉重起来。夏衍听老婆说起过,她老家南浔是如何如何富,千万富翁被称为象,百万富翁被称为牛,三十万富翁被称为金狗。这不假,可这些丝绸商再富,他也不会给你匀一碗饭……

"别跪着,快起来,你叫什么?"夏衍问。

"我叫小鱼儿。小鱼儿不起来,小鱼儿就跪着说话……小鱼儿再求先生救救我娘,只要能治好我娘的病,小鱼儿做什么都成,要是先生不嫌弃,我给先生做小,也,也成……"

"咚"的一声,夏衍就像当头挨了一闷棍,立刻懵了。一边的张静江看看小鱼儿那张有如梨花带雨的脸,又看看夏衍,他倒笑起来了:"按说,这也是个办法,这一来小鱼儿就不要吃苦了。时下有头有脸的人物,哪一个不是三妻四妾?难得小鱼儿人物齐整,端先兄弟要是喜欢,我可要吃杯现成的喜酒了!"

夏衍原名沈乃熙,端先是他的字,"要是带到上海不方便,弄所小房子,养在南浔也成,这一切就包在我身上,就由我来安排……"

夏衍竟被吓得跳了起来:

"不成不成,这是万万使不得的。"他心里有句话没有说出来,我如今已是共产党了,哪能干这种事?"小鱼儿,你父女俩去一边等着,少时我跟你去看看,你妈妈究竟病得怎么样,要还能治,我给她治就是。"

由于出了这件事,两人的酒就没有尽兴,草草收场了。

好在那笔陈年老账已经收回,夏衍身上有的是钱,在一所低矮的廉价客栈里,他见到了小鱼儿的妈妈,眼见得的是痨病,人是难治的了,他最后码出十个大洋了事,小鱼儿又要给他下跪,被夏衍急忙扶住了。

这件事时过境迁,夏衍也没往心里去。直到一年后,他又有一趟南浔之行,这回倒不是替岳父去收账,而是去看蔡淑馨的一个堂叔,而且这回张静江也不在南浔,所以尽了人事后,他一个人百无聊赖地踱到小莲庄来,见到那家鱼米乡酒楼,他才触景生情,想到小鱼儿。于是跨过那座石桥,正要往酒楼里走时,却见就在那个桥头,有几个野孩子正追着一个囚首垢面的老疯子打闹:

"小鱼儿呀,我不该呀!我怎么能让你去日本人的纱厂呢?我怎么能让你在那张卖身契上按手印呢?……"老疯子的声音,他已经欲哭无泪,他只是在近乎撕心裂肺地干号。

夏衍认出来了,他不是小鱼儿的老爹——那个会拉胡琴的老头吗?于是,他迎了上去。

"老爹,不认识我了?"夏衍靠近,打了个招呼。

老爹把他认出来了。

"你是那个好心的先生?……好心先生呀,小鱼儿不在了呀!这世道不让人活了呀!……"

夏衍吃了一惊,他扶老人坐在桥的石栏杆上。

"老爹,慢慢说,小鱼儿怎么了?"

于是,老头开始了他艰难的诉说。夏衍听清楚了,原来,就在夏衍离开南浔一个月后,小鱼儿的妈妈还是离开了人世,而在这之前,夏衍救济的十块大洋已经被她用得差不多了,所以妈妈死后,连口薄木棺材也买不起。正好,那几天,上海杨树浦福临路的东洋纱厂在镇上招工。小鱼儿也不跟老爹商量,毅然用剪刀绞下了她那条大辫子,在招工的卖身契上按下手印,换了埋葬母亲的十块大洋,当上了包身工,跟着"带工"老板去了上海……

"包身工?"夏衍还是第一次听到这个名称。

老爹的手在抖,他从怀里摸出那张契据,交给夏衍。夏衍看到,契上有这样的文字:"试用期三年,食宿由带工老板全包,总工资二十元,先付十元,生死疾病一律听天命,人银两交,恐后无凭,立此包身契据事实。"最后,是一个鲜红的手印。

"好心的先生啊,我不久就知道,那个东洋纱厂根本不是人呆的地方,那实实在在是一个人间地狱,车间里,噪音、尘埃、湿气就是三把杀人的刀，包身工吃不饱、睡不好，手脚慢一点就挨打，每天干12小时以上，根本不准离开工厂半步。小鱼儿进厂不久就病倒了，老板不仅不给治，还逼着她硬撑着上班，想在地铺上懒一下，寒冬蜡月都会当头泼下一盆冷水。才短短几个月，小鱼儿好好的一个人，就瘦得皮包骨头，带工老板就不叫她名字，而叫她'芦柴棒'了……"

夏衍完全听呆了，在他印象里，长相清纯秀美的小鱼儿，无论如何是跟芦柴棒对不起来的。

"上个月，那个带工老板通知我去领人，我赶到上海，就看到一具薄板棺材……"

夏衍眼里全是泪花，他坐在桥栏杆上，一动也不能动。

回到上海，夏衍哪里还坐得住？他找了个借口，混进工厂去，看到的情形实在比老爹说的还严重。他简直就不相信自己的眼睛，他不相信在20世纪，就在繁华的大上海，还存在着变相的奴隶制，还存在着这样触目惊心的人间地狱。于是，这个左翼作家再也坐不住了。他拍案而起，用燃烧着怒火的语言，写出一篇振聋发聩的报告文学作品《包身工》，有道是"铁肩担道义，妙手著文章"，夏衍做到了。

需要指出的是，夏衍的心实在是太善良了，他实在不忍心让现实生活中的小鱼儿过早地离去的悲剧再现在作品中，所以他笔下留情，作品中的芦柴棒没有死，他要留下她来控诉那个万恶的社会，留下这个呻吟在锭子上的冤魂来继续说话。

少年夏衍的"三味书屋"

我们知道，大作家鲁迅少年时读书的地方叫三味书屋，这间老房子至今还作为文物保存着，凡去绍兴参观鲁迅故居的人，必定会去看看三味书屋。可是我国无产阶级革命电影事业的奠基人、电影剧作家夏衍也有一间三味书屋，就很少有人知道了。

那一年，夏衍在把鲁迅的名作"祝福"搬上银幕时，有过一次绍兴之行。当一行人踏进三味书屋时,随行的人中间有个年轻人随口问道,这三味书屋指的是哪三味呀?这个题目一下子把大家都问住了。

于是众人都不约而同地望着学问最好、对鲁迅又很有研究的夏老。

夏衍说话了,他说这是一句古话,意思是"读经味如稻、粱,读史味如肴馔,读诸子百家味如醯醢"。不过,夏老又接下去说,作为不到十岁的学童,有几个人小时候读书能读出这三味呢?比方我,现在回想小时候读书的情形,包括读书的屋子,就唯有孤独、恐怖和痛苦这三味了。

这样看来,少年夏衍也有一间三味书屋了。

原来,夏衍只是个笔名,他本姓沈,叫沈乃熙,字端先。他们沈家的祖上是靖康之难时,从北方汴京南逃的一个名门望族。

到了1900年夏衍降生到人世时,家里已经衰败得不成样子了。

原先他们家在杭州城里城外都有房产,可到夏衍懂事的时候,城里的产业已经变卖得干干净净,一家子人就在杭州城外原先只有在上坟时才来住几天的一处一百多年前的老房子里过着每况愈下的日子。

这个地方在杭州的庆春门外三五里,当然,现在已是杭州的闹市区了,就在老的杭州汽车东站南面一点点路的地方。

可在一百多年前,一出庆春门就是乡下,这里就只有一个小小的村落,几间低矮的茅草房朝着那条叫严家弄的狭窄的村街布排开。

沈家的那所老房子是严家弄最大最气派的:高高的风火墙、有五开间七进深,虽然画栋雕梁经过"长毛"的浩劫已经大多无存,可那柱子还是粗得一人抱不过来,天井大得可以打网球。

用夏衍先生自己的话来说,他们一家不到十口人,就住在这栋可以住三百多人的老屋里。所以,家里青天白日也会窜出黄鼠狼来,初夏时更成了亿万白蚁翻飞的乐园,一到梅雨季节,一股腐臭的气味到哪里都挥之不去。

尽管如此,乡下的农家还是会把他们另眼相看的,称他们家的人叫墙里人,他们家的人即使到了典当度日了,可还是要拼命保持着自己墙里人的架子。母亲还会时时关照小夏衍:"我们家是书香门第,跟那些穿草鞋的不一样"。但从不禁止他跟墙外面的农家小伙伴一起玩。

沈家的衰败,是跟夏衍的父亲过早地离开人世有关,夏衍三岁时就没有父亲了。这么大一份人家,就靠他妈妈支撑着。靠收着老屋边卖得一年比一年少的那点子地的地租和亲戚的接济过着日子。

为维持生计,夏衍妈妈每年还要养春秋两季蚕宝宝补充家中日常开销。

到后来,他们家再也顾不上书香门第的面子了,大哥才14岁就到德清一家当铺去当学徒。他大姐还不得不给人家做了填房。三姐也早早地送了人。

这以后,夏衍就更为孤单了。到了养蚕的季节,才五六岁的夏衍跟比他大12岁的二姐都得帮着妈妈养蚕,从采桑叶、蚕宝宝"掸蚁"到"上山",他都得做帮手。以至于许多年后,把茅盾的"春蚕"搬上银幕时,在明星公司的摄影棚里,跟剧组的人说起养蚕,夏衍是一套一套的,他这个编剧更成了"技术顾问"。养蚕最怕老鼠,为了防老鼠,他们家还有一只跟夏衍同岁的黄白相间的猫。它成了孤单的夏衍最好的伙伴,晚上和他同一个被窝睡觉,白天,小夏衍总要跑到陈家荡去钓小鱼给猫吃,有一次不小心掉到水里还差一点淹死。

夏衍六岁那年,他跟"墙外"的野孩子打架,被人告状告到他妈妈那里,他妈妈才想到她的儿子也该上学了。

小夏衍进的第一个学堂是家私塾,入塾那天,妈妈在一家叫做邬家店的杂货店里买了一包点心,还用红纸包了一块鹰洋,牵着夏衍的小手就从邬家店那破败的店面屋走进去,里面有间更低矮、更破败的小屋，就是那家私塾了。先生坐在一只当作书案的破柜子后面。妈妈把那包点心和鹰洋放到破柜子上，再叫夏衍向先生磕了一个头，就完成了入学的全部手续，私塾里面已经坐着五六个孩子，他们自然都是夏衍的同学。读的课文是"人之初、性本善"，接下来，先生就叫夏衍把一张印着红颜色的"上大人、孔乙己"的字用毛笔描成黑色。不过，更多的时候，夏衍是提心吊胆地看着先生手边一块长长的、厚厚的戒尺，因为他看见先生刚刚用它来打自己身边描红时没有把笔描到纸上，而描到坐在他前面那个叫水根的同学的后脑勺上的鼻涕阿二的手心，打得他手都肿了。夏衍只怕那把戒尺会落到自己手心上。不过，夏衍在这家私塾里读了一年的书，好像从来没有挨过打。因为他聪明，《三字经》《论语》之类的课文，他都是第一个会背的。

那一年过年的时候，妈妈带夏衍到姑妈家拜年，当姑妈知道她的小侄子在邬家店私塾里读书时，就连连摇头，说这不行，可别忘我们老沈家是书香门第。她对妈妈说，你让大儿子去当了学徒，已经委屈了孩子、对不起祖宗了，可别再误了小儿子。这样，你让孩子进城里正经的学堂，住校，学费、伙食费全归我。有了姑妈这句话，这年开春后，小夏衍就进了杭州城里一家新式的正蒙小学。

果然，新式的学堂什么都新，《三字经》都变成"今天下，五大洲，亚细亚，欧罗巴，南北美，与非洲"了，不过到二年级，读的《论语》、《孟子》还是老样子。但加了算术，珠算笔算一起学，还有一门体操，再加一门"修身"。

不过，教学还比较活，《国文》课除《论语》、《孟子》，还要学"对课"，这可是小夏衍的强项，在家里他就似懂非懂地读过父亲留下的那些书，什么唐诗、宋词、元曲，都读过，早就知道律诗中间的四句是要对仗的。

所以当老师随手拿起一只福橘要大家对时，小夏衍一口就报出"寿桃"，老师先是一呆，接着带头鼓起掌来。寿桃对福橘，绝！

可惜,夏衍只在正蒙小学读了一年半的样子,就退学回家了。原因是有可能妈妈听到了什么让人不愉快的言语,反正,妈妈是铁了心,再也不愿意让姑妈家为自己儿子读书而掏钱。可这钱自己家里又是断然出不起的。

夏衍妈妈想前想后,出于无奈,只好心一硬,委屈儿子了。

就这样,小夏衍失学在家了。

可夏衍妈妈又怕儿子到外面去闯祸,或者是跟别人学坏样,就明确规定他不准到墙外去。便拿出一大堆丈夫留下来的书,也不管儿子是不是读得懂,就叫儿子读。

夏衍人是被关住了,可一个小男孩的天性哪里关得住?《左传》读厌了,趁妈妈外出,就立刻向右转跑到后院里。后院的墙边,堆着一大堆老房子倒掉拆下来的砖头。

那可是清一色的古砖,又大又结实,蓝茵茵的颜色,比砌杭州城墙的砖还要好。他听到砖头堆里有蟋蟀在轻吟慢唱,他就浑身来了劲,翻起那些大砖头来,下决心要逮住那尾蟋蟀来为自己做伴。

结果,夏衍蟋蟀没有抓到,一条大大的、红红的蜈蚣,在他的小手背上狠狠地咬了一口,痛得小夏衍满地打滚,小手立刻肿得像馒头。听到他的惨号声,二姐跑过来了。

二姐取了一些老墙土,叫弟弟自己撒泡尿把土和了,敷在手背上。姐弟俩怕妈妈伤心,又商量了一个不让妈妈知道的办法。

果然,妈妈回家后,夏衍有二姐的左遮右拦,还真的把这事遮掩过去了。

两年后,一次大哥瞒着妈妈准备卖出这老屋,带人来看房子,双方在讨价还价时,大哥指着这一大堆砖头说:“我这一大堆京砖还值不少钱呢,你开的价太低了。”

夏衍才知道原来这堆砖头也值许多钱的。他那时真巴不得那条蜈蚣再出来咬那个想占他们家房子的黑心人一口。

有一年天大旱,家里雇了两个短工为家里的那点子口粮田车水。

那是一架三人水车，两个短工踏，还空出一个位置。什么都想试一试的夏衍爬上那个空位置，想帮上一把。

可那活儿边上看着跟走路没有什么不一样，可它还真欺负人。

小夏衍上去才踩了两三脚，人就被吊空了，那不停转动的踏脚还打伤了他的左脚，害得他的脚又肿了好几天。

妈妈知道，这样下去还真的会毁了孩子。

过了年，妈妈硬着头皮把小夏衍送到大哥当学徒的德清，送他进了德清县立高等小学走读，住在舅舅家里。

这可是一所正规的学校，夏衍就在这所学校里读到小学毕业。毕业考试，夏衍名列第二。

熬到小学毕业，他们家的日子就更加潦倒了，每每有揭不开锅盖的时候。夏衍才十二三岁还孩子气的时候，就过早地挑起生活的重担。

那些日子，夏衍常常在杭州城里寻找工作。

不久，他从贴在墙上的一张广告上得到线索，进了一家泰兴染坊当了个小学徒，那只是一个没有工资只管饭的活。

开始，夏衍想瞒着妈妈，可是，这又是瞒不过去的事。好在，等妈妈知道这事后，她也没有过激的反应，只是长长地叹了一口气，默默地为儿子理起衣服来。

那天晚上，妈妈到半夜也没睡着，夏衍看到她一个人站在父亲的遗像前抹眼泪，发出让人揪心的独白："……完了，有什么办法，世代书香，就在我手里葬送了，两个儿子，全部当了学徒……"

染坊里的活是很累的，染房里的人只要伸出一双手，就亮明了身份：他们的手经过长期的高温碱水浸泡，会被腐蚀得相当厉害。

还好，老板看到夏衍写得一手好字，就叫他帮忙记账了。这一来，老板等于不化钱得到一个管账先生，倒也十分高兴。

夏衍在这所社会大学里呆的时间并不长，妈妈请人带了个口信叫他回家。

夏衍一回到家里,就看见在德清当铺里的大哥回家来了。

大哥带回来一个好消息:原来当时的浙江省甲种工业学校升格为公立工业专门学校,要扩大招生,凡浙江省各县可以保送一两名公费学生,德清县因为夏衍品学兼优,已经把他列为保送生了,费用由德清县政府负担。大哥要他立刻离开染坊,赶快补习功课。

这个消息,对于他们家,无疑是个大喜讯,妈妈连眼泪都笑出来了。

第二天,夏衍去染坊告别时,整个染坊从老板到师傅,都为他高兴。

染坊老板还特意用红纸包了四角银毫子作为贺礼。

那些常常要夏衍帮他们写家信的师傅们都伸出蜂窝一样的手,拉住他不放了。

回顾小夏衍的童年求学的整个过程,他进的又岂止一个三味书屋?所有这些,对于这位大师人格的形成,起的作用是无法估量的。特别是染坊里师傅们蜂窝一样的手,当他后来在写《包身工》那样的作品时,他就会时时刻刻觉得有无数双这样的手在托着他。

难酬蹈海亦英雄

1920年,在一艘叫什么丸的日本轮船上,有一个略显瘦弱的年轻人长时间地站在甲板凭栏眺望,他的目光里有几分迷茫也有几分向往。他就是正在奔赴日本留学的青年夏衍。

促成他此行有个冠冕堂皇的理由:由浙江省甲种工业学校保送染色科学习成绩第一的夏衍赴日本深造,费用由学校供给,直到他考取官费生为止。找他宣布这一决定的许校长还讲了几句勉励他的话:希望他牢固地树立工业救国的志向,勤奋学习,不做与学生身份不相干的事……听到这几句话,夏衍的头脑里"嗡"的一声响起来了。当时,五四运动的余波还没有平息。与北京的学生运动相呼应的杭州的学生运动,包括甲种工业学校在内,正方兴未艾。夏衍是甲种工业学校学生运动的小头头,特别是他那支笔,他写的那些文章,他参与办的《浙江新潮》刊物,一直让那些人物头痛。他当然知道,这回保送他去日本,是他们釜底抽薪、分化学生运动的手段之一。可是,这个决定对于夏衍诱惑力实在是太大了。他想去日本,已经不是一天两天,早在许多年前,他就想去日本探究个究竟了。如果不是因为穷,实在买不起那张轮船票,他可能早就跟那些个大哥哥大姐姐们一道去日本勤工俭学了。

那是在他九岁那年,沪杭铁路的杭嘉(兴)路段通车,离他们家很近的艮山门是杭州到上海的第一站,通车的那一天,铁路的沿线、包括严家弄那一带只要能走动的人全部涌到艮山门去看火车了。夏衍的妈妈也高高兴兴地带了二姐、四姐和他这个小儿子,背了条长板凳,带了南瓜团子做的干粮,走了两里多路,到艮山门铁路边,挤在密密麻麻的人群里,等着看火车。夏衍记得,铁路沿线的那些快要收割的络麻地都被踩平了。当时还是盛夏,太阳很毒。大家傻乎乎地在太阳底下曝晒了两个多钟头,才等来了铁路线上的那个大怪物。

夏衍记得很清楚,那火车还没有到,脚下的地先抖动起来。接着,响起越来越响的轰隆隆的声音。然后,像山一样的一个钢铁的庞然大物迎面而来,然后又带着雷霆万钧之势呼啸而去。夏衍第一个念头是开火车的肯定不是普通人,只有神仙才驾驭得了这个大家伙。就在这个时候,他身边有两个大人在谈话,一个说,现在好了,咱中国人终于有火车了,真想不到咱中国人也能开上火车。另一个穿着铁路制服的大个子急忙朝地上吐了一口吐沫,说:"呸!中国人能开火车?这开火车的可是花大价钱从日本请来的师傅!"当时夏衍心里一愣,敢情这开火车的是个日本人?

而且,这个日本人好像还不那么地道,那个火车头刚刚从身边过去,就突然"嘶"的一声,放出一大团白色的汽来,那汽是热的,劲道很大,并且里面还掺杂着煤灰和油污,而且好像是专门对着铁路边密密麻麻的人群放的。众人一声惊叫，等大家反应过来时，火车早开得老远了。

这时候，人们互相看看，有俊俏媳妇变成大花脸的，有新衣裳上污迹斑斑的，还有被烫哭的。可怜的是铁路边的人那时还不知道这是人为的，还都说是那个大怪物放的屁。

当天晚上，小夏衍好像怎么也睡不着了。他一直在想，小小的日本人怎么会如此厉害，这么大的钢铁大家伙，他就能开了？他们的本事是哪儿学的？

九岁的夏衍好像比别的同龄孩子懂事，他知道，在过去的许多年里，他小日本可是时时处处跟咱中国学的。远在唐朝，那么多的日本人跑到中国来学习。

可就在这几十年里，日本怎么一下子跑到中国前面去了？就在他出世的前几年，咱中国的北洋水师就叫小日本打得全军覆没了。他还知道，也就是在这几年里，小日本正在山东取代德国，得寸进尺、步步紧逼。也许就在那一天，夏衍立下了志向，长大一定要到日本去看看，看看日本的学校里读的什么书，看看日本的孩子是怎么学本事的。当然，长大后，懂事多了，知道开火车并不是多么难的事，他不再会去崇拜一个开火车的。但对于日本的倚强凌弱、对于日本帝国主义的狼子野心体会得更加深刻，他的想去日本探个究竟的念头就更加强烈。

后来，在甲种工业学校里，夏衍遇上一个叫谢乃绩的好老师，使他对日本的了解就更多一些。谢老师留学过日本，他对夏衍介绍日本的明治维新，给他讲日本的工业革命，讲日本的思想解放和大和民族性格的形成，夏衍心里，去日本的愿望就更为迫切了。

所以，现在有这个机会拿学校的钱到日本去读书，夏衍就不肯放弃了。

你们不就是想以此来分化学生运动，改变一个青年走向推翻旧世界的革命道路的志向吗？只怕是枉费心机了——青年夏衍这样想。

他望着水天一色的前方，轻轻吟着当时在留日的学生中间流传的一首诗，那是一个比他们早三年去日本留学的天津南开学校，叫周恩来的同学写的一首七绝：

大江歌罢掉头东，邃密群科济世穷。面壁十年图破壁，难酬蹈海亦英雄！

"难酬蹈海亦英雄"，夏衍反复吟着这句诗，心里顿时生起了几分豪气。

夏衍是杭州瑰宝

盛久远

20世纪是中国社会从封建社会演变为半殖民地、半封建社会，再进入社会主义社会的一个具有特殊重要意义的历史时期。20世纪中国社会最重要的历史事件莫过于新文化运动的兴起、中国共产党的建立和新中国的诞生、发展和强大。夏衍是20世纪的同龄人，也是在20世纪末辞世的一位世纪老人。夏衍的一生正是积极投身这一历史洪流、为之奋斗不息并大有作为的一生。

一、夏衍与杭州休戚相关，夏衍是杭州瑰宝

夏衍是从杭州严家弄沈家墙门里、杭州浙江"甲工"走出去的一位地道的杭州人。直至1981年回到阔别几十年的故乡时，仍是乡音未改，乡情不减，让他真正找到了回家的感觉。记得在1991年初秋的一天午后，为博物馆需征集与杭州名人有关的文物，我曾有幸地走进了夏衍在北京某胡同的一四合院住宅。就凭我和同事说的杭州话，无需再详说来意一类的话，他的家人、秘书就连声说着"杭州来人了、杭州来人了"，对我们一见如故，视为亲人。遗憾的是我们去的不是时候，因不便叫醒正在午休的老人，我们只得在客厅静候了一个多小时后离去。尽管此次未能见到夏公，但同样是领略到了一番乡情。

可以说是钱塘江水、是家乡杭州这座具有革命传统的城市孕育了他。早在青少年时代还在杭州浙江公立甲种工业学校求学的夏衍，就是一位"看到弱肉强食的世界，油然而生了富国强兵的爱国主

义思想"的进步学生、热血青年。① 在这种思想指导下，他勤奋学习、刻苦钻研。在"甲工"五年间(1915—1920)，不但学习成绩名列班、校前茅，而且还是一位血气方刚的进步学生。他在"甲工"的五年是国内外政治风云变幻多端、重大事件频发的五年，国际上正值从"一战"爆发到"十月革命"取得成功，国内正值从新文化运动的兴起到"五四"运动的爆发。夏衍从学校阅览室和校友处接触到《之江日报》、《浙江民报》、《上海申报》和《新青年》等一些进步报刊。震惊中外的"五四"运动在北京爆发不久，杭州各大、中学很快也掀起了全市性的爱国学生运动。夏衍的"甲工"校友、机械班班长方兆镐被推选为浙江中等以上学校学生联合会会长，"甲工"也同时成为当时杭州爱国学生运动的中心之一。这里的夏衍已冲破了"凡学生在学业之外之事拒不予闻"的校规的束缚，以"国家兴亡，匹夫有责"的热情和社会责任感，积极地投入爱国运动，成为"甲工"学运的骨干。进而又以其敏锐的思想接受了新文化、新思潮的影响，投身于新文化运动之中，积极参与创办了全省第一个具有社会主义思想倾向的进步刊报《双十》和《浙江新潮》的活动，在刊物上发表了《评杭州的四家日报》、《随感录》等评论文章，批评当时报刊在新旧两面派之间采取的"骑墙"态度，抨击北洋军阀政府的专制和卖国的嘴脸，文风辛辣，充满激情和义愤。不久就受到新文化运动领导人陈独秀的称赞："那两篇文章，天真烂漫十分可爱，断非乡愿派绅士说得出来的。"②经过新文化运动的洗礼，青年时代的夏衍就开始在政治舞台上崭露头角。

夏衍自从少小离家后很少有机会回家看看，但他骨子里的乡情不但丝毫不减，而且还与日俱增。直到 1989 年 11 月，他还向浙江博物馆无偿地捐赠 101 件珍贵书画，其中有"扬州八怪"25 幅，绝大部

---

① 周斌：《夏衍传略》。
② 陈独秀：《〈浙江新潮〉——〈少年〉》，《新青年》1920 年第 2 期。

分是一级精品,还有齐白石画 30 幅及吴昌硕、黄宾虹、沈尹默、沈钧儒、郭沫若、田汉等名家作品,可谓是价值连城。他还把获得的日本国际文化交流基金奖捐赠给浙江省政府作为教育基金。在他弥留之际想到的、想说的还是:"我要回家乡去,回杭州去。"

夏衍在各个时期作出的杰出贡献,得到了党和人民的高度评价。新中国建立之初,他就走上领导岗位,担任了上海市委常委、宣传部长、文化局长、文管会副主任等职务。1955 年后至 1965 年担任国家文化部副部长。1977 年后,夏衍先后担任了第五届全国政协常委、第一届中顾委委员、中国作协顾问、中国影协主席、中国文联副主席等一列系领导职务。夏衍在以逾千万字的影剧、小说、报告文学等方面的无数经典之作被树为中国新文学史上的一面旗帜的同时,也应当之无愧地被树为杭州当代名人的一面旗帜。夏衍是杭州瑰宝,是杭州人的骄傲,他的名声、影响,尤其是在文化艺术方面的地位与成就在杭州当代名人中无与伦比。

二、夏衍的一生是为国家民主、人民富强而斗争的一生

1920 年初,夏衍完成在"甲工"的学业后,离开杭州东渡扶桑。在日本先后求学于九州福刚明治专门学校(五年)和九州帝国大学(两年),至 1927 年上半年离日回到上海。在日留学的七年间,夏衍经历了从开始抱着"工业救国"的良好愿望、一心攻读工业课程(曾获"工学士"学位)到积极参与进步的政治活动、密切关注国内政局的急剧变化、投身政治斗争的思想演变过程。1924 年 12 月 12 日,夏衍在日本门司港码头受到了正途经日本的孙中山的接见,孙中山对他的政治见解和口才尤为赏识,并当即指定在场的随员李烈钧介绍其加入国民党,参加国民党驻日总支部的工作。夏衍曾回忆说:"这件事,是我一生中参加实际政治活动的开始。"[①]1927 年"四一二"

---

① 《懒寻旧梦录》。

政变后,东京国民党(左派)总支决定派遣夏衍回到国内。不久夏衍在上海走上"左翼文坛",从此选择了新的革命道路。

1927 年 5 月,夏衍正式加入了中国共产党,这是他一生中一个大转折的开始。从此后至 1949 年新中国建立前的 22 年间,无论是在二三十年代的"左翼"文坛上,还是在 30 年代后的中国电影界及其在报告文学、戏剧创作领域和办报生涯中,夏衍始终是一位以共产党员的政治姿态,投身于新民主主义革命洪流之中的、为国家的民主、人民的富强而笔耕呐喊、出生入死的斗士。各种文坛、电影、舞台抑或报纸、刊物都是为实现其政治信仰而战的阵地。在夏衍早期的"多数剧作中,一般都有知识分子形象出现。这些形象艺术地再现了中国现代知识分子在民族矛盾和阶级矛盾尖锐的抗战年代所走过的生活道路,所显示的心路历程,具有独到的思想价值、认识价值和审美价值"①。从 1937 年到 1949 年新中国建立前,夏衍四处奔波,办报撰文,积极从事党的宣传工作和统战工作。他说:"从抗战开始,我一天不写东西的日子几乎是没有的。在这 12 年中,我大概写过四五百万字。"这些四五百万字的"东西",就是这位勇猛的斗士投向敌人营垒的匕首和手榴弹,是在思想、文化战线上和旧制度的搏斗。

新中国建立后,夏衍继续坚持战斗在思想文化领域这一阵地上。所不同的是这是一场以主人翁身份、身居领导岗位、代表人民大众为新中国的强大服务的战斗。即使在十年"文革"遭受劫难期间,虽身陷囹圄,但仍在为捍卫真理和坚持信念进行着一场特殊的斗争。进入新时期后,夏衍已年逾古稀,这位损目折肢的老战士,拖着伤残之躯,老而弥坚,以惊人的毅力担负起党和人民交给他的各项重任,以旺盛的精神继续握笔不辍,在思想文化领域的阵地上奋斗不息,同时在对外文化交流方面也作出了显著贡献,直至生命的

---

① 《夏衍杂文随笔集》。

最后一刻。

　　至今,人们大都是从文学和影剧创作的视角去研究夏衍的。诚如陈坚先生所言,研究夏衍"应该注意政治文化角度的切入,从本质意义上说,政治也是一种文化,是一个民族在特定历史时期流行的一套政治制度、信仰和情感的最集中体现"①。的确,夏衍既是一位电影和文学巨匠,同时首先也是一位革命者,是一位政治家和社会活动家,是一位为新中国的建立和发展鞠躬尽瘁的领导人。惟如此去看才能对夏衍有一个正确、完整、更高的认识。

　　由杭州市历史学会和市政协文史委联合编纂的《杭州历代名人》(上册)(杭州出版社 2004 年 3 月第一版)共收录了先秦至新中国成立前的 651 位杭州历代名人。因人物生卒年代限定,夏衍将被编入《杭州历代名人》(下册)(新中国成立后至 2000 年前去世者)。本人在 2004 年夏衍研讨会上提交了题为《从夏衍和于谦、章太炎的类比看杭州人文精神》一文,提出夏衍与于、章二公不愧为是杭州(古、近、现代)的"三贤杰"。与此同时,夏衍也应是杭州当代名人的一面旗帜,研究夏衍当然离不开文学影视这一角度,这方面的研究无疑是夏衍研究的重要组成部分。但倘若仅有此还是有局限的,因为夏衍不仅是一位电影人、文化人,夏衍研究还应有更高、更宽的视角和圈子。"把不同'认知视角'下的同一个人的不同形象重叠或互为补充,不是可以丰富我们对这个人的认识么? 而这个人的形象不是会在这样的多重甚至'矛盾'的视角的观照下,变得'立体'起来,更丰富和丰满么?"②作为杭州人研究夏衍更应如此,其中如"夏衍与'甲工'"、"夏衍与《浙江新潮》"、"'五四'运动中的夏衍"、"夏衍与家乡"(应包括各个时期)、"夏衍与杭州文化"、"如何编修'夏衍年谱'、'夏衍族谱'"等这一类课题就尚有不少可挖掘和探究之处。

---

　　① 　阿·鲍威尔:《比较政治学》。
　　② 　肖永钤:《文化认知的视角》,《联谊报》2006 年 8 月 3 日。

第二辑

——论夏衍的品格与成就

云水襟怀　彪炳千秋
——悼夏公

黄会林　绍　武

哲人长逝,千载德馨。

敬爱的夏公逝去了,给后辈留下了无尽的思念。

他走得那么从容潇洒;对身后之事安排得如此大公而忘私;确确称得上云水胸襟、人间典型!

他在充满惊涛骇浪的 20 世纪中国文坛上奋战 70 载春秋,以不知疲倦的独特品格、英勇善战的辉煌业绩,赢得了人们的尊敬与爱戴,成为我国卓越的新文化运动先驱者、文化战线领导人。

他一生奖掖后学、提携后进,从不稍怠。在晚年体衰身残、视力极差的状况下,依然废寝忘餐地悉心指导后辈,直到不能看字为止。他把自己仅有的、极其宝贵的一线光明,无私地赠与了青年后辈。

一

1978 年 4 月,我们的电影文学剧本《梅岭星火》面临夭折之时,校党委宣传部转来一封信。印着长长的红格子的中式信封下款,写着"夏缄"二字。我们久久端详这陌生的字体,不肯轻易拆开。"会是电影界那位老前辈吗?"脑中闪过这一念头,却又根本不敢相信,因为,我们既未给老前辈送上习作,老人家又不认识这两个后生晚辈,怎么会亲笔来信呢?

原来,身处逆境的导师唐弢先生,自 1972 年起便暗暗地、循循善诱地指导我们创作这部作品。1978年2月,修改本又一次送给唐弢老师。他审读后认为"剧本已修改到一定水平,可以请权威长者予以评判了"。于是在参加全国人大、政协会议期间推荐给影坛宗师夏公。

夏公是在一个眼睛已经失明的情况下看完剧本的,并亲自写了如下一封信:

绍武、会林同志:

大作《梅岭星火》已拜读,因视力不佳,耽搁很久,甚歉。

这个剧作是我最近看到的十几个本子中的较好的一个。写陈毅同志的形象、气质、风采都很精彩,尤其是他执行毛主席军事路线、军民关系的那些细节。写项英也恰如其分、留有余地。几个次要人物写得也不落俗套。整个剧本所记史实,基本上和陈总1952年和我及宋之的同志所谈相符。

假如说有缺点的话,拙见以为在下述两点:

一、篇幅长了一些,一部装不下,分上、下两集又不适当。"二十"节以后,有些枝蔓、重复,以致剧情显得松散。建议大力割爱、压缩、精炼。

二、正面人物写得好,反面人物写得差。——特别是语言,不合当时的环境和相互关系。其中,最突出的是两次中外记者招待会的描写,整个戏是现实主义的,而这两场戏,却用了漫画的手法,显得很不调和。国民党的中央军和地方军有矛盾,英美和日本有矛盾,但这些矛盾,在当时的环境下(典型环境),是绝不会在大庭广众之间直统统地说出来的。

以上意见供参考。

这个剧本是否已列入"长影"的献礼片计划中,便时乞告。

问好。

夏衍 18/4(1978)

(通讯处:东城、南竹杆胡同113号)

这封信既有热情的鼓励,又有中肯的批评;对我们创作的严肃性给了充分的肯定,也指出了缺点与不足。

当我们第一次去拜望老人家时,没有料到这位国内外著名的作家竟住在一个大杂院里。听了我们的自我介绍,他摸着身边的拐杖从靠椅上站起来。他是那样瘦弱,右腿已经残废,但伸出的手是热烘烘的,刚健有力。他靠在躺椅上仔细地听取我们的汇报,询问到江西老根据地采访当年陈毅同志坚持三年游击战争的情况。谈到剧本的缺点时又安慰道:"当然这不能怪你们。你们没那种生活,不像我见过蒋介石,跟那类人打过交道。"他还直率地说:"现在有一些青年作者,自己的东西不愿让别人改。你们的剧本可不可以让人改呢?"我俩激动地连连点头。于是他诚恳地说:"你们自己把本子再改一遍,最后我给你们加加工。"

像是在攀缘中看到了希望,像是在疲惫时注入了动力,我们感受到巨大鼓舞,在创作道路上又迈开了脚步。

在一个时气炙人的午后,我们把修改后的剧本送到夏公手中。其时正当文化伟人郭沫若同志治丧期间,他忍受着巨大悲痛,奋战酷暑,在电扇下苦干一周,将《梅岭星火》修改定稿。我们至今珍藏着这份修订稿,几乎每一页都记载着他的心血,逐字逐句,连标点符号都不放过。年近八旬的老人,尽管视力极差,修改时还用了红、蓝两种颜色的笔迹,并注明:蓝色是改定的,红字是供参考的。这部洒满夏公点点汗水的剧本终于在1982年陈老总逝世10周年时由珠江电影制片厂摄制完成了。

孙家正同志说:夏公是中国电影的根。真乃一语中的。

夏公为发展中国电影事业,如此关怀、帮助学习电影创作的后来者,其感人故事是不胜枚举的;而他自己对于中国电影发展的贡献,更是无与伦比的。

20世纪30年代初期,由于斗争的需要,党派夏衍进入文化界,并深入到电影界。遵奉党的"将令",他全力以赴地投入了新的征程。

他与郑伯奇将苏联电影大师普多夫金的《电影导演论》、《电影脚本论》翻译介绍到中国,奠定了中国电影重视文学创作与导演运用蒙太奇语言的理论基础。犹如"窃火者"将火种与技艺送到人间。

党决定成立以夏衍(化名黄子布)为组长的电影小组,开拓左翼文化阵地。他们在上海各主要报刊陆续开辟了电影副刊,发表大批有分量的电影评论文章;他们加强了左翼电影队伍的组织工作,形成了一支相当强大的创作力量;他们大力译介苏联电影创作及理论,由夏衍化名丁谦平翻译刊出苏联有声电影剧本《生路》,这是中国翻译的第一部苏联电影剧本;……他们用辛勤的劳动与有力的斗争,促进了1933年左翼电影创作高潮的出现,为中国电影史写下了光辉的一页。其中,不可磨灭地记载着夏公的劳绩与奉献。

为了摸索电影创作的规律,他成了电影院里特殊的常客,手持秒表、手电与笔记本,一部电影要看上几遍。用他自己的话说:"先看一个镜头是远景、近景还是特写,然后分析这个镜头为什么这样用,为什么能感人。一个镜头或一段戏完后,用秒表算算几秒钟或几分钟,然后算算一共多少尺长。这样一个镜头一个镜头地加以研究,逐渐掌握了电影编剧技巧。"

他创作的第一部电影《狂流》,于1933年3月问世。在上海引起轰动。从一定意义上讲,这是中国新电影真正的诞生。它第一次把摄影机对准中国农村,称得上是中国电影界第一部现实主义杰作。本年度,他向观众奉献了四部优秀剧作;此后每年均有两部以上影片问世。十余部姿态崭新的电影,以广阔的生活视野、鲜明的主题思想、巧妙的艺术构思,赢得了广大观众,奠定了他在电影界倍受尊崇的地位。

《春蚕》是茅盾的力作,他成功地把它搬上银幕,开创了名著改编电影的先河。这也是中国新文艺作品改编电影的第一次尝试,上映后被认为是中国影坛的重大收获,获得观众、文艺界和鲁迅先生的赞扬。经过半个多世纪的风雨沧桑,在20世纪80年代意大利举办的中国电影回顾展上,《春蚕》又受到西方电影同行的赞美。新中国成立后,他创造性地把《祝福》(鲁迅)、《林家铺子》(茅盾)、《憩园》(巴金)、《我的一家》(陶承)、《红岩》等改编为电影搬上银幕,使之成为我国电影史上的名作,达到电影艺术的高峰而具有永久的生命力。

他写于20世纪50年代的《关于写电影剧本的几个问题》,是一部电影艺术创作理论的重要著作。里面既有从事电影创作的宝贵经验总结,又有电影艺术领域普遍规律的概括与阐述。大艺术家欧阳予倩评之曰:"言简而意赅,语近而旨远,对于学习编电影剧本和话剧剧本的人都是很好的路标。"此书成为新中国第一代电影工作者案头必备的著作。

新中国成立后主管电影的夏公,还常常动手为他人修改剧本。许多著名影片的脚本都经他亲笔改过,如《青春之歌》、《五朵金花》、《风暴》、《聂耳》、《白求恩大夫》,等等。《早春二月》经他修改的地方达240多条。

邓小平同志曾赞之为:电影医生。

夏公对于中国电影事业作出的不朽贡献难以尽述。在这位前驱者"九五"寿诞暨从事革命文艺工作65周年之际,国务院授予他"国家有杰出贡献的电影艺术家"荣誉称号。

这,就是深受电影界景仰的一代宗师夏公。

二

《梅岭星火》完稿以后,夏公语重心长地对我俩说:"不要停下来,要继续写。"并问我们有什么打算。过了几天,他给我们出了题目,由我们选择。这就是创作多幕话剧《故都春晓》的由来。

四幕话剧《故都春晓》是以著名的三大战役为背景,着重写北平和平解放这一历史事件的。我们自问:敢碰这么大的题材吗?生活底子不厚,历史知识匮乏,创作实践又刚刚起步,能够完成这个任务吗？我们把这一心情告诉了他老人家。他说：闯闯看，三大战役过去30年了，陈毅同志早就号召大家写，应该写！我会帮助你们的。面对情真意切的鼓励与斩钉截铁的命令，老前辈崇高的责任感教育了我们，鼓舞了我们的行动。

夏公的帮助是十分具体的。可以说，《故都春晓》创作的全过程是在他的指导下进行的。在长达三个多月的紧张采访过程中，他总是抽出时间以极大的兴趣与热情听我们的汇报，随时指出哪些材料可以入戏，哪些材料可以加工，并以他从事地下工作和统战工作的丰富经验来补充我们采访的不足之处。有时，他和我们一起为采访中的重大收获高兴得哈哈大笑。在构思全剧的过程中，他给我们讲：一个剧的开头很难，一定要开好。第一幕写出人物关系、时代风貌，还要与第二幕衔接好。第三幕不要太长，只要剧情发展了就可以。第四幕是全剧的肚子，要写得饱满。第五幕收得要好，要耐人寻味。他还向我们约法三章：一、全剧四到五幕，人物不超过十二三人；二、场景不超过三个；三、字数不超过五万。我们曾经为这个严格规定而苦恼，感到对付这么大的事件，这样的要求是不是太严了？但又想到他曾说过的："戏剧是人生的缩影，在舞台上表现出来的应该是压缩精炼了的人生。要把一天、一月、一年，乃至一生的人生压缩到三小时的舞台上演出，那我们必然的在舞台上就不能有'可有可无'的一言和一句。"以及他一再对我们强调的：精炼是才华的姊妹，要的是艺术概括，舞台上装不下那么多人。在老人家谆谆引导下，我们只有硬着头皮去闯难关。现在看来，这个约束起了重大的指导作用。如果按最先的构思，忙到把精力花在调度二三十个人物的舞台上出出入入，哪里还能把笔墨认真地集中于刻画人物呢？

《故都春晓》的写作提纲，是在1979年春节前夕的下午在他的办公室里由他主持讨论定下来的。他反复给我们指出：写戏要为观众、为演员着想，戏要真，不要追求情节的惊险，不要热衷于搞情节戏，一定要着力于塑造人物。他还讲道：在20世纪三四十年代就不赞成为了"讨好"观众,而凭空去幻想紧张热闹的故事,空空洞洞地构造非现实的传奇,那样写出来的作品虽则很紧张、很有趣,但也很公式。无原则的"闹剧第一主义"会阻碍演出和演技的进步。根据这样的写作原则,我们开始动笔了。在创作中,往往是赶写出一幕就拿去念给他听,而他总是听完以后随即提出下礼拜某天某时来念下一幕……我们心里暗暗叫苦:这下一幕可八字还没有一撇呢!但正是在这样严格的督促下,剧本一幕幕地进展了。我们深深地为能得到这么一位严师而自庆、自幸啊!

最后修改的《故都春晓》,是在夏公住院期间念给他听的。他从头至尾整整听了两遍,推敲琢磨再三,竟忘了自己是在病中。他要求我们:人物对话要尽量精炼,一般情况下不要超过三行半,太长了就想办法拆开。台词的内容要尽量单纯一些,能用一层意思讲清楚最好,语言要通俗,让观众一听就懂才成。他批评我们:有些人物的台词政治性太强。社论式的语言要尽量去掉,换之以形象化、个性化的语言。他还说:《梅岭星火》就太长了,那时不熟,不好意思批评你们,现在要严些了。

正是在夏公悉心的无微不至的关怀与指导下,《故都春晓》不仅在庆祝新中国成立30周年的时刻发表于《剧本》月刊;而且在首都由中央实验话剧院、北京人民艺术剧院、中国评剧院(移植)先后搬上舞台公演了。这个戏耗费了他老人家多少心血啊!只是由于我们的能力、水平所限,与他所提出的要求还相距很远,只能在以后继续学习中加以弥补了。

受教于夏公使我们深深体会到他在戏剧领域卓尔不群的大家风范。自30年代开始戏剧创作至50年代止,20年间夏公发表多幕剧、独幕剧、翻译剧、与友人合作剧等近30部之多,其中《上海屋檐下》、《法西斯细菌》、《芳草天涯》以其永久的艺术魅力而被认为是他的三部具有经典意义的代表作品。他的剧作对中国话剧产生了巨大影响,这也使他成为中国话剧史上独树一帜的著名剧作家。他的常用名"夏衍"也正是由于其第一部多幕剧作《赛金花》的发表、公演与轰动而闻名于世的。

综观夏公的话剧创作,从思想到艺术确有自己的突出特色。其一,它们是鲜明的政治性、强烈的时代感与娴熟的艺术表现力的有机统一。他的剧作无不环绕着时代、社会与人生,但又总是通过艺术的手段加以表现。因其大部写于抗日战争时期,故而内容几乎都与抗战有关,无不贯串着全民抗日的时代氛围。他善于从社会一隅的现实事象中描写旧时代的变质和没落,新时代的诞生和成长。他一方面通过剧中的人物与故事,反映出那个令人窒息的黑暗时代;另一方面又寄托无限希望与憧憬于未来。正因如此,他的剧作每每在观众和读者的心头,勾起他们的悲苦与欢欣。著名评论家唐弢先生誉之为"一首沁人心脾的政治抒情诗"。

其二,夏公剧作中的主人公,大都是他所熟悉的普通而平凡的小人物。他擅长于描写一些出身不同、教养不同、性格不同,但同有一颗善良的心的人。他常常把这些人物放置在一个特殊的环境里,让他们蹉跎、创伤、爱憎、悔恨,最终达到一个可能到达的结局。他笔下着重歌颂的正面人物,也总带有缺点,带有时代与阶段的烙印,因而显得更真实、更自然。描写人物,他以塑造性格、深入发掘内心世界为主要艺术手段。他严格要求自己的人物要有血有肉,要符合生活的逻辑,要真实。他说:只有真实才能令人信服,只有通过人物真实、复杂的思想感情,才能与观念交流,激起共鸣。他以细腻的心理描写,准确再现不同人物的不同性格;他的洗练的动作勾勒,深入剖示人物独特的内心感受;他以有机的情境渲染,使人物处身环境构成生活中不可分割的整体;这些独到的手笔,昭示了夏公卓越的艺术功力。

其三,夏公剧作的艺术结构单纯集中、严谨匀称,意境深远,与他整个艺术风格相统一。他的戏剧情节总是紧紧围绕着主题而发生、发展,很少有旁生的枝蔓,譬如《芳草天涯》。他很注意戏剧结构的起承转合,讲究布局谋篇。例如《上海屋檐下》就很典型地体现了他的这个特点,整部剧脉络分明、层次清晰、针线细密,构成了一幅完整和谐的社会风俗画。有人说他的戏过于平淡,我们恰恰认为这倒正是他的独特之处,正是他不同于别人的艺术追求。他总是把笔力用于渲染冲淡、深远的意境,从中深入刻画人物精神上的振荡、心灵上的搏斗,比如《法西斯细菌》。他的结构技巧自然、合理,不露痕迹,几乎让人觉察不到作家的匠心,仿佛是生活的自然流淌,而这正是夏公与众不同的艺术才华。

夏公的剧作,对后人显示着悠久的艺术生命力;夏公富有真知灼见的戏剧观念,他对戏剧创作艺术规律的探索与总结,对于后代同样具有长久的启迪作用。

三

在从事中国现代文学教学与研究中,认识到夏公是一位中国现代革命文化运动(包括文学、戏剧、电影等等)的重要代表人物;而以往对他的系统研究基本上处于空白状态;于是萌发了对夏公进行重点研究的想法。我们决定先从"年表"开始,一步步开展此项研究工作。从1980年起,我们发表或出版关于夏公研究的专著、专论及搜集、整理出版的夏公作品及研究资料约在300万字以上,另有电视作品220分钟。

在"夏衍研究"过程中,我们对夏公艰苦拼搏的一生、卓著奉献的功业,有了进一步扩大与加深的理解。这位世纪老人在那么多的文化领域不倦地开拓、耕耘,成就斐然,彪炳千秋。

20世纪20年代后期,正当中国最黑暗的时代,夏公首先以翻译外国理论书籍及文艺作品在上海站稳了脚跟,并逐渐以翻译家沈端先的名字为文坛所知。他的第一部译著是法国杰出的马克思主义者倍倍尔撰写的《妇女与社会主义》。这是一本最早、最忠实地用马克思主义理论研究妇女问题的著作;也是经过他的笔,第一次被介绍到中国的关于妇女问题的马克思主义经典著作。出版后在妇女界产生了很大影响。我国早期妇女运动工作者胡子婴写于80年代的回忆中曾专门提及过，她们当时组织妇女界进步团体时，特地选用此书作为学习教材。此后，夏公又以不倦的劳动翻译了许多进步文学作品与论著，如芥川龙之介、木村毅、金子洋文的作品等；他选译的《欧洲近代文艺思潮论》《新兴文学论》等，在进步文化界亦发生过重要作用。由于这方面的显著成绩，1928年成立中国著作者协会，他被选为九名执行委员之一。当然，在夏公翻译事业中最重要的是高尔基的《母亲》的译成。世界上第一部社会主义现实主义的巨著，经过他的笔第一次介绍到中国。对于身处在高压下的中国民众，《母亲》是一线点亮心灯的光明。正因为如此，它成为一部畅销书，一年内重版两次，很快被查禁，聪明的书店老板把封面由红色改成绿色，印了第三版，又被通令全国禁止发行。文化名人夏丏尊当面质问国民党元老邵力子，并将书名改为《母》，署名改为"孙光瑞""破例来个冒牌"，由开明书店一连出了五版，又遭禁。然而在读者中的强烈影响是无法禁绝的，它总是在生命不息地流传着，直到今天。

　　1936年6月，夏公发表了被誉为中国报告文学典范的作品《包身工》，并立即获得巨大的社会反响。他是在艰难地、认真地进行了大量调查、体验的基础之上，以惊人的透视力，对"包身工"所处的人间地狱作出了精确的判断，得出了深刻的认识，然后运用他特有的冷峻、锐利的笔锋，把20世纪30年代中国工人最底层的生活，血泪斑斑地呈现在读者面前。这篇脍炙人口的经典之作，具有震撼灵魂的文学意义；又无疑是投向帝国主义、封建主义的一把利剑。它用铁一般的事实，揭露了西方文明在东方制造的奴隶制度。读这样的文字，让人想起马克思、恩格斯在19世纪中叶对西欧、北美无产阶级悲惨命运的描绘。资本在西方是靠无产阶级的血长大的；它来到东方，则是连血带骨一起吞噬的。作品的末尾指出："但是，黎明的到来,毕竟是无法抗拒的。"当年索洛警告过美国人当心每根枕木下横卧着的尸骸,夏公则在《包身工》中警告这些殖民者当心呻吟着的每一个锭子上的中国奴隶的冤魂。这部作品至今还被选作中学语文教材。直到老人家离去前不久,与李子云同志聊天时,他说:"我觉得我的作品中只有《包身工》可以留下来。"这固然是夏公对自己作品过于苛刻的评价,但也从中透露出他对这部传世之作客观价值的重视。

1937 年 7 月,由郭沫若任社长、夏衍任总编辑的《救亡日报》在上海创刊,这是夏公开始新闻记者生涯的时刻,是他走上新的坎坷征程达 12 年之久的起点。他曾不止一次地表示:"我平生最怕被人叫做什么什么家,只想做一个诚实的新闻记者。"他常幽默地讲:自己只是个业余作者,正业则是新闻工作。从中至少可以让我们感悟到他对新闻战线岗位的重视。是的,12 年新闻记者的劳绩,实实在在体现于约五六百万字的成果。在他自认为"毕生最难忘的 12 年"、"工作最愉快的 12 年"中,他几乎每日手不停笔,每天至少一两千字。政论、杂文、散文、随笔……各种内容无所不包,古今中外的政治、思想、理论、文化、艺术、科学、人物、社会生活、时事评论、旅游札记……真可谓丰富多彩、文情并茂。廖沫沙同志在为《夏衍杂文随笔集》而作的序文《凌云健笔意纵横》里就此而论曰:"夏衍同志实在是中国文坛上罕见的作家之一。"除去在《救亡日报》等报刊上每日必写的社论、报道、补白等等之外,他还有十分擅长的一手绝活:自然科学小品,每每意趣盎然、生机无限。正如廖老指出的:"像夏衍同志这样集中地描画与介绍自然界事物的生长变化,或者以自然科学知识来论人论事,入情入理而又引人入胜,在我国文坛上却还是罕见之作。"于此可用他写于 1940 年战火频仍的桂林之小文《野草》为佐证,从中很可以看到这位前辈的灵魂。文章写道:

　　……没有一个人将小草叫做"大力士",但是它的力量之大，的确是世界无比。这种力，是一般人看不见的生命力，只要生命存在，这种力就要显现，上面的石块，丝毫不足以阻挡，因为它是一种"长期抗战"的力，有弹性、能屈能伸的力，有韧性、不达目的不止的力。

种子不落在肥土而落在瓦砾中，有生命力的种子决不会悲观和叹气，因为有了阻力才有磨难。生命开始的一瞬间就带了斗争来的草，才是坚韧的草，也只有这种草，才可以傲然地对那些玻璃棚中养育着的盆花哄笑。

文如其人。只有他那支笔，才能写出这样的文章！寥寥数百字，讲述了一个涵盖古今、包容宇宙的真理。笔法如此简洁、生动、深刻、透辟，言情言志，惠及友朋。此文一直被选为中学教材。

全国解放后，夏公自云："一个当惯了编辑或记者的人，一旦放下了笔，就会像演员不登台一样地感到手痒。"于是又应《新民晚报》之约，开辟了"灯下闲话"专栏，以匡正时弊，扶正祛邪。20世纪60年代，他又应《人民日报》之约，针对大跃进的失误，以黄似笔名在"长短录"总题下，与文友们连续发文总结经验、评价得失。其精妙的文字在读者中流传颇广。

夏公在艺术方面取得的卓越成就，没有成为他事业上的包袱或局限。他热爱艺术，但不止于艺术。在他投身革命的一生中，做了许许多多在艺术家看来也许是不屑一顾的组织、说明、动员、劝解、安置、迎送、争取、营救……工作。这是如此具体、细致、困难、艰辛的跋涉，是直接用自己的体温去温暖生活、温暖大地的人世间最宝贵的挚情。"夏公"这个称呼始于何时、出自何人的准确结论尚待考证，但在抗日战争时期的陪都重庆，文艺界朋友们就这样称呼他了，公，是正直无私的意思；在我国传统文化中，公，又是对长者、显者的尊称。当时的山城重庆，是大后方政治、文化中心，是知识分子云集的地方。生活困苦，环境险恶，矛盾交错，困难重重。刚刚步入不惑之年的他,在这个特殊的圈子里工作,获得这样的称呼绝非偶然。据有的老同志回忆,文艺界天生的矛盾多,意气用事多,而夏公以清醒的理智、平和的耐心,常常使面红耳赤的纷争,变作一团和气,他堪称文艺球场上的一位"清道夫"。

夏公对党有一颗忠诚的心。他童年时家境衰败;在八个兄弟姐妹里他最小、也最瘦弱。三岁丧父、全靠寡母辛勤劳作和亲友接济帮助,勉强解决衣食问题。贫穷、窘迫,使他性格内向,不苟言笑,慈母爱怜地称他"洞里猫"。14岁高小毕业,当过染坊学徒;15岁以"品学兼优"被推荐进入浙江省立甲种工业学校染色科读书;19岁被卷入五四运动的狂潮,发表抨击封建、守旧舆论的激烈文字,得到陈独秀的赞许;20岁以优异成绩毕业,带着师长们"工业救国"的嘱托,东渡日本求学。在明治专门学校电机科,他读到了《共产党宣言》等马克思主义著作,"洞里猫"的思想深处掀起了波涛,从"工业救国"的"洞"里走出,成为留学生中一名激烈左派。在孙中山先生亲自关怀下,指定李烈钧将军介绍其加入了国民党,但随即为右派所不容。1927年回到上海,在扑面而来的白色恐怖中,共产主义信仰向他展示了真正的风采。他彻底醒悟了,毅然走进被血与火包围着的革命者行列,成为一名共产党员。找到马克思主义,找到党,他从此坚强而自信,虽然还是那么瘦,但他不再弱了。遵照党的思想路线,他一生坚持"实事求是"精神。为了求是,他甚至表现出一种执拗性格,由此而不时受到某些不公正的批评甚至"挨整"。在史无前例的十年浩劫中,他被打断了腿,在狱中关押将近九年。对于这段荒谬的历史,他作了深长的思考与总结,但每当问起他在这场灾难中的遭遇,他只是淡然一笑。他的确是个虔诚的党员,葆有一颗战士的赤诚之心。

当璀璨阳光冲破浓重阴霾的时刻到来时,民心大快,万众欢腾!党中央为夏公平反,恢复名誉,安排他重新工作。他老当益壮,锐气不减当年。他和祖国、人民一起,为崇高的理想、为社会主义现代化、为中华民族新文化事业再赴征途,又不懈地奋斗了 20 载寒暑春秋。

在他 90 岁生日之后,他对身后之事作了不同寻常的安排:

他把价值百万的藏画,统统捐献给浙江省博物馆,条件是:不要奖金,不要奖状。他忘不了,是浙江父老们用官费送他去日本求学。

他把稀世珍宝"纳兰性德长卷"捐献给上海博物馆,条件依然如上。他忘不了,是上海这座光荣的城市把他引上斗争的舞台。

他把价值连城的珍贵集邮无偿地捐献给国家。

他把自己的全部藏书捐献给中国现代文学馆。

……

他还有什么可捐献的? 字画、长卷、集邮、藏书,再珍贵也是有价的;而他对祖国、对事业的一腔热血、满怀忠诚却是无可估价的!

夏公终于以 95 高寿离世而去了;但他的精神必将永存!

我们愿再次引述恩格斯评价欧洲文艺复兴运动时所作的著名论断:"这是一次人类从来没有经历过的最伟大的、进步的变革,是一个需要巨人而且产生巨人——在思维能力、热情和性格方面,在多才多艺和常识渊博方面的巨人的时代。"并强调了人们的特征是:"几乎全都在时代运动中和实际斗争中生活着和活动着,参加政党进行斗争,一些人用笔和舌,一些人用剑,而许多人则两者并用。"伴随着巨人们的,既有中世纪凶残的遗产,也有新世纪黎明的曙光,这正是巨人们真正的光荣。夏公,无疑是这样的历史文化巨人之一。

于今,夏公的才干、智慧、意志、人格,他那光芒夺目的人文精神已汇入中华民族悠久文化传统的博大海洋之中;同时,他又以现代人的至高品格丰富了这一巨大的文化海洋。

作为深受夏公教益的后辈,谨以此文敬献于夏公灵前。

杰出的开拓者和创造者

——读《夏衍全集》

陈　坚

在现代文化的历史坐标上,沈端先——夏衍的名字始终与中国革命的文艺运动紧密相连,他不仅是历史的亲历者和见证者,而且仿佛是一幅中国现代史的缩影,以其曲折坎坷、沉浮跌宕的命运折射着中国 20 世纪的革命历程。作为中国革命文化运动卓越的活动家、组织者和领导者,人民电影事业的奠基人和拓荒者,享有盛誉的剧作家、报告文学家、杂文政论作家和翻译家,夏衍以其闪烁着华采的思想和文字给世人留下了一笔丰厚的文化遗产。浙江文艺出版社出版的《夏衍全集》是对这位文化巨匠文化遗产的全面总结和展示,作为后人阅读这些浸润着血泪和硝烟的文字,梳理作者的心路历程,研究他对中国新文艺做出的贡献,总结传承他的艺术精神和人格力量,从中当能获得有益的启迪和昭示。

一

罗曼·罗兰在《革命剧选》序言中说:"我曾设法把巨大的政治利益和社会利益放在特别显著的地位",因为"目前的世界上正扮演着不少伟大的悲喜剧。艺术如果不想灭亡,提高自己来应付这些悲喜剧便是它的责任"。① 夏衍紧密回应着时代的文字往往带着直搏

---

① 转引自柯灵:《战火中的艺术》,《柯灵六十年文选》,上海文艺出版社 1993 年版,第 966 页。

现实的毕露锋芒,像镜子一样折射出时代、革命中的"悲喜剧"以及这悲喜剧中的政治、文化心理。

读夏衍的文字,如同看到文字诞生和描绘的那个时代,以及那个时代上空的政治风云,因为这些文字对时代脉搏和民族命运的拥抱是如此之紧,以至于人物与时代及政治完全生长在一起,无法将其从背景中疏离出来作静态的观照和理解。——这也正是中国革命年代最本真的境况,潜藏在古老民族内心深处的"民族意识"因战争的爆发而觉醒,在救亡图存以及对国家前途忧心忡忡的大语境中,公众尤其是青年有一种普遍郁积的"政治焦虑",人们需要方向和斗争的激情,不带任何政治倾向的作品(文章、书籍或电影)很难得到关注,甚至连其存在都成为困难,或竟危机重重自生自灭,作为新文化的延伸的左翼文艺,其所蕴含的蓬勃的时代斗争精神、政治情感和革命气氛,顺应了读者(观众)的政治关怀与价值取向,满足了他们的期待视野,于是在共鸣性的阅读(观看)中,既完成了情绪的宣泄,又暗中实现了作品的"审美性置换",从而备受青睐,离开夏衍所置身的时代背景和历史语境去阅读和理解夏衍是难得要领的。巨大的现实矛盾,大多数人尖锐的生存事实和苦难命运,他们的感受、挣扎和呼告,充斥于夏衍的视野、心灵与笔端,使他永远不会只书写个人的一己悲欢并以此作为世界的全部,因此,无论他的剧作、电影,还是时评、杂文,乃至他的译著,都携带着时代的温度,具有着触及现实的深刻力量。

夏衍是从 1927 年翻译倍倍尔的《妇女与社会主义》而开始他的文学生涯的,这部最早用马克思主义理论阐释妇女问题的经典著作,被夏衍译介到中国后对中国早期妇女运动的开展产生过很大影响。在 1928-1934 年,也即"左联"成立前后的短短几年中,夏衍以极大热情翻译出版了平林泰子、金子洋文、藤森成吉等日本早期普罗作家的小说和戏剧,尤其是高尔基等苏俄作家的作品,对当时渴望进步、寻觅革命道路的年轻人起了十分及时的精神导向作用。与夏衍一生紧密相连的电影和戏剧,更是以鲜明生动的笔触再现了一个大开大阖的时代,汇聚了整个民族自由独立、团结御侮的时代精神。电影《狂流》描写"九一八"事变后长江流域波及十六省的大水灾;《前程》提示当时城市妇女职业和生存的困境;《时代的儿女》展现了知识分子所走过的从"五四"到大革命时期不同的人生轨迹和蜕变;《自由神》讴歌了勇敢地投身于反对军阀和帝国主义侵略斗争洪流的"为自由而战"的新女性。夏衍的话剧创作略晚于电影,但其关注时代现实的精神一脉相承,《上海屋檐下》、《一年间 》、《心防》、《愁城记》等剧作都注目于抗日战争风云下普通中国民众的生存景观和心路历程,描写在激变的时代中他们真实的喜悦、愤怒和哀伤,以大视野和大胸怀超越一己之悲欢。《法西斯细菌》通过一位洁身自好不问政治的科学家的精神嬗变有力地表明知识者所履行的社会职能,不仅取决于社会制度,而且还取决于他对待社会、国家、民族和大众的态度。

夏衍在抗战前后写作了大量的通讯、时评和杂文,在抗战那特定历史形势下,通讯、速写、海报、演说等作为最流行的文字模式,几乎取代了篇幅较长的各种虚构的作品,更重要的是,夏衍的这些文章虽大多应时而作,但从内容、质量、影响来看,堪称是培养和激发广大青年抗日救亡热情的一个火把。《粤北的春天》等通讯,就从多方面揭示了中国人民不畏驱策、不甘屈服,敢于战斗、坚韧不拔的民族精魂。1943-1944 年在世界反法西斯战争大转变时刻,他所写的《维斯杜拉河的声音》等二十多篇国际时事述评,就像是一幅幅欧洲军事地理的细图,一会儿西线、一会儿又东线,一会儿是战火弥漫的前线、一会儿又是军事占领下的游击区,第二次世界大战进入高潮时天翻地覆、惊心动魄的一幅全景图展示在人们面前,如长风穿谷,奔流击石,令人读后回肠荡气振奋不已。至于杂文,与夏衍更有一种内在的精神联接,他采用且偏爱这种迅疾犀利、不拘一格、文理兼容、针砭时弊、短兵相接的文体,1946 年《世界晨报》的"蚯蚓眼"专栏、抗战时期重庆《新华日报》的"司马牛"专栏、上海解放不久《新民晚报》的"灯下闲话"等等,都是夏衍在十分艰险、复杂的情况下对社会事件做出的快速反应,下笔千言或百言,倚马可待,且不乏传诵一时的警言佳句。

国际影坛大师塔尔科夫斯基曾说:"事实上,我无法了解艺术家所谓'自由'或'缺乏自由'的问题,艺术家从来就不自由。没有任何群体比艺术家更缺乏自由。艺术家必受其天分和使命所束缚。话说回来,艺术家却有着充分的自由,在尽可能充分实现其才具和出卖自己灵魂以换取银钱之间作一选择。"① 能力越大,责任越大,夏衍拒绝了那种私己性的所谓"自由",不谈风花与雪月,以其"天分"主动承担起"使命",在其浩瀚的人生历程中尽其所能。从 19 岁在《浙江新潮》上发表第一篇文章直到去世,辛勤笔耕七十余年,著作等身,可谓"蜡炬成灰泪始干"。当然,身系左翼战线成员,由于"首先想到的是政治","总觉得能在什么地方塞进一点政治去,就表示革命了"。② 因此在创作初期,当他把政治、进步、爱国、抗日这些游离于文本结构的革命性话语勉强掺进作品时,便显出过于急功近利,以至于不够含蓄的意识形态跃然于纸上、舞台或银幕,人物与事件被政治的怒涛所淹没,显出一些宣传与故事泾渭分明的露骨之态,如马克思所言的"进出沙发的弹簧"一样突兀。夏衍不久即对此做出深刻的反思:"一方面企图用写实的方法来描写人物的个性和戏剧的环境,而他方面却又不能割舍利用一切可能来象征、影射,乃至讽刺眼前时事的机会,这样手法的不统一,结果是削弱了作品真实感,和破坏了人物的个性","这些发挥有时很可能博得观众的欢呼,但是在这儿我们要注意的是剧作家的本领应该是艺术的感激,而不

---

① [苏]安德烈·塔可夫斯基:《雕刻时光》,陈丽贵、李泳泉译,人民文学出版社 2003 年版,第 183 页。

② 夏衍:《历史的回顾》,《夏衍全集》第 7 卷,浙江文艺出版社 2005 年版,第 259 页。

是表层的爱国观念的廉卖"。① 长期的艺术实践和严肃的自省精神终于使夏衍意识到,审美成为一种认识和控诉的工具必须以一定程度的本体自律为先决条件,这种在当时文艺环境中难能可贵的艺术自觉使夏衍成为较早摆脱作品公式化标签化束缚的左翼作家之一。

二

刘勰在《文心雕龙》的《体性》篇中将文章的风格概括为八种,夏衍的文字显然属其所谓"精约"之体,即"核字省句,剖析毫厘者也"。作为一个清醒、自觉的受理性支配的现实主义作家,夏衍向来以直面人生的现实主义精神贯穿他的艺术世界,其遣词造句作文也是惜墨如金、精瘦如骨的典型。夏衍对现实主义的选择是多重因素合力下的必然:冷静重理的个性特点与他偏于写实、不事铺张雕琢的创作倾向因果关系甚为密切;弃工从文的人生转折不仅从世界观、更是从方法论上预示了夏衍对以关注社会、剖析人生为首要特征的现实主义创作风格的热爱和追寻。

现实主义对夏衍而言首先表现为"真实"。真实是现实主义作家的生命,受众需要作品吻合自己所处的历史处境、所见所闻所思所想,以及先在的经验结构,从而在真实感中实现认同与接受,而且,唯有真实,才可能抵御时间之河的侵袭,否则一切都将随风而逝,成为岁月的殉葬。夏衍的《谈真》一文集中阐述了他的真实观,即政治意识和倾向必须与对现实的深刻洞察和真实表现结合起来,"写得真实,是这么一回事,观众便觉得真实而忘其为公式",写得不真实,采用"粉饰与欺骗,是不能博得观众喜爱的最大的原因。"对他而言,真实与其说是一种艺术手法,毋宁说是一个艺术家的道德精神底线,它意味着作家是否敢于真实坦诚地面对人生,是否将真情

---

① 夏衍:《对于春季联合公演的一些杂感》,1937 年 5 月《光明》第 2 卷第 12 号,《夏衍全集》第 3 卷,第 16 页。

实感投入其中，"艺术家不该骗人，这是常识。人民从日常生活中明明知道是臭的，不论你用怎样的技巧，你不能在舞台上说是香"。[①]要写得真实就必须在题材选择上不熟悉的不写，不关心的不写；不熟悉的而偏偏要写，则只能凭概念来想象，凭主观来安排，踏入夏衍在《卖膏药的必须休息》中所明确反对的"公式主义"的陷阱。

梵·高在1878年给弟弟的信中曾写道："关于'艺术'一词，我还找不到有比下述文字更好的阐释：艺术即自然，现实，真理……"而在1880年他又写道："我将尽力而为使自己不成为一个平庸的画家，但如果平庸意味着简单的话，我一点也不小看平庸。"[②]——"自然，现实，真理"也是理解夏衍作品的关键词。《上海屋檐下》是他现实主义创作方法探索的开始，这部成熟的剧作既有政治的骨架，又有平凡生活的血肉，成功地体现出夏衍对现实主义文艺创作思想性、艺术性的双重觉悟，刘西渭曾评曰："《上海屋檐下》的尝试是成功的"，因为"夏衍先生站在现实这边"，作品是从生活中"打了一个滚出来"，观众"并不惊于形式新奇，（当然有的人是来看楼房上台，然而不久就发现）他们仅仅回到一个更真实的人生。他们看到一个生活断面，天天在演悲剧，似乎没有力量成为悲剧，如今一个作家自然而又艺术地把平凡琐碎的淤水聚成一腔强烈的情感的主流"。[③]此后，夏衍的一系列作品——话剧《水乡吟》、《愁城记》、《一年间》、《法西斯细菌》、《芳草天涯》等，电影《林家铺子》、《祝福》等——都是对中国现代话剧和电影现实主义的拓展和深化。夏衍选择他熟悉的人物和环境作为描写对象，书写特定背景下真实的人物关系以及人物复杂微妙的精神世界，生活的真实性溶解了其政治倾向性。作

---

① 夏衍:《谈真》,《戏剧春秋》1940年12月第1卷第2期,《夏衍全集》第3卷,第85页。

② ［美］欧文·斯通,古恩·斯通编:《梵·高书信选》,潘泊、徐汝舟等译,湖南文艺出版社1991年版,第41、64页。

③ 刘西渭:《上海屋檐下》,《李健吾戏剧评论选》,中国戏剧出版社1982年版,第22页。

巨匠 光华映钱塘——夏衍研究文集

为与现实相伴生长发展的报告文学,夏衍更是特别强调应该把真实与准确放在首位,"真实性是报告文学的生命",[1]不真实,就是假报告,就是"壳里空"。其《包身工》以"铁一般的事实"再现了一副血淋淋的地狱图景,产生出强烈的震撼力,即使在半个世纪之后,重读这些血泪文字仍然能够激起人们心灵的波澜。

夏衍现实主义创作的另一个特色是对底层人民,尤其是普通知识分子与小市民生存状态和心理特点的深切体恤和真实观照。当他从抗战前后的中国社会攫取题材时,并不像多数作家那样仅仅瞩目于轰轰烈烈的斗争事件,而是聚焦于他所熟悉的普通而平凡的小人物及他们的生存状况,关心小市民或下层知识分子在现实重负下的艰难挣扎,倾心描写他们平淡而灰暗的人生,且心眼儿里同情他们为艰难求生而做出的看似卑微细琐但性命交关的生存努力。当融入生活之流,从这些小人物的喜怒哀愁挖掘悲喜剧且借此展示时代的精神痕迹时,夏衍是含着眼泪来剖析和批判的,并馈赠着他的希望,他说:"这些小人物都还活着,而且,在一个不很短的时期之内他们都还要照着他们自己的方式生活下去",因为"从他们祖先时代就束缚了他们的生活样式,思想方法,是如何的难以摆脱啊!我不想凭借自己的主观和过切的期望去强要他们的生活"。[2] 真正的同情基于正确的了解和理解,夏衍不因人物有缺陷而掩盖其本质的善良,也不因要表现其转化而任意拔高,人物性格的双重性、复杂性以及夏衍自身情感与理性的矛盾性都形成一种张力,赋予作品以蕴藉和穿透力,也许当时不被人们所理解(如《芳草天涯》),但在经历了时间的风尘之后,人们终究发现了它的内在价值与魅力。

---

① 夏衍:《真实是报告文学的生命》,《人民日报》1985 年 4 月 22 日,《夏衍全集》第 8 卷,第 594 页。

② 夏衍:《关于〈一年间〉》,《夏衍全集》第 1 卷,第 312 页。

三

  "是艺术,所以要创造!"夏衍在《卖膏药的必须休息》一文中的这句话与许多艺术大师的感悟异曲同工。塔科夫斯基说:"诗人并不引用现成的世界,他直接参与世界的创造",[①]而保罗·克莱则言:"艺术不是摹仿可见之物而是挖掘未见之物",[②]这些直指艺术核心的表达均昭明了艺术终究是一种个体性、精神性的生产,像卖膏药和留声机一样的公式化、人云亦云的文字永远无法感染受众。夏衍以其探索精神加上对艺术规律的深切体察,为斑斓多彩的现代文学史添上了独具魅力的一笔,尤其表现在文体创新和风格创新上。

  在夏衍之前,拍电影甚至根本没有脚本,电影艺术家往往根据一个故事梗概现场发挥,由此而产生的遗憾是,拍成的电影因缺乏完整的文学构思和人物刻画,故事往往是断裂甚至是矛盾的,夏衍认识到"一部剧的成败,大部分系于剧本,剧本实在是电影的基石",[③]他所创作的《狂流》是中国电影史上第一个有较完备文学剧本形式的电影脚本,具有突出的开创意义和示范作用,被评论者认为是"中国电影新路线的开始","明星公司划时代的力作"。(芜村:《关于狂流》)其中,通过对蒙太奇、闪回、剪切等电影语言、技巧的研究,夏衍最先探讨了电影与小说在叙事上的联系:"一般的见解,都将戏剧和电影看作双生的姊妹,但是在艺术的样式,那是很明白地电影和小说有它本质的类似性的",因为戏剧受时空严格的限制,而电影则可以通过运用"回想的方法来进行时空的转换",这样就打破了亘古不变的线性叙述方式,夏衍将这种非线性的叙述法和意识流

---

  ① [苏]安德烈·塔可夫斯基:《雕刻时光》,陈丽贵、李泳泉译,人民文学出版社 2003 年版,第 183 页。

  ② 转引自[日]岩崎昶:《现代电影艺术》,张加贝译,中国电影出版社 1988 年版,第 80 页。

  ③ 黄子布(夏衍)、席耐芳:《〈火山情血〉评》,《晨报·每日电影》1932 年 9 月 16 日,见《夏衍全集》第 6 卷,第 47 页。

小说家 James Joyce(詹姆斯·乔伊斯)的以"理解之流为函数的,凭着故事之本身而展开的一种更自由的叙述方法"[1]进行比较并指出两者的联系。这种理论探讨不仅可以看到作者开阔的理论视阈,更能体现出夏衍对电影本体特性的高度重视。

在具体的创作中,电影《春蚕》跳出以往电影虚构故事、编造情节、注重传奇性的俗套,"是新文艺作品与电影艺术握手的第一声,攻破制片一向固执的成见,不一定要像张恨水那样'情节曲折,故事哀婉'的小说才可以改编为电影剧本"![2] 夏衍在改编时有意采用了"纪录电影"的方式,最大限度地逼近现实,倾向于空间的拓展,结构散文化,人物关系上得到多层面的开掘,而不是像传统电影那样一味地在时间上延伸。《春蚕》截取了 30 年代初浙江农村的一段育蚕生活,小桥流水的景致、农村经济恶化的时代背景和养蚕育蚕的生活场景,细腻真实,手法也出神入化。弗朗索瓦·特吕弗在做电影评论时,曾有一个精辟的思考和表述:"一部影片要想获得成功,就必须同时表达世界观和电影观。"[3]在电影《春蚕》中,夏衍不仅表达对帝国主义转嫁经济危机导致农民遭遇悲惨这一历史的"世界观",更具有创造性地表达了他"非戏剧化"的"电影观"以致曲高和寡,多年后才被人们所重新理解与欣赏。五六十年代,夏衍根据鲁迅、茅盾、巴金等的小说改编的电影剧本《祝福》、《林家铺子》、《憩园》、《革命家庭》、《烈火中永生》等,更以丰富的生活阅历和经验、深邃的思想和敏锐的洞察力,特别是炉火纯青的改编艺术技巧使这些剧本达到了很高的成就,根据这些剧本拍摄的影片已成为新中国电影史上的经典篇章。

夏衍不仅探讨了电影的"非戏剧化",甚至对于由于时空限制而

---

① 沈宁(夏衍):《〈权势与荣誉〉的叙述法及其他》,《晨报·每日电影》1934 年 1 月 21 日,见《夏衍全集》第 5 卷,第 101 页。

② 秦克之:《走到电影世界》,《现代电影》1933 年 10 月第 5 期。

③ 转引自[法]夏尔·戴松:《电影观,世界观——安德烈·马赞与"新浪潮"》,单万里译,《当代电影》1999 年第 6 期。

强调情节矛盾集中的戏剧,他也倾向于"非戏剧化"的风格。平民视角使他疏英雄而近小人物,不重刻画人物的外在矛盾冲突而倾心于人物心灵的挖掘,再现出时代激变下平民知识分子的心灵史,他们沉重的精神负荷,迷茫、痛苦、荏弱、无奈、决绝,他们精神转折的艰难挣扎乃至断裂:身心俱疲的革命者匡复,风雨飘摇中执拗地营造爱巢的赵婉贞、林孟平,在艰难生活熬煎下意志消沉的尚志恢,规避现实战争希望埋头科学的俞实夫……这些知识者在严酷的时代面前都陷入何去何从的苦涩和尴尬,在个人的涸泽中困守还是飞跃于江湖成为他们的两难,其中抉择和提升过程是痛苦而悲壮的,"到达这飞跃与前进的代价是无数个同时代知识分子男女的血泪与尸丘",①夏衍以严格的心理写实手法,不通过外在大幅度的戏剧动作,而是通过行为细节、停顿来暗示这些内心的悸动,剧(影)中人物的内心像平静的大海下的暗涌,虽然从外表很难看出,一旦细细体味那日常言谈、一颦一笑间缓缓流淌的心理之河,不知不觉中便会被感动。情节上,夏衍摒弃人物命运的大起大落、曲折离奇,较少刻意采用悬念、突转、巧合等艺术手段,结构上呈现出散文化的特点,舞台时空较为宽松,不拘一格,突破了"三一律"封闭式的传统戏剧结构,《上海屋檐下》将五户人家同时展现在舞台,空间得到扩展,《法西斯细菌》《芳草天涯》则在时间上予以拓展。夏衍的个性中较少浓烈的激情,更多恬淡和理性,表现在创作中便形成洗练、含蓄、素雅,冷静客观、蕴而不露的独特风姿。

四

艺术最重要的任务,便是影响受众的灵魂,乃至于重塑它的精神结构,而无论中国古代文论还是西方文论,都在昭明一个经验性结论:诗格如人格,艺术家的作品若要对人的灵魂构成冲击性、重构

---

① 夏衍:《读〈少年游〉》,《夏衍全集》第 3 卷,第 196 页。

性力量,自身人格确为一切之泉源,其自我生存的方式在某个程度上攸关着作品的魅力和耐久性。夏衍在一篇随笔《乐水》中,以水的品质形象化地涵盖了他所理解、推崇且身体力行的"知识分子"的人格特征,即"质要硬,形要软",这一"硬"一"软"大有学问,既蕴含哲思,又流溢智性。——水的"质硬"表现为一种不怕任何阻碍的贯彻力与意志力,一种非达目的不罢休的执著精神;水的"形软"则表现为一种懂得迂回的策略性,一种婉转避让的柔韧性。夏衍对自己的政治与艺术诉求终生奉行不渝,未因境遇而屈从让步,可谓"富贵不淫,贫贱不移,威武不屈",这种坚硬之"质"既需要高度的自律与自觉,又有着对他人虔诚而绝对的责任感和人格操守,但不改变自己的本心、不放弃自己的主张并不意味着鲁莽行事,夏衍不欣赏那种以硬碰硬的盲目自我牺牲,而主张像水一样能够适应环境,在任何境况下都能够存在和深入,以其"形软"做坚韧的、"圆转"的奋斗。

夏衍的一生便是革命斗士的一生。特别是上个世纪30年代中期,面对左翼文化组织遭到破坏的严峻形势,他与周扬等人开始重建地下文委,四处联络文化界爱国人士,广泛团结观点不同、个性互异的艺术工作者,发起并推动了在电影、音乐、戏剧、美术等各界的救亡运动。在抗战时期的重庆,他主持正义又有理有节,明断是非又求同存异,在周恩来的领导下牢牢团结了山城文化人的绝大多数,抗战戏剧运动开展得如火如荼,盛极一时。作为"一个有实行力的作者和斗士",其自身定位既是一个艺术家,也是一个知识分子和革命家,甚至后者对他而言更为重要,因此,他必须、必然超越个人,深切关怀国家社会甚至世界上一切有关公共利害之事,并具有责任感和牺牲精神。"知识分子是社会中具有特定公共角色的个人,不能只化约为面孔模糊的专业人士","知识分子是具有能力'向(to)'公众以及'为(for)'公众来代表、具现、表明讯息、观点、态度、哲学或意见的个人"。① 夏衍从来不是孤芳自赏的,在《历史剧所感》中他谈到,社会是一头巨兽,处在猛兽群中,有的人用兽语讲话,有的人缄口不言,作为知识分子就要像社会良心一样维护真理、正义,哪怕冒着被裂为齑粉的危险。1959 年,在故事片厂长会议上,针对电影题材各种条条框框的限制,夏衍不顾当时危峻的政治气候提出了不肯媚俗不肯折衷的"离经叛道"论,在后来成为大批判的靶子:"我们现在的影片是老一套的'革命经''战争道',离开了这一'经'一'道',就没有东西。"——这些既是夏衍"质硬"之例,同时也由此看出他清醒的人格精神和尖锐的批判能力,而这正是作为一个知识分子最为基本、最为核心的品质之一。八年牢狱之灾,夏衍损目折肢,但历经磨难越发坚强和执着,像他所说的水一样,虽历经千折百曲但方向不变。在视力接近于零的情况下他写下了近 40 万字的回忆录和批判极左思潮的时评和文艺随笔;晚年他一直保持着与青年作家、青年演员、年轻的艺术工作者之间的密切联系、交流和沟通,一方面让自己不断从年轻人那里汲取新知识,获得新信息,另一方面则引导新一代走正路,体现了他对年轻一代充分的爱护和支持;在最后的日子里,夏衍将自己的多年收集和珍藏的大量有价值的艺术品,包括字画、邮票收藏,全部无偿地捐献给了国家。

当然,倘若环境雾翳云遮,任何人都可能在前行中迷路走失,秉持理性的夏衍也不例外。一方面,在革命年代个体的一切服从于集体,服从于革命的需要;另一方面,作为一个革命者,必有其历史局限性,左倾盲动主义、教条主义给他以束缚,在工作和文艺创作中或多或少留有"左"的印痕。——但重要的是坦诚面对的勇敢与开放的态度,并愿意且能够重新找回灵魂之家的道路与方向,最终走出阴霾。身陷囹圄之时,夏衍也经历了心理的危机,同时,这正是他反

---

① [美]爱德华·W.萨义德:《知识分子论》,单德兴译,三联书店 2002 年版,第 16—17 页。

思、批判、自审和自剖的契机，其晚年所作《懒寻旧梦录》用一颗沉重、痛苦却依然赤热的心，在反思历史的同时诚恳地进行着自我审判与忏悔。他坦言自己在"左"风压人之时，有违心之作、歌德之词，写的东西不少是为了配合政治，为政治服务；"文艺为政治服务"这个口号，经过多年的实践检验，证明它不仅不很完善，而且很明显地带有"左倾"思潮的烙印，甚至，"左"的幽灵还不仅仅是在文艺中盘旋，它寄居于革命事业的内部，连同着人们灵魂深处数千年来沉积的封建意识一起，将"科学与民主"之风拒于门外，使"人权、人格、人性"消失殆尽。信仰不容打折，但信仰并非愚顽的盲从，它眷顾历史与理性的指引，并且决不违拗自己的良知，即使由此招致非难，夏衍也是坦然面对，一笑置之："我不会理会这些，自反而索，我是九死无悔的，因为我讲的都是真话。"①

屈指数来，这位中国现代文化史上的巨匠离开我们已然十载，在时间的洗涤下喧嚣与浮华都会褪尽，沙子包裹上河蚌的苦难终将变成珍珠，历经岁月越发熠熠生辉。在夏衍众多作品中闪耀着的人格风采和创造精神已融入浩浩荡荡的文化长河，其精神血脉必将得到承传和延续——《夏衍全集》的出版就是一个明证。

---

① 《夏衍论创作·自序》，《夏衍全集》第 8 卷，第 558 页。

青松盘石傲霜久

——周恩来和夏衍的相交与相知

沈祖安

一

"结交青松枝,砥行碧山石。"这是古人作为知己共勉的诗句,以松之坚韧、石之庄重来譬喻人的操守,颇为形象。用它来形容周恩来和夏衍之间的相交与相知,很是恰当。

夏衍是 20 世纪的同龄人。他 20 岁东渡日本留学,21 岁开始接触马列主义,23 岁在日本参加研究共产主义的"社会科学研究会",24 岁那年,在日本经孙中山先生当面指定,由李烈钧介绍,加入了中国国民党,并担任了国民党中央海外部直属东京总支部委员兼组织部长。这个组织是当时国民党的左派领导的,其中有不少共产党人和研究共产主义的进步的国民党人。1927 年,蒋介石公开叛变孙中山的三大政策,进行血腥清共。4 月,东京总支部被捣毁;5 月,夏衍遭通缉潜回祖国;6 月,经在日本"民专"时期同学郑汉先、庞大恩介绍,在上海参加了中国共产党。

虽然夏衍入党前就知道周恩来的名字,入党后在从事文化工作前后也曾间接地受周恩来的领导,但正式在周恩来的直接领导下从事文艺、新闻和文化统战工作,是从 1937 年 8 月开始的。从此,他不仅把周恩来当作一生的引路人,并且努力使自己的全部行止以周恩来为榜样。

1937 年秋至 1966 年秋,他们从相识到相知,仅仅 29 年。但是这一头一尾的两个阶段,恰巧是近 30 年来中国人民灾难深重、无限忧虑的时刻。作为长期密切配合的上下级和肝胆相照的战友,他们之间,随着客观环境的曲折变化,面对沉浮与安危,更加休戚相关,荣辱与共。

二

夏衍入党后,最初编入中共上海闸北区委第三街道支部。党小组长是钱杏邨(阿英),同组有孟超、戴平万等。他开始在曹家渡和杨树浦一带从事工运工作,用的是真名沈端先。虽然过去他也在一些进步报刊投过稿①,在日本就认识了郭沫若,回国后又先后结识了鲁迅、郁达夫和蒋光慈等,更早些时,他在《浙江潮》上的文章,还曾得到陈独秀的重视,但在当时他还只是一个文艺爱好者,而和他同一支部的党员钱杏邨、洪灵菲、孟超等都已是作家。后来,经人介绍,主持开明书店的夏丏尊和章锡琛请夏衍翻译日本作家本间久雄的《欧洲文艺思潮》,此后又不断翻译了多部著作,从而参加了中国著作家协会。他翻译了早期马克思主义者倍倍尔的《妇女与社会主义》后,引起了周恩来的注意。当时,周恩来作为党中央的主要领导人之一,兼任中央军委书记又分管文化工作,经常在上海指导中央局的工作。他很重视文化统战工作,正在物色从事这方面工作的人才。他看了夏衍的一些翻译作品,又从李克农和潘汉年那里知道一些作者的情况,认为沈端先"可能是个条件较好的文化骨干",指示潘汉年作进一步的了解。潘汉年找到闸北区委书记赵容(即康生),赵容虽是山东大汉,却圆滑机巧。他把夏衍在日本的经历写成文字交给潘汉年,颇为世故地说:"这样的文艺人才,放在闸北区搞工运,跑跑纱厂是可惜的。"

---

① 夏衍从事写作,始于 1919 年(19 岁),曾以"宰白"的笔名发表过不少短文。

但是周恩来并没有立即调动夏衍。当时，不仅国共双方斗争激烈，党内也在清算陈独秀的机会主义路线。接着，周恩来和邓颖超便到莫斯科参加中共第六次代表大会去了。

三

当时，上海文艺界——作为进步文化中心，缺乏统一的领导和联系，革命文艺团体和个人之间，常有因不够了解而引发各种论战。

春天，冯乃超在《文化批判》上发表了《艺术与社会生活》，钱杏邨在《创造月刊》上发表了《死去了的阿Q时代》，这两篇文章，都点名批评了鲁迅。鲁迅接着发表了反驳文章，于是爆发了创造社、太阳社与鲁迅之间的论战。同时，创造社与太阳社之间也开展了论战。创造社的李初梨在《文化批判》上批评了太阳社蒋光慈的作品；太阳社的钱杏邨又在《太阳月刊》上对李初梨进行反驳。冯乃超的文章中又批评了创造社的郁达夫和张资平，形成了创造社、太阳社之间的斗争和创造社内部的分裂，这是20年代末期进步文化界的不幸。但这也比较客观地反映了当时进步文化界的状况。当时那些作家绝大多数都是20多岁血气方刚的青年，稍有成就的就自视甚高，又因经历和阅历不足，难免浮躁，稍觉不合自己的要求，便尖锐地批评人，而对别人公开撰文中批评自己，就觉得伤了面子，立即反驳。在一些后来成为大家的代表人物，年轻时也常有这种鲁莽和任性。当然，这同中国革命总的形势和革命阵营内部不同的思想状况也是分不开的。更应指出的是，当时中共中央机关在上海，中共江苏省委也在上海，而党的最高层领导又在外地，因此多头领导的不同见解，造成多元的导向。更由于王明路线的掌权和失势，党内缺乏正确的理论思想指导，因此有些目光短浅的领导在工作中的盲目性和排他性，加上敌人的文化特务从中混淆视听，所以常有混战，年轻的革命文艺家没有找准批评的对象，不少论争造成的损失，是无法估计也难以防范的。尤其是正直而勇敢的鲁迅，并不深知党内的路线矛盾,而与他最接近的瞿秋白和冯雪峰,都是先后在党内受排挤而又消息不灵的时候,所以不仅鲁迅在"孤军作战",连周扬、夏衍等左翼文化的领导人,也未必深知当时党内斗争的复杂和微妙。

周恩来在去莫斯科之前,已经发现上海进步文化阵营出现的某些裂痕,回国后从潘汉年和冯雪峰处了解到矛盾又有了新的发展。周恩来原先并不分管文化,但因上海的党中央在连续出事后,文化口上的工作实际无人过问。面对众多文化健将以及多年形成的进步力量有溃散的倾向,他便下决心要解决这一问题。这也是自建党以来,党中央深入抓文艺工作的开始。

在周恩来的亲自关心下,中央向文艺界有关代表人物提出"停止内战,加强团结"的指示;同时为加强文艺界各方人士的联合,还决定成立左翼作家联盟。李立三特意找鲁迅征求意见,鲁迅表示支持,并答允由他出面牵头筹办。接着,就是具体的人选问题了。

潘汉年和钱杏邨等推荐夏衍,在上海的鲁迅和在日本的郭沫若也间接向周恩来推举夏衍,于是夏衍便从闸北街道支部调出。在中央文委的领导下,夏衍于1930年和鲁迅、田汉、郁达夫等52人发起组织了中国自由运动大同盟,接着又筹建左翼作家联盟。当时潘汉年以中央文委书记的身份领导筹建(后由阳翰笙接替),夏衍是执行委员,同时担任文委的部分领导工作。他参加"左联"的领导,不仅因为他的才能,还因为他做事踏实,不好张扬,不露锋芒,所以各方面人士都能接受他。尤其是他始终没有参加上述的论争,与鲁迅、与创造社、与太阳社的主要代表人物的关系都不错,他的实际能力和客观条件,都具有调和鼎鼐的条件。由此,就决定了夏衍的大半生的命运——既是一位作家和编辑,又是党内在文化统战方面的重要负责人。

1929 年冬天开始筹备"左联",1930 年 3 月 2 日"左联"正式成立。① 从此,夏衍开始了他的专业文艺工作——包括从事编著戏剧、电影剧本和散文、理论的撰写,文艺报刊的编辑工作,以及文艺各个领域的组织领导和文化统战工作,开始了他的作家、评论家和文艺活动家的生涯。

四

1930 年 10 月,周恩来和潘汉年根据革命形势发展的需要进入中央苏区。离沪前,周恩来想到,必须为潘汉年单线联系的特别党员杨度物色一个既可靠又能与之适当相处的联系人。研究结果,决定让夏衍来接替潘汉年。

杨度是早期留日的青年学者,曾以他的才华和学识受到康有为、梁启超和孙中山、黄兴的赏识。但他后来仍坚持君主立宪,主张中国走日本明治维新之路,曾是当年劝袁世凯复辟登基的"六君子"之首,当过袁的秘书长。从 20 年代开始,他逐步看清自己走错了路,后来靠拢进步人士,并且为共产党做了不少有益的事。

1929 年,经潘汉年介绍,周恩来批准,杨度成为一名秘密共产党员。当时,他表面上是杜月笙的清客,住在杜的一幢别墅里,实际上这幢房子成了地下党的一个活动点。虽然从前夏衍也曾进入这幢房子,却不知道这位老人就是杨度;杨度也不知道他就是影剧界有名的"黄子布"和"蔡叔声"(夏衍当时的笔名)。自从接受任务,夏衍与杨度很快就熟悉了。杨度很尊敬这个刚满 30 岁的年轻人,向他坦诚地解剖了自己:他决心以实际行动来消除前嫌,很想为人民做点有益的事,要求公开参加革命斗争。

"端先兄,请你务必转告翔宇兄(周恩来的别名),让我到前方

---

① 左联第一届执行委员八人:鲁迅、沈端先(夏衍)、钱杏邨(阿英)、冯乃超、田汉、华汉(阳翰笙)、郑伯奇、洪灵飞,主席团是鲁迅、沈端先、钱杏邨。

去,我不要优待,只求做点实际工作!"

夏衍理解杨度的心情,更领会中央的意图,婉转地劝告说:"皙子(杨度别字)先生,你的情况和一般党员不同,以您和各方面的关系及社会上的影响,您不公开地为党工作,对革命更有利。"

"可是我作为一个共产党员,居然还住在杜月笙的家里作寓公,党内同志和民众将怎样看我?时代在前进,人也要变,我希望人们忘掉我过去的那段经历。可是……"杨度真有点委屈。

"正因为您过去在北洋时代有那段经历,所以杜月笙对您敬如上宾。您就可以在他们圈子里了解到一般党员无法了解的东西。起到一般党员起不到的作用!"

"这是您的高见?"杨度有所触动地问。

"据我所知,周恩来同志就是这样期望您的。"夏衍认真地答道。

"哦!"杨度眼睛一亮,微笑着不再争论了,"如果是翔宇兄的意思,我自然服从。"

此后,杨度遵从党的安排,始终以他的特别身份,为党做出了特殊的贡献,直到逝世。

建国以后,夏衍一直关心着杨度的家属,为杨度的女儿杨云慧安排了适当工作。周恩来对夏衍说:"当年党在艰难中接纳了这样一位正直的老人为党员,也算是患难之交,你代我向他的家属表示慰问。他们有困难,也可以随时找我。"

"好的。不过……总理,杨度最后成为一个革命者的事实,应该适当在报纸上介绍一下。下一代人,都不知道了。"夏衍说。

周恩来点点头:"对,这件事一定要做好。"可是不久"左"的思潮又盛行,尤其"文革"前后的十余年,文化统战工作完全被破坏,此事更没有机会再提。直到1975年初冬,周总理的癌症已经扩散,他知道自己即将不起,仔细回想有些事必须在生前交代和安排好,其中之一便是杨度问题。当时夏衍刚从秦城监狱里放出来,行动还受监视。总理不想给他添麻烦,就让秘书告知主管文物工作的王冶秋,让他记录在案。直到江青一伙垮台，夏衍获得自由，才继王冶秋之后，在《人民日报》上写了"关于杨度二三事"一文，把这段历史公诸于世。之后，夏衍又出面向有关方面建议，将杨度遗骸重新安葬在上海革命公墓。

五

在 30 年代中期以前，党交给夏衍的任务，主要还是领导进步文化运动。他奉命参与建立了"左联"，又奉命进入电影界，成为中国电影界较早的专职编剧；他还奉命和田汉等开展了新戏剧运动。从1935 年开始，"夏衍"的笔名问世，周恩来经过长时期观察，认为夏衍不仅应该从事进步文艺工作，还应该从事文化统战的工作。尽管他们始终没有正式见过面，但是周恩来已开始考虑给夏衍新的、更重要的任务了。

这是 1937 年 6 月间。夏衍突然接到影星王莹转来的一封信。信是密封的，后面只写了个"严"字。看字迹，分明是在上海消失了五年的潘汉年写来的。信的内容是约夏在爵禄饭店见面。潘汉年原是上海中央局的文委书记，又是特科负责人，掌握文武两条线。他秘密离开上海，是到中央苏区担负更重要的任务。这次他突然在上海出现，夏衍料到一定又有新的重要任务。见面后，夏衍很想知道潘这几年的情况，但是党的纪律不容他多问，他只大胆地问了一句："听说伍豪(周恩来)也回到江南了？"

潘汉年没有正面回答夏衍。他问："听说你们这几年做了不少工作，影响也很大嘛，队伍也扩大了。"

夏衍正想汇报，潘汉年又说："我们都已经清楚了。中央领导同志了解情况后，也知道了你们的困难和苦衷。我们还是来谈谈现在的工作吧。现在已开始第二次国共合作，要争取斗争的合法地位。'八一宣言'都看到了吗？"

"已经传达了。'左联'和'剧运'的同志都讨论过了。"

"这就是党中央的精神,要组织公开的统一战线,文化和新闻界都要适应当前一致抗日的形势。为了团结更多的朋友,成立统一的组织,以利工作。"

潘汉年和夏衍研究了成立上海电影编剧导演协会(原名"上海电影编剧导演人协会",后为称呼方便去掉了"人"字)的事。不久,潘汉年又和夏衍、唐瑜商量筹办《早报》,夏衍筹集了 500 元法币作为部分筹办费。

过了半个月,"七七事变"爆发,上海人民抗日情绪高昂。7 月 10 日晚上,潘汉年与夏衍在光明咖啡馆见面。潘说:"有位同志要见你。"

"哪一个?"夏衍听语气,知道不是一般的同志。

"不用问,你跟我走。"潘汉年领着夏衍来到蒲石路一幢房子前,敲敲门;来开门的是一位身材修长的中年人,一见面,就伸出手来:"你是沈端先同志吧,我就是周恩来。"

夏衍真是喜出望外,因为他终于见到了周恩来。周恩来亲切地说:"你的情况我都知道。在特定的形势下,党的地下活动困难很多,你们文化界可能困难也不少。你虽然没有提到一些不愉快的事,但我们都已知道你心里的委屈。共产党人既然选择了这条前人未走过的路,就要准备它是很长的,也是很曲折的,就不能计较这些得失,没有宽大的胸怀,就不是共产党人!"

听到这里,夏衍很感动。他知道,周恩来和他的战友们在这五六年的革命历程中,经历了万里长征,还要走更曲折、更艰难的路,因此,淡淡一笑说:"比起前方,我们毕竟安定得多,没什么!"

"现在,你将接受新的工作任务。"周恩来接着说,"同蒋介石谈判合作的事,大致上已经定了。党今后要公开,有许多事要和国民党合作,需要一些过去和国民党打过交道的人。所以,我们想让你今后以进步文化人的身份和各阶层、包括国民党的人,做统一战线的工作。"

夏衍顿觉得愕然。他面有难色地说："这些工作，我过去都不熟悉。"

"什么事情都是从不熟悉到熟悉的。从前你进入电影界、戏剧界，不也是逐渐熟悉起来的吗？你认识一些国民党的上层人士，有文人，也有做官的，工作也方便。"

在周恩来的耐心开导下，夏衍接受了任务。不久他奉命创办《救亡日报》，并担任总编辑，郭沫若任社长。

《救亡日报》是上海文化界救亡协会的机关报，名义上是国共合作的报纸，1937年在上海创刊，11月12日上海沦陷时停刊，1938年又于广州复刊。这中间经历了许多周折，因为受到干扰，发行量不高。同年初夏，周恩来在武汉听夏衍同志的汇报，畅谈了四个小时。恩来同志问道："你们的报纸日销8000份，占广州各报总销售数的百分之几？"他见夏衍一时答不上来，就说："当然，问题不单在销数，而在于读者敢不敢看你们的报纸和欢不欢喜看你们的报纸。"他指示要吸取邹韬奋办《生活》杂志的经验，多刊登一些通俗易懂、精辟动人的文章，讲人民大众想讲的话。"要讲点国民党不肯讲的，《新华日报》又不便讲的，这就是方针。"1938年10月广州沦陷，夏衍辗转到桂林办报。他一直遵照周恩来的意见，自己写社论，也及时写针砭时弊的小文章。这一阶段，是夏衍的散文和杂文创作的旺盛时期，同时也写了不少剧本。并且团结大批进步文化人，积聚了革命力量。

六

1941年初，因报道皖南事变，《救亡日报》被迫停刊。夏衍带着《救亡日报》的部分人员到香港，转入《华商报》。以王老吉的笔名，在副刊《茶亭》上撰短文针砭时事。

香港沦陷后，夏衍化名黄坤，和一批文化人秘密化妆回内地，在海上颠沛数日，经越南，又乘车到了广西桂林。当时桂林集中了文化界的精英,抗战气氛很浓。4月,周恩来让夏衍到重庆工作。

当时周恩来任中共中央副主席兼南方局书记,为了便于在大后方开展文化统战工作,他亲自兼任文化组组长。刚回到重庆的夏衍担任了中共南方局委员兼文化组副组长(另一位副组长是徐冰)。同时,夏衍也参加了《新华日报》的部分领导工作,并及时撰写社会评论及重要新闻。1945年毛泽东应邀到重庆和蒋介石谈判时,《新华日报》的社论和专访,几乎都是夏衍写的。这一阶段。夏衍的戏剧创作也十分旺盛,先后写出了《秋瑾》、《赛金花》、《上海屋檐下》、《一年间》、《赎罪》、《愁城记》、《复活》、《法西斯细菌》、《戏剧春秋》、《芳草天涯》、《离离草》等。

《芳草天涯》是夏衍1943年创作的,1944年上演时反响较好,特别是唤起了大后方和国统区的知识分子对民主自由的向往;但从团结抗战的角度看,还不够完善,所以剧本没有正式发表。为了避免给国民党顽固派以口实,周恩来曾经和夏衍当面讨论过如何进一步加工的问题。但这时,从延安派出四位文化干部,实际是秉承康生等的命令,为所谓的"中央南方局存在一条右倾机会主义的路线"寻找证据。对以郭沫若、欧阳予倩、徐悲鸿(三位当时都是党外人士)的"不当言论"和夏衍的剧本《芳草天涯》的"错误思想"进行批评。四位"钦差"中有一位写了署名的批评文章,严厉批评《芳草天涯》,并送到《新华日报》编辑部要发表。其时,周恩来正在延安汇报工作,轮值总编的夏衍明知这样做不妥,也只能签署发表。重庆的国民党右派因此幸灾乐祸地说:共产党内讧,闹到重庆来了!周恩来回到重庆后看到报纸,很生气,明知这篇文章的后台是康生等人,不便追究,就让南方局秘书张颖告知夏衍,可以写不同意见的文章。但夏衍认为:作为一个党员,首先应该照顾《新华日报》的影响,宁可个人受委屈,不要削弱自己的力量。为此,周恩来在南方局的干部会议上表扬了夏衍。

当时,欧阳予倩打算编写《武松与潘金莲》,为潘金莲翻案。周恩来认为没有必要为虚构的传奇人物翻案。他和夏衍的看法一致，认为民间对是非向有标准，美丑正邪，不以男女来分；片面地为了妇女解放而混淆是非善恶的界限，在人民中间是通不过的。这本来是内部的议论，但是有的党内同志竟公开挑起辩论，欧阳老秉性坦荡，也打算写文章反驳。周恩来找夏衍商量怎么办。夏衍认为，欧阳是著名的艺术家，又是党外爱国人士，我们不能在顽固派面前公开与民主人士论争。个别同志考虑不周，可以向欧阳老致歉，但不必打笔墨官司。这样终于问题得到妥善处理。

1945年初，蒋介石看到大后方许多爱国的作家、艺术家在周恩来的精神的感召下，从事进步文化运动，成绩卓著。他就对周恩来说："你们办报、办剧团很有经验。我要请你们帮忙：我们三青团办的青年剧社没有专家领导，《扫荡报》将来要改为《和平日报》，也需要能干的记者，内容才能好看，请你推荐几个好不好？"周恩来就让夏衍找到马彦祥，要他去办青年剧社。马彦祥是位正直的作家和导演，组织能力很强。他追随中国共产党许多年，多次要求入党，因为社会关系特殊，周恩来曾经亲自对他说："根据您的特点，留在党外工作，对党更有利。"但是此刻听说要他去为三青团办剧团，立即发火："我参加不了共产党，也决不能去为三青团办事！"夏衍告诉他这是周公的决策，马彦祥方始表示服从。同时，夏衍又动员和党感情很深的女作家凤子到《扫荡报》去当记者。这两位同志当时在国民党眼里是"中间偏左"，国民党用他们，是为了标榜自己"开明"，而他们则运用了这一身份为党做了许多工作，其中包括欧阳予倩和洪深。

40年代，夏衍作为周恩来在文化统战方面的助手，在重庆做了大量的团结工作，为大后方进步文化力量的壮大和最终冲垮国民党顽固派的精神防线作出了贡献。

七

抗战胜利后，蒋介石踌躇满志，调兵遣将，把矛头对准中国共产党和解放区的军民。《双十协定》墨迹未干,已成一纸空文,长江南北,大河上下,又笼罩着密密的战云。

当时中共代表团除常驻南京梅园外,在上海思南路 107 号亦设立办事处,周恩来和邓颖超常到上海小住。而夏衍,在这之前——1945 年 9 月,即奉周恩来同志指示来到上海,筹备《救亡日报》的复刊工作。因此他们常能见面。周恩来同志每来上海,夏衍必到"周公馆"探望和汇报工作。1946 年 5、6 月间,形势已十分险恶。周恩来考虑到夏衍的安全,告诉他以后不要亲自到这里来了,有事请联络员转递。夏衍笑道:"您放心,白色恐怖最厉害的年代,我被通缉多次,但还是在他们的眼皮底下安然脱身。我情况熟悉,抓不住我!"周恩来严肃地说:"你在党内多年负责文化和新闻方面的统战工作,连蒋介石都知道你,他们岂会放过你。在白色恐怖下别太书生气,要准备形势突变。还要与文化界、新闻界朋友早点打招呼。"不久,周恩来指示夏衍到新加坡去,任务是:向陈嘉庚先生慰问和致意,并向侨领介绍国内战事形势和我们今后的军事、政治方针。[①]

10 月 17 日,夏衍一切收拾就绪,秘密来到周公馆辞行,乔冠华、龚澎夫妇也来了。他们奉命去香港,也是来辞行。[②] 周恩来说:"今天我请你们吃螃蟹,还是四马路那家馆子。"他们的车子刚出公馆,司机便在反光镜里看见特务的汽车已经尾随在后,周恩来不由两道浓眉紧锁,为了保证夏衍等同志安全离沪,今天他只有自己出面解危了。他关照司机:"照正常行驶,不紧不慢,到林森路口车子立即停下,要快。"

司机照办了。特务们的车子在后面追赶,没想到前面来了个急刹车,只差一点就要两车相碰,特务们还在惊诧中,周恩来已经从车

---

① 自 1946 年 10 月至 1949 年 4 月,夏衍在香港秘密从事文化和新闻的统战工作,由廖承志领导。后中共香港工委成立,由潘汉年领导,他和冯乃超担任文化方面的工委委员。

② 乔冠华、龚澎夫妇奉命去香港创办英文《今日中国》半月刊。后香港工委成立,由章汉夫任书记。龚管外事,乔管新闻,兼首任新华分社社长。

里出来了。他关上车门，对慌忙下车的特务说："你们几位辛苦了！"特务们面面相觑说："嗨嗨……不，不……周先生。"周恩来笑道："原来你们还认识我？没有认错吧？"特务们弯着腰说："是……是的，周先生。""既然你们知道我是谁，为什么要盯我的车？是谁给你们的命令？"特务们顿时语塞，忙说："误会了……误会了！""既然如此，请你们马上把车子开走，否则我要报警了！""呃……好吧。"特务们只好陪着笑钻进汽车，掉头开走了。这件事为周恩来给夏衍等人的钱行，增加了一个有趣的小插曲。[①]

夏衍在新加坡完成任务之后，于 1947 年回到香港。随着解放战争形势的发展，夏衍在香港的工作也日益紧张和繁忙。除了新闻工作外，又要帮助海外进步人士摆脱特务的监视，回大陆参加新中国的建设，还要争取国民党营垒中倾向人民民主、愿意弃暗投明的上层人士幡然来归，并为他们返回大陆妥善地作好安排。宋庆龄、何香凝、沈钧儒、胡愈之等许多著名人士先后自港澳回大陆，夏衍、许涤新等都克服了种种干扰和阻碍，出色地完成了任务。爱国人士钱昌照是国民党政府的高级经济专家，他经管的国民党行政院直属的物资救济总署，有许多财产都还在上海，只有他知道隐藏在哪里和如何启运。他通过夏衍即时向周恩来反映。周恩来又向毛泽东报告，党中央及时作了安排。为了安全，周恩来启用了在香港的地下党的另一条秘密通道，钱昌照终于如期归来。

八

1949 年 4 月末，夏衍和潘汉年、许涤新在香港接到命令：速回北平，准备接收上海事宜。他们随即动身，绕道天津到达北平，先见到了朱德。5 月 10 日至 16 日之间，毛泽东、周恩来、刘少奇在西郊香

---

① 此事，周恩来正式向当时国民党上海市长吴国桢提出抗议，吴表示歉意，并答应一定追查。后来果然撤去了一个明哨，但在左右民居中增加了暗哨。

山先后接见了夏衍和潘汉年、许涤新等人。周恩来5月12日又在中南海紫光阁召集郭沫若、茅盾、胡愈之、萨空了、周扬、夏衍、郑振铎和沙可夫,商量7月份召开全国首届文代会的事,并让夏衍提出一个在国统区的著名人士参加文代会的名单。

夏衍临去上海前,周恩来对他说:"你是老上海了,对文化界情况是熟悉的。但是你此番去情况大不一样。过去你从事地下党的工作,和他们是同志和朋友关系,是平等坦率的;现在你是执政党的领导干部,是政府官员,别人对你会不一样。你到了上海,在文艺方面要多依靠当地有影响的文学家和艺术家。戏剧界像梅兰芳、周信芳、盖叫天和袁雪芬这样的人物,还有音乐界贺绿汀、周小燕,美术界的刘海粟、颜文梁,都是名望很大的,尽可能亲自去登门拜访,而不是把他们找到办公室里来。国民党也做礼遇社会贤达的文章,我们今后的人民政府格外要做好。"

夏衍等于5月16日南下,当时上海还未解放。途中,陈毅宣布了中央的决定:陈毅为上海市市长兼军管会主任,潘汉年为副市长兼市委秘书长。为了展开上海的文化工作,陈毅兼文管会主任,夏衍为文管会副主任、上海市委常委兼宣传部部长,又兼文化局局长。

因铁路沿线遭破坏,行车很慢,5月17日傍晚,夏衍一行才到达济南。前来迎接的是山东省省长康生。

康生显得十分活跃。因为潘汉年与他原先就话不投机,所以康生老缠着夏衍说话。"你们知道吗?夏衍同志原先叫沈端先,夏衍是他的笔名。"康生在招待一行人吃饭时,兴致勃勃地说:"当时我在闸北区委当书记。真是荣幸,党内好几位当代大文学家都在闸北工作。我知道夏衍同志是位人才,所以周恩来同志通过潘汉年同志来了解他,我就郑重地推荐!"潘汉年淡淡地一笑说:"康生同志的领导艺术,素来是有名的!"当然,康生当年拉大旗作虎皮,多次攻击和诬陷中共中央南方局和香港工委的工作是"右倾机会主义"的行径,他更是深有感触的。

由于周恩来的介绍和嘱咐，陈毅对夏衍十分尊重。他们刚到上海在市郊的指挥部见面时，陈毅就坦率地说："上海文化方面的事，你既有经验又有基础，尽可放手去干。所以让我挂个文管会主任的名义，是因为在军管时期，我们带兵的压得住，无非是为你们撑腰。"

为了和文化界同志打成一片，并且相互增加友谊，陈毅很主动地和夏衍接近。一次，他对夏衍说："听恩来同志说，过去你们文化界同志，常到'霞飞路'的维那桑斯（文艺复兴）咖啡厅去，那里的牛肉很好吃？"

"是的，那是白俄开的点心店，地方不大，外表不起眼，但颇幽静。我们不少同志常在那里碰头。"

"我过去在上海读书，现在已很久没有到那一带去了，你陪我今晚去吃夜点心吧！"

于是，他们几个人去吃了夜宵。夏衍还以当年地下党活动的方式，事先事后都作了检查和布置。陈毅自己带了秘密警卫，度过了一个很有趣的夜晚。

但是第二天，市委保卫局长知道了，批评夏衍说："上海刚解放，还有暗藏的匪特，你怎么可以带一号首长到那种地方去？今后不但不允许陪陈市长去，就是你，身为市委常委，也不能去了！"

夏衍心里想：我们秘密来去，就是特务发现了临时买砒霜也来不及。但是，他作为一个党员干部，还是认真地接受了这个意见。后来周恩来知道了，对夏衍说："你们一个是名士，一个是儒将，倒是一番佳话。但是现在情况变了，还是要注意安全。"

夏衍了解上海文艺界的特点，尤其刚解放不久，为了有利于文化人士活动，他尽量把一些活动搞得生动活泼。譬如在节约前提下举办舞会和茶话会。开始，有些从解放区来的政工干部看不惯，认为这是资产阶级作风，甚至公开抵制。夏衍认为，在新旧交替的短暂时期内，生活方式的改变也要逐步引导，凡是有益健康的文化生活，应该丰富多彩的。不能用狭隘的农民意识来对待这些问题。其实,夏衍本人对舞会等活动并不喜欢,他还闹过笑话。

有一次,庆祝中苏友协成立一周年举行舞会,宋庆龄邀夏衍跳舞,夏衍为难地对孙夫人说:"很抱歉,我不会。"

"哦?您当年在上海工作,竟没学会?"宋庆龄问。

周恩来是了解夏衍的。他在旁插话说:"我40年代在重庆时就向他提出,要学会跳舞,否则,在热闹的场中接头,敌人会怀疑的。"

"是的。"夏衍很为难地说,"我也曾经想学,但学不会。"

夏衍主持上海宣传和文化工作虽然为期不久,但在短短几年中,他依靠陈毅的大力支持,工作上比较大胆,许多知名的专家、学者都得到较好的安排。当然,在建国初期,工作上缺乏经验和存在一定的左的思想影响,也有不少失误的地方。但是,夏衍在上海期间,时刻想到周恩来的这一番话:"一定要把上海各方面的力量都团结在人民政府周围,如果不好以政府的名义,就以艺术团体的名义,就以你个人的名义,以艺术家和艺术家之间的友谊,使他们安安心心地留下来,高高兴兴地工作。特别要注意,只要他们的一技之长确能有益于人民,并且今天愿意为新中国的建设作贡献,就应该欢迎。老帐不要再去纠缠,只要弄清楚就好。对左、中、右三方面的代表人物,在生活上的照顾一定要一视同仁,在工作安排上也要各得其所。"①夏衍是努力这样做的。

随着形势的发展,夏衍在工作中遇到了困难和干扰,他开始惶惑了。他推荐的根据萧也牧同名小说拍摄的影片《我们夫妇之间》被批判,他自己写的关于知识分子改造的话剧《考验》,也被当时市委的一位领导人以"宣扬小资产阶级意识"和"容易引起不满党的领导"的罪名而被下令停演;他在作家座谈会上强调学习以充实革命本领的"知识就是力量"的讲话,也被不点名地反复批判;他提倡的文化干部和作家艺术家肝胆相照,不要摆官架子的平易作风,也被

---

① 这是周恩来1949年冬对筹备全国首届文代会的领导成员们交代的任务。

冠以"宣扬自由主义"的帽子。总之,在饶漱石主持上海的工作之后,连陈毅也受到排挤,因此助长了一些趋奉者在文化领域推行的宗派活动。尤其是饶漱石的手下挑唆在夏衍身边的彭柏山、黄源等反对他。彭柏山生性爽直,而黄源为人敦厚,但并不敏锐,因此处于两难之中。由此,夏衍的工作越来越困难。

九

夏衍从事文化工作,是从上海开始的。前半生有三分之一的时间在上海,上海是他的第二故乡,他对上海感情深厚。但是,他不久终于离开上海。他先到外交部工作,后来又被调到文化部,担任分管电影戏剧艺术方面的副部长(起初尚兼外交部亚洲司司长)。这既是中央统一研究决定的,也是有关部门领导所期望的。周恩来已觉察到夏衍在上海工作较难开展,但是他一直认为夏衍在上海,对发展上海和华东地区的文化艺术工作是有利的,调京,不是他的初衷,何况他一向对在自己身边工作较久的同志要求严格,没有轻易提出调动。

有一次,刘少奇与毛泽东议论要加强文艺方面的各工作时,提到了夏衍。江青讨好地在旁边插嘴说:"夏衍,老作家了。咱们的电影事业,就是他们开创出来的!"毛泽东点头称是。就这样,经刘少奇支持,毛泽东批准,夏衍便被调到北京工作了。后来传闻调夏衍进京是周恩来对他的照顾,这是猜想的。

当时在北京从事文化工作的干部,来自几个方面:有早期在白区工作的(有的后来到了重庆);有从延安来的;有来自其他解放区和军队的。周恩来同志对夏衍说:"来自各方面的同志各有不同的经历和经验,你长期从事统战工作,相信你一定能和各方面同志合作得很好。"他又语重心长地说,"过去的教训是内耗太大。文化界一定要消除那些不正常的圈子和山头,首先要从我们自己的行动开始。"

夏衍理解总理的心情。其实,自1955年以后,北京文艺界的问题也就比较麻烦了。在政治运动一个接一个的情况下,已无正常的文艺批评和学术讨论可言。尤其是对小说《我们夫妇之间》和电影《武训传》的批评,以至对《红楼梦》研究中的不切实际的批判后,一次运动伤害一批人,造成了互相隔膜和冷落的恶性循环,党的知识分子政策被破坏,使建国几年的文艺事业不能健康发展了。

1959年,周恩来同志在中南海紫光阁召集中宣部的陆定一和文化部的夏衍等,研究如何在文艺界反对左的思想倾向问题,后来被"庐山会议"的冲击改变了方向。1961年6月在北京新侨饭店召开的全国文艺工作座谈会,根据周恩来的指示制定了"文艺十条",不久又被彻底否定。1962年党的八届十中全会提出了"千万不要忘记阶级斗争"以后,康生一伙便乘机把水搅浑,田汉和阳翰笙先后被罗织了"反对三面红旗"和"反对社会主义"的罪名。夏衍则因在一篇"繁荣电影创作"的讲话中,强调了在广阔的生活中寻找多种题材,被扣上了"反对写工农兵"的"题材广阔论"的帽子。起先康生等少数人在会上点名批判,后来又在社会上作不公开点名的批判。夏衍因而成了文艺界"离经叛道的代表人物"。柯庆施在上海公开宣布:"夏衍是我们上海不受欢迎的人",并且在向中央送的简报中罗织罪名,并提出"今后请他(夏衍)不要插手上海的文艺工作"!因此,夏衍就不再回南方来了。应该说,中央决策中的失衡和失控,在思想领域中很快出现了向左的倾斜。而后的20年,便泛滥成灾,生灵涂炭。

康生更逼着周扬要夏衍在文化部党组会上公开检查。他抓住夏衍不放,其目的是要借此破坏周恩来同志在党政工作中的威信。因周恩来在广州召开的全国电影、戏剧创作会议上,曾号召作家要多方面地深刻反映现实生活,康生对"电影二十三条"的攻击尤为激烈,因它是根据周恩来参与制定的"文艺十条"的精神制定的。康生一箭双雕的伎俩,一开始就被周恩来识破。因此当周恩来听康生在政治局汇报文艺界的"敌情"时,当场对康生说:"我也曾经说过题材广阔的问题。也欢迎你指教！"康生悻悻地说："不敢，不敢。"事后，周恩来直接对毛泽东和刘少奇谈了他当时的意见，这场栽赃活动才被暂时制止。当然，现在可以明白，当时毛主席和主持中央工作的领导，在了解情况中有片面性，对形势估计每有偏颇。起初，刘少奇也发现了这个倾斜度，也曾找各方面谈话，希望在坚持真理的同时，营造一个和谐宽松的气氛。但是毛主席身边有一个小班子，常以领袖的名义来干扰党政方面的决策，尤其意识形态的制约。因此一再变动的文艺方针，就逐渐失去了文艺界的民心和党心。表面上的唯唯诺诺，行动上的摇摇晃晃，步履不稳，正是新中国建立 10 年之后逐步丧失了它应有的战斗力和创造力的原故。加上队伍扩大了，思想素质却高低良莠不齐，有些难辨风向，有的不敢坚持真理，有的只为保自己乌纱帽，因此康生等人的阴谋逐渐得逞，最后中央开始被几个坏人把持，政治思想领域的官僚主义发展又导致了专制横行了。毛主席也并非没觉察，但因为受蒙蔽日深，他想下决心改变局面，又踏进身边阴谋者暗设的陷阱。这已不是文艺方针的失衡，而是政治策略上的失控。

到了 1963 年的下半年，形势更加严峻。由上海的柯庆施出面，并在江青、康生等的怂恿下，由张春桥、姚文元等具体泡制的两个严重诬陷文化部和文联的"报告"，矛头明指中宣部，隐指周恩来同志。毛泽东缺乏调查研究，作了批示。这两个批示下达后，便在文艺界掀起了一场"龙卷风"。建党 40 余年和建国 13 年辛勤筑起的社会主义文化构架，至此就开始全面倾斜和坍塌了。夏衍心情十分沉重，尽管这些年也养成了克制与沉默，但终于忍不住了。他恳切地向周恩来反映说："我们的工作肯定有不少错误和缺点，批评也是必要的。但许多同志多年来辛勤劳动取得的成绩，是不能全盘否定的。有不少同志，虽没有担任过什么职务，但作为一个战士，从 20 年代开始。几十年来，为人民民主和人民解放的事业舍生忘死地工作，尤其是有些一贯进步的党外专家学者、作家和艺术家，过去和我们安危与共,这些年又作了可贵的贡献。他们的一片冰心,我们不能轻易否定他们,辜负他们,否则,我们的信誉又在哪里?"

夏衍想到以往的峥嵘岁月,不禁声泪俱下地对周恩来说:"胡公(30年代周恩来蓄须,当时进步文化人昵称'胡公')!我们过去许多左的做法,伤害过多少自己的同志,也委屈过多少信赖我们的朋友!今天,正当用人之际,绝不能再恣意挫伤大家的积极性了……如果要按'批示'来对照,自然我们这些当部长的责无旁贷。要严办,就办我们。如果要搞'人人过关',岂不又要牵连一大批了!"

周恩来当然是赞同的,也很受感动。但他除了点头之外,有些话一时很难说。尤其夏衍被调出文化部,把工作关系安排到对外友协之后,从副部长兼党组书记降为国际文化组的研究员之后,有些文件也不能看了。最后被迫在家"闭门思过"和下乡"改造思想",周恩来事后得悉,虽觉得突然,但是他还能说什么呢?当时北京出现的不正常的政治形势,其来源和发展趋势他自然比夏衍更清楚。但是有些空穴来风和浊浪陡起,究竟源在哪里?流向何处?他也未必很清楚,何况党性原则使他不能对夏衍多说。他只能用深沉的语调说:"夏公,我们是相互了解的。我们不是圣人,也难免有错。但是你30多年来为党辛勤地工作,也曾出生入死,受了不少委屈,今天也还在为党、为人民受委屈。我相信你能正确地面对现实。你要保重,做一点力所能及的事,不必勉强自己。同时,我们党在近40年来领导文艺和文化统战方面的活动、成绩和失误,你是清楚的,但还有不少同志不清楚。你有时间要写一点回忆文字,对正反两方面的经验教训,都应认真地写一写,否则,将来下一代都不知道了!"

夏衍听了双眉紧锁:"我不写!至少在目前,这种有'反党'嫌疑的事,我不做。"周恩来深情地望着他已经有些微驼的背影说:"你要多保重,考验还刚开始……"据夏衍回忆,这大概是他们第一次也是最后一次如此激动地谈话。当然,那一天周恩来虽然没有正面回答夏衍的问题,但夏衍心里明白这是党的纪律的约束。正是这种约束,使他们直到永别之前,彼此只能心照不宣。周恩来当时的内心,就像邓颖超后来所说:"他肚子里装着很多话没说。"①其实,他神情也已很清楚地显示出来:他不但提醒夏衍,也不断地提醒自己。这时候的周恩来,心情格外难以平静,因为他也找不出答案。也许今天可以稍稍找到答案了:这是当时客观形势的咄咄逼人,使人难以招架。一个政党,一个政权,成功与失败,关键在于素质,更在于领导人的素质。豪言壮语之外,唯一能衡量立党为公还是掌权为私的标志,就是领导人决不能因心理失衡而出现的理智丧失。这往往是社会动乱和历史悲剧发生的重要因果。所以,往往出现历史上重复出现的悲剧。在艰苦创业时,人们容易团结一心,同甘共苦,而到了和平时期,由于权力的集中和再分配,就出现了因思维差异而形成的新矛盾。矛盾的激化,便会给人民带来苦难,使时代倒退。也许有人争权为了自己,尤其是江青一伙人的别有用心,而有的却为了表现出对领袖盲目的忠诚而过分地警惕。这在"文革"前后那两个三年间,就非常明显。今天我们可以庆幸,中国终究没有被那场大风暴所摧毁。这正是有了中国共产党,有了众多久经考验的老战士和众多英勇无畏的后来者。中国的历史没有倒退,因为人民在不断考验中继续前进。

今天应该冷静地分析:这场灾难的发动者是有责任的。但是不少为了自己一时的进退方便而姑息和消沉,自觉和不自觉地推波助澜的人难道能心安理得吗?

十

形势还在不正常地发展,并且急转直下。1966 年初,"文革"的序幕已经拉开,夏衍被派去农村蹲点搞四清,接受贫下中农再教育。

---

① 见 1982 年 6 月 30 日《人民日报》邓颖超的文章《一个严格遵守保密纪律的共产党员》。

后因病回京小住。他足不出户,几乎不与任何人来往。

一天,突然对外友协的秘书用车来接夏衍,说是中央指定他参加一次重要的外事活动。夏衍觉得奇怪极了:自己"靠边站"了许久,一直在报刊上被不点名地批判,怎么会让他参加外事活动,并且是"重要的外事活动"呢?

他应召到了人民大会堂,毛泽东和周恩来都在。此时已飞扬跋扈的江青见了夏衍连招呼也不打,就把脸转了过去,她自然在这个时候绝不愿见到夏衍。但是工作人员奉命把夏衍介绍给外宾。原来是印度尼西亚电影艺术委员会主席苏里亚达马海军上将率领代表团来访,中宣部、文化部、文联的领导人全都"靠边站"了,文艺领域已基本上成为"旗手"的领地,所以江青第一天就"责无旁贷"地出面接待。但是印尼电影界仅仅把她当作出来应酬的"第一夫人",根本不和她谈艺术的事,并且还让她转达印尼电影界对中国电影家协会主席夏衍的问候。因此,江青有意向周恩来施加压力:"他们对我这样不了解,我何苦带着病去应酬!"她的目的很明显,是希望在这"非常时期",给她一顶文艺方面的桂冠,以便顺理成章地掌握权力。可是周恩来好像没有听懂她的话,又似乎出于关切地当着毛泽东的面向江青提出:"既然他们熟悉夏衍,不如也把他找来,让他解答一些具体事情,你也可以减轻一点工作。"毛泽东当即表示同意。就这样,夏衍便奇迹般地出现在江青面前,并且受到印尼电影艺术家们的热烈欢迎。这是周恩来在生前最后一次为夏衍争取来的任务。这显然是为了在那乌云压城城欲摧的非常时期,使江青一伙一时不便对夏衍下毒手。第二天,全国各报纸都登出那张接见时的照片,人们意外地看到夏衍和毛泽东、周恩来及江青一起和印尼电影代表团的合影。

当然,这对江青来说是受不了的。她忿忿地说:"真不像话!这个时候了,还让他出来亮相?不是白批了吗!"康生则不阴不阳地说:"人家是公认的'祖师爷'嘛!这说明,在文化领域的大批判,还

青松盘石傲霜久——周恩来和夏衍的相交与相知

远远没有深入。"

周恩来为夏衍能在这样的非常时期在重要的外事活动中出面而感到欣慰,同时也考虑到会因此招来江青一伙更大的忌恨。他要人转告夏衍:安心在家养病,抓紧治疗。如身体好,可以到下面去看看,"但南方不要去"。周恩来所说的南方,是指上海和杭州。当时张春桥、姚文元一伙十分猖狂,周恩来的意思,就是要他暂时还是以安全为第一。

夏衍理解周恩来的心情,他也知道,此刻的周总理已经不能总理一切,处境也日益艰难了。

十一

夏衍是在 1966 年 12 月中旬被"四人帮"秘密逮捕的。先是拘押在"群众专政"的监管所,后来送到秦城监狱,先后共八年零七个月。

那年 12 月的一个傍晚,一伙穿着军装但没有标徽的年轻人,突然闯进夏衍的家,夏衍平静地说:"请出示证件,你们是代表哪个执法机关?"这批不伦不类、非军非警的造反派武装人员猖猖地说:"少罗嗦! 走吧!"

夏衍心里在盘算:如果此行不会很快被害死,就要准备坐牢。但他身无分文,在卫生间对女儿沈宁说:"给我一点钱。"被监视着的沈宁无法出去筹钱,只能把口袋里仅有的五元多零钱给他说:"等您有了确切地址,我会送去的。"

夏衍苦笑了一下,对儿子沈旦华说:"你和姐姐要照顾好妈妈。"他深知,此去容易归来难。然后,泰然地跨出房来,默默地向缠着他脚的心爱的花猫告别,并向屋子和庭院留恋地望了一眼,来不及也不忍向妻子蔡淑馨告别。这位 66 岁的老人,40 年来一次又一次地躲过国民党特务、日本宪兵的追捕,哪里想到,今天竟被自己的政府机关秘密逮捕了。

夏衍被捕多日后,周恩来才辗转从身边工作人员的报告中得知。他立即让秘书向有关部门查问,结果都推说不知道。当时负责公安的谢富治诡谲地说:"现在造反组织抓人、关人是常事,公安部门没有线索,也难查。"中央"文革"小组的一帮人更轻描淡写地说:"黑线和黑帮人物,正是批斗的主要对象嘛! 谁都可以抓走的。"还有一些当时貌似公正却心怀叵测的人说:"是金子还是蜡,烧一烧也能有个分晓,您别管了。"周恩来生气地说:"对这样的干部随便就抓,不作个交代怎么行!"

周恩来同志早在 1966 年秋天,当北京大专院校红卫兵冲击一些知名人士时,就拟定了一个需要保护的名单报请毛主席,经毛主席批准后下达,但很快又被"造反有理"的口号冲破了,以至国家主席遭到武力批斗,田汉、老舍等惨死。这时残酷的批斗已无法制止,周恩来同志干脆以"监护待查"的名义,把一些重要人物保护起来,但对像夏衍这样的干部还来不及提出保护。何况突然"失踪"的人日益增多,一时都很难找到。

其实,夏衍是被谢富治手下的公检法造反组织会同文艺界的红卫兵抓走的。起先关在秘密拘留所,在不断的残酷刑讯中,夏衍的右腿足踝以上被打断。夏衍的生命力很强,在受了许多内外伤而又基本上不给治疗的情况下,居然自己逐渐恢复。但右腿因萎缩而短了一截,成了终身残疾。尽管这样,他终于还是活了下来。

酷刑审讯是硬逼夏衍招认在上海时曾打击过一位"女影星"。夏衍心里很清楚,这是在逼他讲出江青——即蓝苹的名字。他矢口否认有什么打击的女影星。他知道,为了避免"炮打"之嫌,这批爪牙们自己口中不会说出"蓝苹"两个字。这样的捉迷藏,打手们也无计可施,只能在肉体上摧残夏衍。当夏衍被折磨得惨不忍睹时,他们又让医生来给他治伤。来的是一位军医,他一见夏衍的惨状,失声说:"怎么弄成这副样子! 如果真是罪大恶极,可以枪毙,为什么要用酷刑!"这种不加掩饰的愤懑之声,在这样的场合是少有的。

夏衍吃力地睁开眼睛,昏花中看到这位军医神情严肃,而治疗

121

中手脚又是那样轻捷。几次治疗后,夏衍认定这是一位有正义感、可以信赖的医生,一次他欲言又止地喊了声:"医生……!"医生以低沉的声音问道:"你想让我办点事吗?"他见夏衍言语支吾,就干脆说:"要信不过我,你就别说了。"夏衍答道:"我是怕连累你。""没有什么连累的,办不成,就不办。"夏衍神情严肃地说:"我想给一个人带个信,让他知道我在这里。""送给谁?"夏衍没有说出名字,但是医生会意了:"好,我知道了,你快写。"

夏衍吃力地在纸上写了一行字:"我在秦城,子布。"署了半个化名,但是没有写收信人名字。医生收起信,临走时留下一句话:"要耐心。"

这位医生是总参医院的,还曾一度当过康生的保健医生,但是他可能看不惯康生这伙人的卑鄙伎俩。出于义愤,他冒着危险,把信送到京西宾馆交给周总理的联络员之后,一言不发地走了。不知是此行被人窥见,还是其他原因,此后他再也没有被派给夏衍治病,而夏衍也始终不知道那封信的下落。

其实,信很快就转到周恩来同志手中,他当即要求谢富治放人。谢富治推说这是江青和康生直接管的,他这个公安部长"管不了"。

有一天,周恩来在向毛泽东汇报工作之际,正好江青走进来。周恩来就当着毛泽东的面对江青说:"夏衍被打断了腿,应让他先回家治疗。"江青故作惊讶地说:"是吗?我怎么不知道呢?"说到释放夏衍的事,江青喟然感叹说:"总理呀,你的心太好了。文化大革命,不就是要革这批文化界头面人物的命嘛!运动方兴未艾,都把他们放了。我们还批判什么?"然后又露出马脚,说:"据我了解,他的腿早接上了,绝无生命危险!"说完,扬长而去。周恩来陷入沉思中。而毛泽东似乎也在沉思,直到周恩来起身告辞,毛泽东始终没有说话。

此后,江青伙同谢富治,匆忙给夏衍等一批人定了莫须有的罪名。经林彪表态,押解到秦城监狱。从此,夏衍就作为正式"政治犯"被关押了。

　　周恩来很快打听到夏衍等人关在秦城，派人就近保护，以免被他们暗中谋害。到了正式的监狱，倒使夏衍从"活材料"变成"死老虎"，再没有人去刑讯逼供了。他在监狱里独自孤寂地坐着。先是为了反复交代历史，不得不对逝去的岁月一遍又一遍地回忆。后来索性对过去进行全面地回忆，往事却格外清晰起来，以至在 80 岁后出版回忆录《懒寻旧梦录》时，表现出惊人的记忆力。那本回忆录不仅纠正了一些人的失误和讹传，也让广大读者比较真实地看到了那半个世纪的文化和社会的历史。当然，就他自己来说，并不认为是绝对精确的，或许还有讹误，犹待补正。夏衍被关押了八年零七个月才被假释回家。这中间，周恩来几次提出释放夏衍等一大批干部的问题，江青和康生一伙总是多方阻挠，迟迟不放。直到 1975 年冬天。周恩来病重之后，毛泽东要他提出对中央工作的意见和建议，他又提到了：应当关心那些跟党革命多年的老同志，包括至今尚在关押没有作出结论的人，应该尽快恢复他们的政治生命，年老病残的应该允许他们先回家。这样，夏衍才被假释回家。但是规定他不能随便外出，更不许离开北京市区。他家所在的南竹竿巷居委会的造反组织仍接到通知，要对夏衍进行监视，不许他"乱说乱动"。

　　夏衍回到家里，病中的妻子和子女们为他收拾好那间狭窄但又洁净的小屋。心爱的花猫在他被捕后早被送走，现在竟然奇迹般地回到老主人的身旁，但是不久却安然地躺在夏衍脚旁死了。[①]

　　夏衍回家不久，李一氓和廖承志等来探望他。廖承志还带来周恩来对他的慰问。"肥仔（廖承志的绰号），你见到胡公吗？他身体是不是好些了？"夏衍问。廖承志答道："他的病不会很快好，但精神还不错。他要我向你问候，他要你安心养身体，这是他再三嘱咐的。"

――――――――――

　　①　关于夏衍和猫的传奇性故事，见黄宗江和吴祖光的同名文章。

"谢谢他了!"夏衍胸头涌起一股热流。他深知,周恩来不仅病重住院,并且"批林批孔"开始不久,也开始在报上不点名地挨批了。

周恩来听廖承志汇报了见到夏衍的情况,脸上露出一丝笑意:"好! 只要人健在,就好……"

十二

夏衍最后见到周恩来,是周恩来逝世后停灵的北京医院。这是一天中午,当时工作人员已在收拾灵堂,准备下午 4 点将遗体送八宝山火化。这时候,邓颖超想到夏衍,她觉得应该让这位老战友最后看一下总理的遗容。但是她非常谨慎,把这个想法告知了王洪文,说:"不知道能否允许?"王洪文很乖巧,因为此刻已不会有什么人来,不如卖个人情,就点头了。但是他不派车,让夏衍最后的安置单位对外友协接送。

夏衍当时断腿初愈,行走艰难。他拄着拐杖,颤颤巍巍地走进北京医院那间小小的灵堂。

他几乎不能相信,这样一位名震中外、功德盖世的历史伟人,竟然在这样狭窄的地方停灵! 此刻,他再也忍不住满腔的悲怆,刚走近周恩来的遗体,就放声嚎啕起来。这是他九年来第一次,也是最后一次见到周恩来。他有多少话要说,但是,周恩来已经听不见了。40 年相交,30 年相知,难道就这么分手了吗? 这九年浩劫中的党心、军心和民心的得失,就没有机会和他细说了吗? 这究竟是为了什么? ……

夏衍在周恩来逝世后,忽然老了许多,也忽然彻悟了许多。从60 年代后期开始,一直到 80 年代后期,夏衍在这整整 20 年的岁月里,在他被迫失去自由到病残后行动不能自如,但是他在逆境和困难中思维得以在洪涛烈火中自由驰骋。他从这场浩劫的起因想到,为何从中国共产党建立 46 年之后,居然会出现这样自己策动又自己无法控制和收场的旷世人祸呢? 这就是从资产阶级革命到无产阶级革命的 70 多年来呼喊不止的"民主"二字,始终使善良的人们在美好奢望中不断地迷惘。夏衍同志虽然自责地"清醒得晚了些",其实他很少糊涂。就是 1978 年文化部才给了"顾问"的虚衔,并不让他管实事,他也"乐于接受",因为至少能有机会建议和坚持一些为拨乱反正、去恶怯邪的原则问题。虽然也因此遭到"凡是派"的干扰和围攻,甚至在《文化部 1979 年第 10 期简报》上被影射点名为"复辟"和"沉渣泛起"。他郁闷,但并不消极,他始终是乐观主义者,他坚信:严冬再长,也挡不住春天的到来。

夏衍同志 1987 年被邀请列席中央工作会议时给笔者写的一封信中说:"今年是我入党 60 周年;又参加了中央的会议,我感到自己开始清醒了。更重要的是:我们的党开始清醒了!"①所以,人们都说他"80 岁以后头脑格外清醒",这是真实的。

邓颖超,作为周恩来的革命伴侣,也作为夏衍多年相知的老战友,在自己 80 初度那天,在钓鱼台养源斋会见了许多当年追随周恩来的文艺界朋友。她亲切地握着夏衍的手说:"夏公,你为党受了许多委屈,也为恩来受了许多委屈,我向你慰问。你在监狱里托人带来的信,我至今珍藏着。为你的安全,我们操了心,虽然恩来一直在营救,但总难如愿……"余下的话,她不愿也不能多说了。

"您不用说了!"夏衍激动地说,"我怎么会不理解你们的心情呢!"

那一天,夏衍和阳翰笙,还有章文晋、张颖夫妇、周巍峙、王昆夫妇、贺敬之、柯岩夫妇、赵寻、蓝光夫妇,以及凤子、刘厚生、冯牧、路曦、白沉、孙新世以及沈宁、欧阳永华等,都为邓大姐 80 寿辰祝贺。他们以茶当酒,表达他们老少三代之间清淡而又深沉的君子之交。邓颖超代表已故的周恩来,向在场的每个人表示慰问和祝愿,更祝夏、阳两位老人长寿。

---

① 1987 年 9·月夏公致笔者的信。

1985 年中秋,邓颖超为了祝贺夏衍从事电影、戏剧事业 55 周年和 85 寿辰,在中南海西花厅会见了夏衍和他的女儿沈宁、儿子沈旦华,还将浙江小百花越剧团的何赛飞特地送去的杭州颐香斋的细沙小月饼款待他说:"你爱吃甜食,又是家乡的土产。"夏衍将自己前半生的回忆录《懒寻旧梦录》送给了邓颖超。邓颖超说:"感谢您为了党和人民的事业奋斗了近 60 年!"

　　他们不约而同地望着墙上周恩来的遗像。周恩来同志虽然已经不在了,但是他的精神,依然激励着他们。那一天,是 1986 年 9 月 30 日。对坐的地方是西花厅后院的小书房。

　　流光如水去,往事似潮来。转眼到了 1987 年深秋。当夏衍打算重返故里小憩时,党的十三次代表大会召开。他虽因年事已高请求退出中央顾问委员会,但又被作为建党初期的老同志邀请列席大会。他给在杭州的晚辈写信说:"今年是我入党 60 周年。今天我才开始清醒,因为我们的党也更加清醒了……"

　　在大会开幕式上,全体与会者起立为毛泽东、周恩来、朱德、刘少奇等老一辈革命家默哀时,夏衍心里久久不能平静。又过了几个月,就在周恩来同志诞生 90 周年的前夕,夏衍以不尽的哀思,写了一篇怀念故人的文章。他把文章的复印件寄给笔者,并加上一段话:"革命终究要牺牲的。无论在哪种场合的牺牲,都是应该的。周总理的牺牲比我们要大得多,也多得多!他个人所受的磨难和牺牲,似乎从不向人诉说。"他希望通过回忆录,让年轻一代传播周恩来的伟大精神——无私无畏,宠辱不惊,百折不挠,鞠躬尽瘁,为人民贡献出自己的一切。

　　但是笔者读了两遍,觉得他似乎并未能把心里想说的话都说出来。也许他真的想不起。也许他不想也不便把话都说完。也许,他们这一辈的人,无论是哪一个,都把自己的剖白留下一段空白,让后人去填充……

　　修改完这篇稿子,正凌晨 2 时。我坐在病床上,用颤抖的手小心地打着电筒,小心地写下了当年马一浮先生为毛泽东同志写的一幅前人的名联,后来周恩来同志自己又请人重写了这幅联,留在自己身边:

大海有真能容之量,明月以不常满为心。

我用它来结束这篇文字,似乎是贴切的,作为纪念周恩来和夏衍,都是适当的。此时,护士长卢漱玉走了进来,她没有批评,但夺去了我的电筒和钢笔。因为,已过子夜了。

——1987 年 1 月初稿于北京西单中央警卫局招待所

——1988 年 1 月修改于杭州市第一医院干部病房

——1997 年再改于杭州洪春桥浙江医院 12 病区

——2002 年冬补充于北京人民大会堂《阳翰笙同志百岁诞辰》会上。

三点附注:

①在夏公生前,我曾先后写了多篇有关夏衍的文章,包括:《青松盘石傲霜久》、《夏衍的沉默》、《无字的丰碑》和《与吴祖光、新凤霞谈夏衍》、《随夏衍在北影和"明星班"座谈》等,约有十万字左右。这一篇是最长也是修改多次的文章。台湾《传记文学》除名称中略加改动外,基本全文发表,实属意外。希望在可见的将来,两岸有志于史料研究和保存的有识之士,能以国家和民族的利益为宗旨,无论是在职或退休的有关专家,能以中国普通老百姓的平常心,为后代留存宝贵的难得的人文史料。后人撰写有关传略和评论时,就不会像我们这样艰难了,让后人能看到应该看到的真实史料。此文原载《人物》杂志 1988 年第 4—5 期。由《新华文摘》和《夏衍研究》转载时均有不同增删。海外《人物传奇》转载时更因不同观念和见解而作了删略,并在每个段落加上导读的引文,今以笔者自己增删的文本收录,去掉段落引文。凭良心说,此文尚有从略和故略之处,言犹未尽。

②夏公生前最后的 10 年中,有两件事他认为是无法弥补的遗憾,并且引咎为"与我的没有及时坚持有关系"。并且告诫后人说:"如果以后再旧事重提,应该指出'与夏衍当时态度不鲜明攸关'。"

这就是在 1979 年前后,女作家张爱玲和港台歌星邓丽君先后辗转让人传话:希望来大陆看看。此事经吴祖光等向阳翰笙提出,翰老就找夏公商量:是否向当时分管的领导胡乔木提出。夏公是赞成的,但当时正准备举行全国第四次文代会,牵涉到许多前辈名家平反昭雪的疑难问题,海外的事情并非当务之急。乔木同志但说:"等(夏衍)他们正式打报告来再看吧。"但是倾向是不支持的,这是主要原因。

当时正值十一届三中全会之前,"凡是派"的势力还很大。有些应邀而未能邀,有些在可邀可不邀,情况较复杂,作为当事的执行者之一,夏公在两难中。为投鼠忌器,未能及时报告。但是文代会结束,时机又不相宜,终于此议夭折了。并且有人竟推诿说"口头建议不足为凭",把责任推向夏公与翰老。夏公在病重时犹为此慨言:"文联出面,当然是文化部合适,不能怪翰老。我当时若能拼着这个'文化部顾问'不要,就是挨批评,我也心安了。"

第二件事是李万春及其子李小春调回北京的事。1957 年他们去内蒙后,成立自治区京剧团,"文革"后群众呼声甚高。李万春求助于夏公,但因京剧界存在的宗派,未能成功,加上私人的纠纷,夏公碍于自己不分管戏曲。没能坚持,事后他深为自责。并说:我还是缺乏周总理的锲而不舍的精神。

这两件事其实当时都有阻力,但是夏公的自担干系,永远使人感佩。

③如今海外为夏公立传的已有四种:陈坚,陆荣椿、王扶林、绍武夫妇和沈雷、王文滨合作的电视剧脚本,都从不同的角度作了探索,但是都未能更深刻地展现夏公的品格、胆识和贡献,这是时代的局限所致。寄希望于后来者能有新的进取。

回忆老头

沈旦华

1995 年初,父亲去世,当时我已经 58 岁了,从小学记事开始,和父亲生活了半个世纪,经历了抗战、解放战争一直到"文革"和改革开放。经过事情多,认识的人也多,感到从五四运动开始,中国出现了众多的爱国知识分子,尽管党派不同、政治观点不同,但在爱祖国、希望中国富强、人民幸福的这个目标是共同的。父亲正是这群人中的一员,经历坎坷曲折,又能亲身投入改革开放,见到国家繁荣昌盛。

在浙江读书时,家境不好,读好书、有出息、改变自己,到后来参加五四运动时,已经有了思想上的进步,想到的是爱国、反对帝国主义(笔名宰白),去日本后,视野开阔了,在日本六年了解日本情况,结识很多日本进步青年,有改变中国当时状况的紧迫感,要寻找新的道路,认为读书、拿文凭不能解救中国,必须从政治上考虑改变中国。1924 年底,孙中山北上经过日本门司,他去欢迎孙中山先生,宋庆龄见了他们这批留学生,促成他在孙先生面前加入了国民党,开始了他的政治生涯。1927 年"四一二大屠杀"后,离开了中国国民党左派,加入了共产党,这决不是一时冲动所能做出的决定,他是一个为国为民、不计个人得失、能独立思考的人,他的成长可以说是一个自觉的过程,直到 30 年代在周恩来领导下,才进入组织领导,听从安排,进行革命工作。

很难用几句话形容我父亲,简单来讲他是一个君子,理性而不感情用事,独立思考,做事之前先想好,再行动。大到如何设计他自己的人生道路，"文革"结束时，别人问过这个问题，他从来不讲在牢中被打断腿骨、锁骨，对这辈子走过的道路不后悔。小到写剧本，花较长时间去思考、准备，到动笔时一个星期就完成了。如电影《祝福》，他最后加进了越剧中"砍门坎"的镜头，也是他反复思考的结果，效果还很好。小时候经常让我做一个动作，双手手指交叉相握，看是左手大拇指在上还是反之，他讲左拇指在上的是理性，右拇指在上是感性，他就是左拇指在上。

看一个人的性格，最好是在"倒霉"时期。第一次是受潘汉年事件所累，他实在难理解，很痛苦。周总理帮他解脱了，第二次"文革"前(1964年)被罢官，安排在对外文委当研究员，闲在家中，养花、喂猫、读书，对清末黄遵宪的书很感兴趣。一天街上有号外，我国第一颗原子弹试爆成功，那一天是他少有的高兴日子，黄遵宪所向往的国家不再受欺侮日子，老头子见到了，那时我才知道他对个人进退无所谓，祖国强盛是他的最高理想。

在工作上更是严格要求自己，当天送来的文件第二天早上一定要批复，在文化部时，白天会议多，夜里在家中批公文经常到半夜一点才能休息。上班、开会从不迟到，对秘书、下面工作人员安排工作总要说一个"请"字，也不会对处理不好问题的同志发脾气，林缦是他最后一个秘书，病危前林缦讲快去叫医生，老头子更正她讲"要去请医生"。我称他是"君子之道"。

对子女，尤其是我，亦从不苛求，中学因为贪玩一度成绩下降，他也是以鼓励为主，对我讲"考不考得上大学并不重要，一辈子都要学习、读书、看报才是最重要的"，以他学"电机工程"转行到翻译、社会科学工作，再改行电影、话剧、记者，都是靠不断学习才能完成任务的。

到了晚年，接见外宾前，秘书只要在途中汽车上读一遍对外宾的致辞，他就能在会上很准确地讲出来(因为他已经看不见稿子了)，翻译对老头的记忆力都很惊奇，也很高兴为他作翻译。

简单从衣、食、住、行介绍一下他的生活方式：

衣：一般是中山装、西服，也穿长衫（从不穿马褂），整洁是他一贯作风。

有两件事印象较深：

一是上海刚解放，有一天早上，我醒来看见穿一身灰布军装，头戴军帽，腰间有一把很大的手枪（加拿大产、马牌枪，空军飞行员专用）的人，仔细一认，才知道老头回家来了，这种装束也只是维持了几天。

二是"三反"、"五反"期间，华东军政委员会开大会，中央派薄一波来沪传达文件，到会的干部不约而同把刚进上海时的服装穿了去开会，会议开始不久，老头西装毕挺，很自然地在前排就坐，"全场侧目"（此语为警卫员转述），他亦丝毫不在意，因为他刚接待外宾赶过来。

饮食：饮料基本上是绿茶，偶尔也喝红茶。香烟是从抗战一直吸到"文革"结束，工作忙时一天一包，从进口骆驼、三五到中华、牡丹（飞马、前门是四清或卫戍区时抽的），算是日常生活最大开支。家中饭菜都是江浙家常菜，母亲是德清人，对金华火腿、笋干、虾米、螃蟹等家乡特产，市面上（稻香村）总是会买的，另外是喜欢吃牛肉，老头解放初在机关工作时，经常中午请同事吃牛肉汤、酱牛肉，因为那时是供给制，没有工资，上海的老同志回忆他都提起这件事。其次是喜欢吃豆类、瓜类、花生，不吃茄子和香菜，对蔬菜并不在意，什么都可以。

老头绝不饮酒，在宴会上总是请秘书打过招呼，以茶代酒。

50 年代，北京有对虾，天津胜芳的螃蟹，质优价廉，困难时期就没有了，有时秋天到了，宋庆龄会派人送来一蒲包阳澄湖大闸蟹，对全家来讲，真是一种享受。

住：最早在上海房子是虹口塘山路广业里 41 号，隔壁是我姑妈的家，上二楼中间亭子间边上的板壁是活动的，如有情况可以进入姑母家去。抗战前搬到爱文义路普益里 38 号，在老头《懒寻旧梦录》中提到过，在上海住过的房子就是此处已经拆掉了。抗战胜利后住在南京西路重华新村 59 号 A，表面上弄堂口在南京路，后弄堂深处有一个很小的门通到静安别墅,胶州路。

由于地下工作,不是每天都能回家,所以普益里和重华新村离我外公外婆家很近,不足 500 米,可以有照应,可见老头考虑问题很缜密。

解放后住在安亭路 41 号,1955 年调文化部住朝内南小街八大胡同 27 号,这是我家住得最长的房子,住了 24 年,1979 年迁入北小街 46 号(原黎锦熙住的房子)院子不大,1986 年搬到西单大六部口街 14 号(邓初民住的房子),在北京的房子都是国务院机关管理局的公房。

行:解放前,当然乘公交车和三轮车代步,解放后每到休息日总要出去走走,步行出门走路速度很快,可谓健步如飞。

在上海工作期间给他一辆 1948 年产最新的别克车,在当时上海很少见这样的新车,用了不到一个月,他一定要换成一辆普通的雪佛莱车,他讲只有这样才不会被朋友说成大官来了,可是司机和警卫员很不高兴,因为车子一般,开会时总被安排到离会场很远的地方,他对这事毫不在意。到北京也照此办理,坐一辆伏尔加车。

"文革"结束后,工作单位安排在对外友协,廖承志为了照顾他行动不便,把一辆超豪华丰田车给他专用,这种车当年丰田厂只生产八辆,北京是唯一一辆车,因为维修费用高,又是右舵车,老头要求不要专用车,有什么车用什么车,只是司机是固定的,叫李培成,北京市优秀司机,从未出过事故。1995 年 2 月 17 日去八宝山开老头追悼会的路上,出了点很小事故,李培成给父亲开了近二十年车从没出过事,可能那天心情不好。

老头生前爱好广泛,解放后下班经常和警卫员打乒乓球,或者外出散步,星期日中午去潘汉年家打桥牌,500 分。他麻将也打得很好,在六部口时,过年和家人玩麻将,手法很精确,他讲是在上海地下工作时,以打牌为名,打麻将就是开会。

集邮也很专心,最有收获的是抗战胜利,作为《新华日报》总编辑,第一批坐飞机经南京到上海,闲暇之时去虹口逛地摊,当时日本人遣返归国,带不走或者要变现钱的东西都在地摊上出售,他发现一个日本老太太出售的邮集是日本最早期邮票,而且是实寄封,反映了最早上海和日本通商的情况,他用日文问价,老太太要5000元,真是一笔巨款,按习惯日本人是不会讨价还价的,他想了想,约定明日再来,回去后问我外公借了钱,买了这邮册。1985年日本集邮权威来我家看邮票,见到这邮册,开玩笑讲:"这是日本的国宝,我用500辆丰田小轿车和你交换,还是让它回日本吧。"老头立即说:"那么在日本的中国国宝是否也可以归还中国。"当即两人哈哈大笑。可见它的珍贵,最后这邮册捐给了上海博物馆。

另一件文物是清初词人纳兰性德的17封讨论艺术思想的书信,老头工作太忙无暇去琉璃厂闲逛,干脆放一本活期存折在荣宝斋,委托他们代理,其中就有这件宝物。"文革"结束时,什么都归还了,就缺这件,最后从号召"斗私批修"的毛家湾林彪家找了回来。也捐到上海博物馆去了,这是因为纳兰性德书信稿件存世极少,上海博物馆收藏有他的书信七封,讲的是家事、友情。老头的观念是文物收集不容易,而散失很方便,故集中到上海博物馆。1978年他请齐燕铭刻一收藏闲章"仁和沈氏曾藏",可见他的用意。

"文革"中当了八年黑帮子弟,但有两件值得一提的事情:一是"文革"中排山倒海的大字报中,没有一张揭发老头有"绯闻"的,这让我很有面子,老头有一句常说的话"有所为有所不为,既知足又不知足",乃真君子也。二是1975年7月2日,毛主席批示"周扬一案,似可从宽处理",此时毛双目几近失明,还是提笔给中央写了意见。所以我家解放早于十一届三中全会后解放的一大批干部好几年呢。这也让我们很高兴,因为母亲一直有病,快坚持不住了,能见到老头回家真是大幸。另外还有我的外婆和姑母,听到这消息也十分欣慰,因为他们是最关心父亲的人。

对于钱财、地位,老头一个原则:借给别人的钱从来不要人家归还。30年代我家条件很好,每月有三百多元收入,主要是他勤奋,清早起来要翻译两千多字,还在各大学教书(中华艺术大学、立达学园、劳动大学),故而有能力借钱给朋友。

解放后陈毅给他定的是七级干部,到"文革"还是七级,放弃了三四次长级机会,问他为什么?他总是讲别人子女多,有困难,让给人家好了。"文革"时期在"交通干校"(卫戍区),待遇就大不相同,如果是五级干部就不至于被打断腿,胃大出血也不及时抢救,总之对这些别人看成头等大事的事情他看得很淡。

最后,介绍一下他最喜欢的猫,猫是我家的成员,养过的好猫太多了,只讲一只叫"博博"的大黄猫(1962—1975),坊间对它的传闻有几个版本,先是吴祖光,后是袁鹰。都不太准确。"博博"是1962年来我家,它的母亲是一只粮店里有口粮的猫,生下几只小猫,困难时期,没有奶水,由熟人老石师傅送来,来时不到一个月大,特别瘦弱,我们用牛奶把它养大,到了发育期,身上大片脱毛,南方人称"剥皮猫",故取名叫"博博",这是父亲最用心养的猫,为了增加它的营养,去宴会时,会带一只"三五"牌香烟的铁皮扁盒,不知用什么手法装进了牛肉、鸭肉之类,回家后亲自用剪刀铰细,拌猫食喂它,这只猫后来变成了一只十三四斤重的大猫,特别漂亮,对父亲也最亲,只是苦了我,因为铁盒里的油会漏出来,弄得口袋里都是油渍,要去买纯白汽油来清理。"博博"小时候怕冷,经常钻进老头被里睡觉,大猫有时很脏,被子和床上也弄得很脏,可父亲很高兴,愿意和"博博"同一被里睡,还说"人猫友谊万岁"。

1967年,老头被抓进卫戍区后,别人介绍"博博"不见了,实际上我们一直养着它,它很聪明,有外人来它就上房。1975年6月底,"博博"病了,十几天不吃不喝,7月12日中午,老头回来,"博博"已经站不起来,后腿不能动了,靠两只前爪,爬到老头坐的藤椅下,望着老头,父亲也十分难过,到了半夜"博博"就去世了。正因为这样,外人对这猫的说法就有了不少版本。所以家中养猫,好猫很多,"博博"是老头最喜欢的猫。

从"一出戏救活一个剧种"谈起

袁 鹰

1955 年 7 月,夏公由上海调到北京担任文化部副部长,从此,我见到他的机会就多了。除了文艺界的一些集会外,我那时还有一项固定的工作,即作为《人民日报》文艺部工作人员,同新华社总社文教部一位编辑一起列席文化部的部务会议,因而总能定期见到夏公。因为《人民日报》从解放初期开始,形成一条不成文法:报纸关于文艺的宣传报道,在接受编委会领导的同时,也接受中央宣传部的领导。中宣部主要是副部长周扬、文艺处(当时不叫文艺局)处长林默涵经常指导文艺思想、方针、政策方面的大政方针和报纸上重要的选题计划,审定有关文艺方面的社论。而日常关于文化艺术工作的宣传报道,则更多的依靠文化部及所属各个业务局的指导和帮助了。

夏公是办报纸的行家里手,他最懂得舆论的作用和威力常常比行政命令、开会布置、发文件、做总结一类的领导方法大得多。他对报纸文化艺术宣传的指导,常是最及时、最具体也最细心的。比如有一次部务会议讨论故宫博物院工作,郑振铎副部长慷慨陈词,从故宫博物院防火设备落后状况说到不少地方珍贵文物的散失,说到动情处,几乎声泪俱下:"如果再不采取紧急措施,任凭国宝损失,我们就是犯罪! 犯罪!"会议室里顿时鸦雀无声。这时夏公忽然侧过头指指我:"你们可以发篇短文批评一下!"振铎先生又重复说:"再不抓,简直不得了!"有时,在讨论电影或者戏剧工作时,夏公也会当场提出请电影局长、艺术局长为《人民日报》写一篇评论。有他发话,报社的组稿工作就好做得多。

1956年暮春时节,浙江昆苏剧团为首都舞台送来一出好戏《十五贯》,一时轰动京城,场场满座,"满城争说十五贯"。尤其是饰演况钟的的周传瑛和饰演娄阿鼠的王传淞的出色表演,使人击节赞赏,拍案叫绝,人们一下子改变了对这个古老剧种的偏见,空谷幽兰,重放清芬。田汉同志讲了句:"一出戏救活了一个剧种",引起文化界、戏剧界许多有识之士的深思。当时又正值全国范围内开展"肃反"运动之后,"肃反"有很大成绩,自然免不了也出现些冤假错案。周恩来总理专门要公安司法部门的负责人员都去看看这出戏,从况钟那支"三起三落"判案的笔到无锡县令过于执凭主观臆测办案的笑话,照一照镜子,从中得到正面和反面的启迪。

夏公当时在文化部分工并未主管艺术局,但他以一位老党员的高度责任感和一个老戏剧作家的事业心,及时抓住这个契机,又一次提醒我们"赶快发一篇短文"。5月17下午,他在出席文化部和中国戏剧家协会为《十五贯》举行座谈会的间隙中,专门打电话来催问,并且说周恩来总理亲自参加了座谈会。我的政治敏感性很差,只回答说已经约请谁谁谁在写评论了。夏公以办报行家的口吻急切地说:评论文章迟几天发不要紧,先发一篇短文,最好今天搞好,明天见报。

我不敢怠慢,放下电话动脑筋。那时已经快到下班时候,不少同志已离开办公室,去参加座谈会的朱树兰尚未回报社,来不及再请别人写,只好自己动手,草草赶出一篇短评。我不懂戏曲改革,对昆曲更是一窍不通,此时都无从顾及,幸亏看过一场《十五贯》的演出,就根据夏公在电话里讲的一点精神,匆匆凑了一千字。

傍晚,我带着原稿赶到朝阳门内夏公寓所。他正同几位朋友吃晚饭,一见我走进客厅,立即离席而起,接过原稿坐到写字台前。饭桌上,姚溱同志招呼我:"来来来,别着急,喝杯酒吧,上等绍兴酒。"我哪能坐下喝酒,只好辞谢,站到写字台边等夏公审稿。

他边看边改边说:"总理今天在会上说了一番话,要引进去。"

我为难地说:"总理的话是不好随便摘引的,要请总理自己审定。"

夏公挥挥手:"那好办。新华社电讯稿里肯定要摘,他们会请总理审稿的,你只要从新华社消息中摘引几句就行了。"

改完以后,他抬头盯着我问:"这篇东西能作为社论发吗?"

这却是我不曾想到的事。我原以为,能作为不署名的短评配合新华社消息发在第一版下角,就很不错了。《人民日报》那时的规矩,凡社论大都要早几天送到中央有关部门或者主管报纸工作的胡乔木同志处审定稿,才能发表。而这篇千字小文,是按短评形式写的,题目是《从"一出戏救活一个剧种"谈起》,像个杂文题,怎能作社论发呢? 我只好迟疑地说,回去同总编辑商量一下看。

姚溱在那边饭桌上忍不住插嘴:"瞎!你们也可以打破一下框框嘛!"

夏公送我到客厅门口,又叮嘱一句:"你跟邓拓说一说,最好发社论,影响大些。总理对它评价很高的。"

他最后这句话起了决定性作用。我一回到报社,立即给总编辑邓拓去电话,转达夏公的建议。邓拓一锤定音:"可以。"他还要我马上同新华社联系,将他们所摘周总理的那段讲话要来,引到文章里。

周总理说:《十五贯》有着丰富的人民性、相当高的思想性和艺术性,它不仅使古典的昆曲艺术放出新的光彩,而且说明了历史剧同样可以很好地起现实的教育作用,使人们更加重视民族艺术的优良传统,为进一步贯彻"百花齐放,推陈出新"的方针,树立了榜样。

周恩来同志非常熟悉文艺。他对文艺事业和文艺工作者的无微不至的关怀和热情细致的支持,犹如春天的雨露,点点滴滴都铭记在人们的心灵深处。也许是由于从抗日战争时期起多年在周恩来同志直接领导下工作,得到言传身教,耳濡目染,从夏公身上就常常使人感受到那位伟人的风格。即如《十五贯》的这篇社论,经过他的修改，下边的段落中就体现了他的细心和关切。

"浙江省昆苏剧团轰动上海、轰动北京，满城争说《十五贯》的盛况，不仅给了现代的过于执们一个响亮的回答，也向这几年的戏曲改革工作，向领导戏曲改革工作的文化主管部门，提出了严重的问题：在百花齐放的时候，是不是还有不少的花被冷落了，没有能灿烂地开放？在扶植和发展了不少地方剧种的时候，是不是同时也压抑和埋没了另一些地方剧种？""据说全国的地方剧种和艺人至今还没有完全、精确的统计和调查，这中间，蕴藏着多少艺术珍宝，亟待我们去发掘啊！那么，那些对于我们还很生疏的剧种的命运，也就十分令人牵挂了。希望每一个还没有受到重视的剧种，今后不再要到来北京演上一出戏以后，才能'救活'。"

《人民日报》为了一出戏发社论的事，在过去不曾有过（批判电影《武训传》是另一种性质的社论，自当别论），在那以后也不见。此论一出，社内社外都不免有耳目一新的反应，见报当天下午，胡乔木到报社来，恰好碰上每日例行的编前会，他也如平时一样顺便参加。值班副总编辑有点惴惴不安地问："今天那篇'十五贯'的社论你看了吗？行不行？"接着略加解释："昨天正好手头没有别的社论了。"言外之意，是不得已才用它顶社论发的。我又赶紧补充一句："是夏衍同志看过的。"乔木只点点头："行啊，怎么不行？"我们才算放下心。

追忆与夏衍交往的日子

萧斌如

　　夏衍(1900—1995)是我国杰出的作家、戏剧家、电影剧作家、翻译家、社会活动家,中国革命文艺活动的组织者和领导者之一,同时也是蜚声海内外的中国革命电影的开拓者和新闻界的老前辈。1990 年夏,我有幸拜访了夏公,和这位我极为尊敬的老人在一起度过了一段十分愉快也使我终身难忘的日子。作为一个图书馆工作者能与夏公面对面交流,我感到非常荣幸和自豪。为此,我把这段往事叙述下来,与大家分享。

为夏衍举办展览

　　1990 年的盛夏,为筹备"夏衍文学创作生涯 60 年展览",我在李子云(原夏公秘书)陪同下一起赴北京拜访夏公。那天我们俩来到西单大六部口胡同内,她轻轻敲开一座典型的北京四合院的大门。不知怎么的我突然心蹦蹦跳,想到马上要见到这位大文学家,心里有点紧张。过去早就听说夏公在"文革"中倍受折磨,还被打断了一条腿,但他奇迹般地活下来了。现在立刻能见到他了,真像在梦中一样。不一会儿,夏公秘书林缦出来开门,一见我们就说:"爷爷已在等着你们了。"(因事先已电话联系过)当我们穿过客厅,走进里面一个小间,夏公端详地坐在一张旧的藤椅里,穿着整洁的长袖白衬衫,一头乌发,清瘦敏健。李子云上前向他介绍说:"上海图书馆要为您举办展览,特派萧斌如同志专程前来看望您,并要您的资料。"夏公听了微微一笑,很和善地说:"这么大热天,真难为你了。"我急忙上前向夏公问好,连声向他说,这是我求之不得的事,能见到您是我的福分。接着夏公说:"东西很多,待这几天整理出来,请你自己来挑选吧。"我听了高兴极了,除了道谢外,还是由衷感谢！这就是我第一次与夏公见面。尽管老人非常亲切和善,我还是很拘束,没敢多说话。在李子云与夏公聊家常时,我才环视这十多平方的小屋,在夏公坐的藤椅旁有一张小床,床前窗台上都摆满了书籍,床后还有一只陈旧的衣柜,其他就没有什么家具了。我才意识到,这间小屋是老人的书房兼卧室。我实在没有想到,从走进客厅到书房都十分简朴,与我想象中夏公之家,实在有天壤之别。这天,我在夏府时间不长,不久即告辞了。

约两三天后的一个上午,林缦来电告资料已准备好了,即可前去家中。下午我就急匆匆地去了夏府,一进门,见客厅桌上,已整整摆满了一大堆东西,有手稿、照片、书籍,以及夏衍在日本时读书笔记、文凭等珍贵资料,这下我可乐极了。这时夏公女儿沈宁说:"我父亲东西很多,你别着急。大热天你先喝杯冷饮,慢慢挑选好了。"一杯冷饮下肚很凉爽,可我的心里热乎乎的,没想到老人家竟那么坦诚支持。往后我一连去夏府好几天,首先开始挑选照片,夏衍留下的照片很多,有与家人、朋友合拍的,有出国访问的,更使我惊奇的是夏公还保存 1924 年他在日本读书时与女友蔡淑馨的合影和 1930 年 4 月他俩在上海拍的结婚照。我一边看一边顺口赞许夏衍年轻时真英俊潇洒,新娘也很文静漂亮,在当年拍摄这样的婚纱照一定是很时髦的吧！夏公在书房中听见我这番自言自语,接着他就说:"这个你也要啊！这些照片我从来没有发表过。"我急忙回答:"这些生活照,对研究者来说是很重要的,人们就更感兴趣了。"大约花了一个星期的时间,我挑选了手迹、照片、书籍等 200 多件。这么多的数量,完全出乎我的意料,由衷向夏公、沈宁和秘书林缦深深致谢！而对这么多的东西,我倒是有点担忧如何把它带回上海。就在这一天,夏公还亲笔签名赠我一本《懒寻归梦录》,说:"书中记载了建国初期我在上海生活、工作的情况,你是搞资料的,这本书也许对你有用。"这意外的收获,使我兴奋不已。晚上回到招待所,即向李子云报告这一好消息(她住在友谊宾馆),她说:"老人家对你印象很好,他一般不轻易送书,你真太幸运了!这也是一个长者对晚辈的厚爱,望你珍惜。"

当晚,我睡在床上,又喜又忧。喜的是夏公赠我一本珍贵礼物。忧的是,这么多的宝贵材料,我一人怎么拿回上海呢?来北京前又没准备箱子,如去买旅行袋又恐路上不安全,万一这些文献资料遗失,我可怎么向夏公交代呢?左思右想,心情焦虑不安。这一夜根本没有好好睡觉。第二天,我去夏府,眼睛也睁不开,但一进客厅,只见一只黑皮箱放在厅内。沈宁马上告诉我说:"昨天父亲见你高兴而又焦虑的表情,知道你有为难。便告诉我说:'不要难为萧斌如了,把我们家一只黑皮箱借给她,这样既安全也保险了。'"当我听了沈宁这一番话,真感动得热泪盈眶,多么善解人意的夏公啊!当沈宁帮我一起把文稿等材料一一装入箱中,她一再叮嘱我,一路上要小心,箱子切勿托运,一定要随身带上飞机,这样才更安全了。这时我才真正意识我的责任是何等重大啊!在我把箱子装好后,准备去书房向夏公告别时,可老人家撑着拐杖一步一步从书房出来。他握着我的手说:"这次难为你了,你也上年纪的人了,一路上要小心啊!"这时使我又眼湿了,一股热流暖上心头,深深体会到夏公如父辈一样的关怀,使我终身难忘!

回忆这次在夏公家时间较长,就有机会与他老人家交谈。第一次见面时的拘束,早已消失。记得有一次夏公问我何时进图书馆,现在主要负责什么工作。我回答,1952年6月进入上海文物管理委员会。7月份上海图书馆即将开馆,我就分配在上图,7月22日当天迎接上海图书馆开放。这是我一生与书结缘的幸福!现在正负责筹建"中国文化名人手稿室"(1996年改为中国文化名人手稿馆)。夏公听了喜悦地说:"那么上图1952年开馆你已进馆了,你是上图元老了。"他又幽默地说，"你知道吗？那时我是你们的顶头上司，当过市文化局长，负责文教系统。你在负责建立'名人手稿馆'的工作非常好，这是一项很有意义的工作。上海是名人集聚的地方，做名人的工作很不容易，要细致，要真诚相待，才能赢得他们对你的信任，否则将会前功尽弃。我是有体会的。"夏公显然话语不多，而我能亲聆他的教诲，至今还记忆犹新。日后，我在与名人交往中凡事、凡人均以"真诚"两字相待，确实收到很好的效果。

"夏衍文学创作生涯 60 年展览"于 1990 年 10 月 15 日在上海图书馆举行。夏衍早在"五四"时期就投身于新文学运动，是中国左翼作家联盟领导者之一。半个多世纪，他为革命文艺事业作出重要贡献。上海是夏衍长期生活、战斗及创作的地方，举办这个展览，旨在通过夏衍革命人生道路的真实展示，进一步继承发扬中国新文学的光荣传统。

这个展览分为："夏衍生平和战斗历程"、"夏衍的文学创作"和"夏衍研究"三个部分。共展出四百多张照片、手稿和各种版本的著作，有很多珍品第一次与观众见面。其中有夏衍年轻时就读浙江甲种工业学校染色科的毕业证书；有公费保送去日本明治专门学校的入学许可证、毕业证书及当时读书笔记本。还有"甲工"1919 年读书时以"宰白"的笔名发表在《浙江新潮》上的第一篇作品《随感录》；1924 年在日本留学时发表的第一篇小说《新月之下》，以及代表了夏衍文学创作成就的《狂流》、《母亲》、《包身工》、《赛金花》、《上海屋檐下》、《法西斯细菌》等著名作品的初版本，都有珍贵的价值。展览中还有夏衍留下不多的手稿，尤以一本贴有女儿照片的自题为"苏行日记"、"旅德日记"的笔记本，特别珍贵。笔记本详细辑录了夏衍解放后第一次出访的感受，还贴有当时的机票、邮票、参观卷，还有画着"线路图"等。

这次展览共十天，每天参观者络绎不绝。不少观众在留言簿上留下了深刻的感受："看了展览，再次使我看到了 30 年代，左翼作家们为国家民族奋斗的风风火火的历程,这种展览和生平介绍,更能激发当代青年爱国热情。""社会主义需要更多的像夏衍一样的革命作家。""我是从千里之外的广东来到上海参观展览的,作为一个文学爱好者,夏公是我的最好的榜样。"特别是一位中学生表示"要向夏爷爷学习,做一个有觉悟的有文化的社会主义接班人。"更多的观众称赞这个展览办得好,希望上海图书馆能更多地举办"给人启迪、给人深思、更给人鼓舞"的展览。不少单位和个人,见到展出的丰富资料和珍贵的照片,都感到惊讶,要求复印,如左联纪念馆、中共一大纪念馆等,以补充他们的馆藏。演员白杨见到一张与夏衍、张骏祥、吴祖光、张瑞芳、阳翰笙等1949年在香港浅水湾的合影,非常激动。这忘却了的照片,勾起了她往事的回忆,要求复印一张以作纪念。

总之,这次展览是成功的,出席开幕式的有柯灵、于伶、王元化、赵家璧、王西彦、白杨、钱谷融等文化界人士及部分外国驻沪使馆人员四百多人。怀着敬佩之情,为一位老友的创作生涯欢聚一堂。开幕式上由柯灵致开幕词,于伶、徐中玉剪彩。王元化、杜宣、张骏祥、黄佐临等分别为展览题词:王元化题为"拔地苍松多远声"。杜宣题为"独领风骚"。黄佐临题为"向良师益友庆贺,向话剧引航人致敬"……对这一幅幅精彩场面,我深深领悟了夏公在朋友们心中的地位。

展览于24日结束,全部展品移至夏衍家乡杭州浙江博物馆展出一周。1991年3月30日展览会又在北京图书馆隆重展出。因我出席开幕式后即回沪了。事后,夏公秘书林缦来电告知爷爷去看了展览。他说:"资料很丰富,有的东西他都忘记了。爷爷谢谢你!谢谢你们辛苦了。"接着,林缦又高兴地说:"那天冰心老在其女儿陪同下也来观看展览,恰巧在展览厅门前两位老人碰面了,这真是难得相逢的机遇,老人们亲切握手,各自问好。可惜这个精彩场面你没有见到,今后可以给你看照片。"放下电话,我暗暗自喜,夏公能亲自去看展览,可见他老人家对这次展览是非常重视且满意。从我们在上海拍的照片,给沈宁带回去给夏公看看,没想到事后,沈宁寄来两张照片,一张是在上图各来宾出席开幕式前,大家互相招呼,有的围着沈宁讯问夏公健康状况;有的请她代为问好。在照片上看到原市文化局局长方行,右侧顾廷龙,还有白杨与老朋友。沈宁说:"爸爸见我带回很多照片,他很开心地说:'谢谢各位老朋友前来参观。'随手拿了一张开幕式前的场景,即在反面签了名,后又从他的相册中选了一张手中抱着他喜爱的猫,一副乐滋滋的神情,然后又在背面签了名,爸爸说:'这两张照片送给你留作纪念。'"我见了夏衍签名照片,乐不可支。每每见着他慈祥的微笑,手中抱着猫的照片,我仿佛又聆听他的教诲,一位可敬可怀的长者,永远印刻在我的脑海里。

走近夏公

朱天纬

　　夏公在世的时候,我有过一次当面亲聆他教诲的机会,那是在 1991 年的初春,当时文化部党史资料征集工作委员会筹备举办一次 "新民主主义时期革命文化史料征集工作展览",电影部分的工作派给我负责。在设计展览的时候,为了形象地表现夏公他们当年进入电影界的情景,根据电影局党史征集工作领导小组组长陈播同志和副组长钱筱璋同志的意见,决定画一幅油画来展示当年的历史情景。很快,青年画家毛岱宗同志就画出了油画的样稿,拿来征求意见。

　　这幅油画命名为《我们一定要有自己的电影》,我们设想它表现的内容是 1932 年"一·二八事变"以后,夏衍等党员艺术家得到中共中央文委的批准进入电影界,开展左翼电影运动。在画面上除了最早进入电影界的夏衍、阿英和郑伯奇外,还有瞿秋白同志,当时他受主持中共中央工作的周恩来同志委托,负责上海地区的文化工作,夏衍等党员艺术家走进电影界,是由他批准的。

　　陈播同志对这幅油画很重视,在拿到油画的样稿后,他决定请夏公审看一下,请他老人家定夺。经过沈宁大姐的安排,我们来到了夏公的家。在北京长安街边上那个闹中取静的小院里,夏公与前一拨客人的谈话还没结束,我们稍等一会,随后来到了他那间兼具卧室、书房、会客室的小耳房里。见到夏公,所有人都很高兴,纷纷站在他的身边与他合影。一番热闹之后,陈播同志把这次展览的工作情况向夏公做了汇报。我把油画的样稿拿给夏公看,夏公仔细地看过以后，基本上肯定了这幅油画，只是提出瞿秋白同志当时穿长衫，不要画成穿西装。

这次见夏公，我还为他准备了一件"礼物"，那是钱筱璋同志带领我们到南京去查看历史资料时，我从第二历史资料馆找到的一份当年重庆监视我党干部的国民党特务所写的报告，因为其中提到夏公，所以我请他们为我复制了一份。在这份报告里说夏公在中共党内的地位"极为重要"，并有关于他活动的记载。我把这段话念给他听，他爽朗地大笑，说："他们抬举我了！"

见过夏公之后，我把意见转达给画家，画家根据夏公的意见，修改完成了这幅油画。展出后，很多同志喜欢这幅油画，因为人们从中看到开拓者的艰辛，更看到充盈在年轻的革命艺术家们心中的理想。

这次展览工作结束的转年，是夏公和他的战友们进入电影界，开展中国左翼电影运动 60 年的日子，受到吕复同志为中国戏剧家协会编辑《中国左翼戏剧运动六十周年》史料集的启发，我向陈播同志提出了编一本关于中国左翼电影 60 年的史料集，这个建议得到他的同意和首肯，并很快制定了广播电影电视部电影党史资料征集工作领导小组为纪念中国左翼电影运动 60 周年的出版计划。

我自己虽然经过参加"新民主主义时期革命文化史料征集工作展览"的工作，对于这一历史时期中国电影的了解和认识水平有了一些提高，但是仍然还只是入门学生，面对这一段历史，我在各方面的准备还都远远不足。当年曾经写作《中国电影发展史》的程季华和邢祖文两位中国电影史学家，帮助我确定了应该入选的篇目，经过多次反复研究，定下了编辑方针，并就分编和编排提出了许多非常具体的指导意见。

编写提纲确定后，陈播同志把提纲交夏公审查，夏公针对这本书第二编所收入的左翼电影的篇目提出了批评，认为选择不当，并明确指示，要邢祖文老师重新提出名单。现在这本书中所选择的影片，是邢祖文老师重新选过，并经夏公过目的。这件事给我很大的教育，并不是在那一时代所出品的，有一定进步内容的影片，都可以算作左翼影片，这一点在夏公心中是很明确的。对于研究这一段历史的学者来说，明白这一点非常重要。后来的事实证明，许多学者对这个篇目非常重视，一位到中国来进行研究的外国学者就曾经问过我这个问题，为什么是这些影片，我把这个经过告诉她，她感到了解这一点非常重要，对我说"明白了"。

这本书的编选工作完成之后，通过夏公的孙女，我的同事沈芸，我们得到了夏公为这本书题写的书名。这本120万字的书出版之后，受到电影史学者的重视，他们一致认为，这本书所收集的材料，比较全面地反映了中国左翼电影运动的历史面貌，为他们的研究工作提供了比较全面完备的史料。

这本书的编选工作的意义对于我来讲，除了系统地学习了关于中国左翼电影运动的历史之外，还在于我从此开始明确了中国电影史料学这个学术方向，夏公所给予的指导使我终生受益。在此后的研究工作当中，我很深切地感受到，得到过这种见夏公的机会，有过这种经历与没有这种经历是完全不同的。

此后不久，电影界的理论工作和出版工作者在一起研究纪念世界电影诞生90周年和中国电影诞生100周年的出版计划，当时北京电影学院的郑洞天教授就提出，我们有许多立于世界电影之林而毫不逊色的人物，我们至今还没有把他们留给我们的极其丰富的材料整理起来，出版出来。他的这句话令我首先想到，我们还没有给夏公编过一部完整地反映他在电影方面成就的书。从这个时候起，我开始有意识地收集夏公的材料，也开始研究其他学者所编辑的关于夏公的研究资料。我最大的遗憾是夏公1995年的去世，我们这本书的编选工作没能得到他的指导。但是我们的心愿也在他100周年诞辰的时候终于实现，在赵部长提供的资金保证下，在程季华老师的指导下，张建勇同志和我，还有我们一个小小的团队一起，编辑出版了四卷本的《夏衍电影文集》。

编辑这本文集，是一个艰辛的，但是兴味无尽、收获无穷的走近夏公的过程。我从所看到的文章当中，看到了夏公和他战友们筚路蓝缕、披荆斩棘，为我们开辟中国电影的新的路线的历史足迹；看到了他们在生产资料属于资本家的情况下，团结电影界各方面的人士，也包括团结那些手中握有大权的老板们，为我们拍摄的那些充满新思想、新人物的经典影片（在他进入明星公司后最初创作剧本，都是请那些在观众当中最有影响的明星，如胡蝶等人来主演的，这对于扩大左翼电影的作用是非常重要的，这也是一种非常成熟的斗争策略）；看到他作为一名剧作家，在电影剧本创作中所显示出来的睿智与才华（我们请夏公的外孙女赵双整理台本的影片《风雨江南》，是一个令人观后忍俊不禁的喜剧，作者怀着迎接即将诞生的新中国的无比乐观和自信，用辛辣的讽刺无情地揭露了地主阶级的丑陋面目，充分显示了他创作中较少为人所知的戏剧才能）；还看到他作为一个电影理论家，对于中外电影知识的广博与熟稔（他在评论影片《野火春分》时，开宗明义地指出，这部影片的题材受到德国影片《蓝天使》的影响）；也看到他走上电影事业的领导岗位之后，呕心沥血地为党和人民的电影事业奋斗的不易。一个三十出头的小青年（夏公进入电影界的时候30岁多一点）所写的文章，今天要我们这么多人来研究，什么是长江后浪推前浪，看来这个浪是推不过去了。确实，夏公留给我们的，是一份浩如江海的精神遗产。

编辑《夏衍电影文集》，我们切切实实地看到了过去许多研究中国电影历史的文章中多引用的那些文章的全貌，看到了许多过去一直提到名字的那些文章的内容（比如登载在夏公主编的香港《华商报》上的著名的"气人影评"），还在搜集这些已知文章的过程当中，见到了一些过去没有提过的文章，这些新发现令我们十分欣喜，也有油然而生的自豪。夏公的电影活动，通过这套文集，生动鲜活地展现在我们的面前。

又过了几年,夏公的家乡浙江准备为他出版全集,我们有幸承担全集中电影卷的编辑工作。虽然前面有了编辑《夏衍电影文集》的工作过程,但是这次又有了新的发现,比如,夏公经常以他的家人的名字作为自己的笔名,这次我们找到了几篇署名"秀生"的文章,显然是从太夫人徐绣笙的名字变化而来,而他当年在《晨报》"每日电影"专刊中,用这个名字写过不少文章。遗憾的是,这一点我明白得比较晚,还有一些,甚至可能为数不少的用这个笔名写作的文章被我们遗漏。另外,从吴祖光先生的回忆文章当中,我们了解了夏公应约写作影片《女大当家》剧本的经过,又从夏公这一时期与友人的通信当中印证了他在这一时期对于"房子"问题的关注,最后把这个剧本收入《夏衍全集》的电影卷当中。而对我最有教育的,是那篇《中国电影到海外去》。在没有找到这篇文章之前,我一直望文生义地以为它的内容是关于电影交流的,谁知当我的同事拿出刊登这篇文章的旧期刊时,我才知道,这是一篇讨伐日本帝国主义者利用电影在国际上制造谎言的檄文。这篇短小的文章刺中了日本帝国主义要害,他们先是气急败坏地打电话威胁刊登这篇文章的报社,这还不够,就在这篇文章发表的第二天,他们查封了这家报社。敌人的反应,证明了夏公这篇文章的战斗力。

走近夏公,我不断地加深对夏公的认识。夏公被国家授予"有杰出贡献的电影艺术家"的称号,但是,他不仅是一位电影艺术家,他的创作或者说写作的成就,涉及了新闻、文学、戏剧、翻译等方面,而且,他一生对于党的工作,对于人民的贡献,也不仅仅限于以上的领域。夏衍,首先是一位伟大的五四时代所诞生的优秀的中国知识分子,是一位优秀的民主主义革命者,是一位优秀的中国共产党员。他的一生崇尚的是真理,所追求的是革命理想。仅拿他在十一届三中全会以后,率先响应陈云同志的建议,写出了那篇足以振聋发聩的关于潘汉年同志回忆文章所产生的重大影响,我们就可以从中感受到他在我们国家的政治生活中所起的作用,以及所具有的地位。

所以我慢慢明白,走近夏公,了解他在电影方面的成就只是他的一个方面,只有真正走近他,我们才能了解夏公这个人。

2005年12月,我们迎来了中国电影诞生100周年的日子,我们参加了为纪念这个日子筹建的中国电影博物馆的布展工作。在这个馆里,我们为夏公铸造的铜像,矗立在展览伊始"中国电影的开拓者"中,夏公为中国电影做出的贡献,永远镌刻在中国电影工作者的心中,也永远镌刻在亿万中国电影观众的心中。

童　心
——夏衍体内的精灵

王国英

　　当一名作家,是夏衍留日早期的一个愿望。他广泛的阅读,如史蒂文森、狄更斯、莫泊桑、左拉、屠格涅夫、契诃夫、高尔基、托尔斯泰等作家的作品,积累了大量阅读经验,并开始了创作。在他的作品或文字中,史蒂文森、华兹华斯、海涅、雪莱、白朗宁的诗句常常是信手拈来,深得妙谛。1925 年 1 月 20 日的日记中,他说,"我以为诗人之乃童心之延伸"。1923 年春,他以文艺青年的身份去博多拜访郭沫若。这无疑是非常大胆的举动,其行动的力量来源于对文艺的喜爱,来源于对知名作家的崇敬。所以,他对郭沫若不谈文艺而一味感慨国事感到非常遗憾。或许,这可以算是少不经事沉浸在文艺天地里的夏衍对文学和作家的理想化追求吧。因为,这时的夏衍满贮着孩子般的热望,将此行当成俄狄浦斯式的祈求,祈求郭沫若的神示。

　　童心,是跳荡在夏衍体内的一个精灵。李贽认为:"夫童心者,真心也;若以童心为不可,是以真心为不可也。夫童心者,绝假纯真,最初一念之本心也。若夫失却童心,便失却真心;失却真心,便失却真人。人而非真,全不复有初矣。""童心"在其原初意义上首先就是指人心的本然状态,即原初情绪与情感。人的心理结构是知、情、意构成的整体,情绪先于认知而存在,是未受逻辑思维和外在道理干扰的混沌的心理状态。夏衍所艳羡所留恋的童心正是这样一个难以表述的心理状态,作为认知的心理事实的对立面的原初的情感。"受了时间的凌虐还不够,'智慧女神'帕拉斯的光辉,好像强酸剥蚀金属似的,将剩余的天真,扫除个干净! 围绕着我躯壳的,是愤怒、贪欲、妒忌,每天所能得到的是冷得如大理石似的许多'理智'、'情感'相反对可诅咒的'大道理'。"①冷淡麻木就无法真切地去感觉、真实地去关心。于是,那种为着欢乐而欢乐的态度,成了孩子们的"特权",我们所认为没味的寻常事却是贮满了欢乐的孩子们的乐园。童心让人保持一份对普通事情的兴趣、对周遭事物的关心,进而养成一种敏感的神经和积极参与的性情。《残樱》对着满眼的樱花感叹,《船上》面对不公的现状发问,《新月之下》沐浴着月光遐思,《圣诞之夜》寒风中的倾诉,这一切都缘于那颗敏感的心。他自称,"在世间最可怜的是像我一样没有艺术的天分而不肯退出艺术花园的人"。② 但是,他时时凭吊着,一直担心自己童心的丧失,时刻勉励自己,保持一种警惕。他知道,"不把自己放进这个生死的斗争里面。不感觉到自己的一呼一吸,一饮一啄都和这个苦难的世界社会人群相关联,不能与时代,社会,人群,同忧喜,同爱憎,共歌哭,站在斗争外面,'冷静'地旁观,'仔细'地描写,不论你主题如何'正确',构图如何雄大,结构如何巧妙,这是没有生命,没有血肉,没有热情,不能在时代的广大人群中激起共鸣的东西。"③他也知道,"能够判断进步与落后,成长与死灭,光明与黑暗,能够'理论'地'说明',能够理智地说教的作者已经太多了",时代需要的是"能够全副心肠地去感觉,去爱,去恨,去斗争的真实的人"。因为文艺工作不单是思维,更不单是技术,同时还需要热情,尤其是真情。夏衍正是饱满着热情满怀着真情展开他的话语实践的。

　　"童心"的本真状态是思想情感表现的真诚无伪。"童心"就是"真心","真"意指真实和真诚,即意识和情感内容的真实无伪,与情

---

　　① 《童心颂赞》,《夏衍全集》第 9 卷第 12 页。

　　② 《圣诞之夜》,《夏衍全集》第 9 卷第 19 页。

　　③ 《真实的关心》,《夏衍全集》第 3 卷第 166 页。

感表达和主观态度的真诚无欺。"童心既障,于是发而为言语,则言语不由衷;见而为政事,则政事无根柢;著而为文辞,则文辞不能达。非内含以章美也,非笃实生辉光也,欲求一句有德之言,卒不可得。所以者何?夫既以闻见道理为心矣,则所言者皆闻见道理之言,非童心自出之言也。"①他赞颂童心,景仰那些童心未灭的成人。"伟大的诗人便是童心未灭的成人,对普通事情也感兴趣,在这个世界上对一切比我们普通人看得清、因而能发现更多的快乐和美的人。"②夏衍去博多看郭沫若时,他们一起去散步,郭沫若与他的两个儿子在松林里竞走,这一幕留给夏衍一个深深的印象:郭沫若还是个孩子。这一印象对于文艺青年夏衍来说也具有关键的意义。郭沫若的成绩,歌德的伟大,"童心"是决定性的因素。"当现世的痛苦和生的执着相冲突的时候,道德不能救我,宗教不能救我,我只是哭,超脱生死观念的慰安,想必不仅是我一人的渴望!""哭"就是当时最为纯粹的情感表达。这就是抛弃了道德宗教理智的最为本真的"我"。他以一颗纯朴而真诚的心去感受这世俗的沉浮和人事的变迁。他反对失真,反对矫饰。"真实"是夏衍一贯强调的表达的基础。

作于1922年4月的《残樱》透着明显的伤逝情怀和个人意识,1924年的《新月之下》、《童心颂赞》、《圣诞之夜》等则陷入了个人情感的漩涡。这些文章有抒情主人公的自我形象,极少外部事件的描绘,直接再现了作者自己的生活和心境。在这一点上,这几部作品与《船上》有了明显的区别,虽然都取材于他本人的经历和遭遇,但后者重在世象的描绘,前者重在个人情绪的抒发,写出了个人情绪的流动和心理的变化。这些文章都充满了激荡的情绪,有事件的叙述,有坦率的自剖,有长篇的独白,有直接的发问,共同呈现出作为弱国子民的留日学生的精神失落状态。如《残樱》的表达是率直的,

① 李贽:《童心说》,《焚书》卷三。
② 《童心颂赞》。

语言浅白。标点符号的使用也极富感情，除出逗号，全诗只有三个句号，但是有七个感叹号和一个问号。1924年，夏衍恰好陷于婚恋的苦闷中，一方面从失恋的痛苦中恢复过来，一方面又开始了与未婚妻淑馨的交往。根据1925年的日记，他与蔡淑馨已处热恋之中，然遭到淑馨的父亲和后母反对。这些日记可以推知投射在《新月之下》、《圣诞之夜》主人公身上的夏衍自我形象。"他懒洋洋地拣了一株树根坐下，两眼痴痴地西望着故乡，他的心灵，恨不得附在海鸟的翼上，飞到故乡，将他的热血，去洗净了不世的耻辱！但，他想起了他的慈母，想起了他的爱人，生的执着的观念，打消了他英雄事业的幻想。"①这种心情反映在文本的变化就从重叙述到重抒情，从重社会意识到重个人意识。那些文字弱化了外部事件的描写，充满了主观性和抒情性，袒露了自己的生活和心境，情感炽烈而深沉，"赤裸裸地把我的心境写出来"。请看下面两段文字：

凝视着半轮新月，他微微的太息。几个秋虫，慢慢地唱起她们的悲调来，海边的光景反添了一层寂寞。他的影子，被月光射在沙滩上，愈觉得瘦的可怜，从他的深深陷在眼坑里的灰黄的眼里，不知不觉地流出了许多清泪，一行行地，流遍了他被烦恼剥蚀了的颊肉。

《新月之下》

我将你给我的信整理了一下，在这一年内，给我六十五封信，在他人眼中，似乎太多，在我呢只嫌太少！因为这些信是我沙漠旅行般的人生的唯一的安慰，我有一星期不接得你的信，便令我狂也似的渴念，死也似的颓废。在这些时候，曾有许多很可笑的幻想的恐怖来吓我！有时在梦里哭了出来，引得旁人说我疯子。

《圣诞之夜》

---

① 《新月之下》，《夏衍全集》第9卷第9页。

这些文字展露了个人私生活中灵与肉的冲突，一望便知其与郁达夫、张资平等创造社作家内在精神的一致性。作为文学青年的夏衍，神经敏感，情感丰沛，但往往陷于孤独，于是诉诸文字，一吐为快，所以他的文章大多是独语式的抒情。这种抒情方式正好适应了身处异乡陷于苦闷中的夏衍借助文学这一载体来抒发感情、裸露心灵、表现生命体验的内在要求。张扬个人性灵，追求精神自由的风韵。这些与1925日记中记述的恋人之间通信、盼信情节一起具体而生动地凝成一个被别离折磨着的忧郁的夏衍。如：

> 满望今日淑妹当有来信，乃竟失望，我至伊诸函，未知已达览否？如未，则我将何以对伊！伊想念我当甚苦也！
>
> 世上一切皆有饱和律支配。感觉，情操皆有限度。超过此限度，或是消失，或是曲线向下。入鲍鱼之肆而不知其臭，我以为也是因为鼻腔的灵敏度饱和的缘故。啊，恋爱哟！献给我的爱人的热情哟！永远不要饱和，让它直接地无穷无尽地表现吧！

1925 年日记

文字的浪漫气息与自我心境的流露一直延贯在夏衍以后的创作中，形成"主情"的创作个性。如在《赛金花》一剧中，夏衍"夺他人之酒杯，浇自己之垒块，诉心中之不平，感数奇于千载"，绝不掩饰对赛金花的同情和对国民党当局的憎恶。这种激动而略显狂躁的感情文字在他的早期剧作和政论、杂文及各类批评文章中得以延续。源于时代和社会现实的集体性的激烈的愤怒情感能够在读者/观众心中引起共鸣，进而引发主体力量的爆发，最终获得一种类似于痛觉的快感。只有如此的性情，他才会对"左联"成立后的文艺界充满希望。1930年初春的上海在他的笔端有了生机。"3月来了！——充满了欢喜和希望，我们拥到街头去吧！周围还是很冷，但是正在萌芽的新绿,已经报告我们,春天已经到了目前。稚嫩的新芽,变成了翠绿的叶子,她,——已经冲破了长时间重压着的灰色的地壳,已经接触着料峭的春风。"①"左翼作家联盟"的成立代表着普罗文艺阵线的扩大,是孕育着未来胜利的萌芽。只有如此的性情,他才能够在撤退逃难途中写下那么清秀的文字,如《粤汉途中》、《粤北的春天》等。"计时日正是农历的急景凋年,可是这地方一家有黄得耀眼的遍地的油菜花,满山遍野的灼红的桃林,和碎云一般一块块地点缀在村落间的白李花了!我庆幸着多过一度春天,以一种幸得了一些什么似的心境,到达了粤北重镇的韶关。"②多么细腻,多么洒脱!他用文学的遐思和对形象的敏感来驱散心中的忧闷。1937年后的剧作中,情感表达变得较为沉潜,显得平实淡远,如《上海屋檐下》、《水乡吟》、《芳草天涯》、《林家铺子》、《早春二月》等,体现出"诗意"的现实主义,呈现出夏衍"诗人"气质的一贯性。这反映出他对戏剧电影艺术洋溢于内心的富于生命气息的理解。

"童心"的升华就是个体自我意识的萌芽,独立人格的形成与自主判断力的锻造。真心、真人具有天然、独立的价值,不依附于外物和伦理而存在。夏衍对史蒂文森的喜爱,不仅仅是因为那清新的文风,更主要的是因为那人道主义的思想,那种愤慨于"我们的文明是一种肮脏的粗鄙的东西,它如此堕落,以致远离人性"的纯真的感情。所以,他感慨,"做人易,做真实的人难,做'作家'易,做不挠不懈,衷心地,真实地感觉社会时代,衷心地,真实地,关切世界人类的文艺工作者,却如何的是一件千山万水,需要刻苦砥砺的事啊!"③文学的创作应该是作家个体的书写,要保持自身的精神独立性,抛弃那些现成的理解生活世界的意识形态,抛开他人的拘囿。"假如诗人从一开始就约定服务于一个已知的真理(其主动出现,并且在前

① 《革命的三月》,《夏衍全集》第9卷第29页。
② 《粤北的春天》,《夏衍全集》第3卷第165页。
③ 《真实的关心》,《夏衍全集》第3卷第165页。

方出现),而不是寻求隐藏在'某地背后'的'诗',他就已经放弃了诗的使命。至于这预设的真理究竟是叫革命还是叫持不同政见,是叫基督教信仰还是叫无神论,它究竟是更正当些还是不够正当,都没有关系,一个诗人只要服务于任何不同于被发现的真理,他就是一个伪诗人。"[1]也就是说,作家的世界观不是教条的理念,需要一种开放的自由心态。《野草》正可以说是夏衍的精神自述,文章用充满诗意的笔墨描绘了小草不屈不挠的生命意志和性格品性:

你看见笋的成长吗?你看见过被压在石砾和石块下面的一颗小草的生成吗?他为着阳光,为着达成它的生之意志,不管上面的石块如何重,石块与石块之间如何狭,它必定要曲曲折折地,但是顽强不屈地透到地面上来。它的根往土壤钻,它的芽往地面挺,这是一种不可抗拒的力,阻止它的石块,结果也被掀翻,一粒种子的力量之大,如此如此。

没有一个人将小草叫做"大力士",但是它的力量之大,的确是世界无比。这种力,是一般人看不见的生命力,只要生命存在,这种力就要显现。上面的石块,丝毫不足以阻挡,因为它是一种"长期抗战"的力,有弹性,能屈能伸的力,有韧性,不达目的不止的力。

种子不落在肥土而落在瓦砾中,有生命力的种子不会悲观和叹气,因为有了阻力才有磨炼。生命开始的一瞬间就带了斗争来的草,才是坚韧的草,也只有这种草,才可以傲然地对那些玻璃棚中养育着的盆花哄笑。

顽强不屈、韧性战斗、执着追求的小草精神正是夏衍要求于自己并严格实践着的。夏衍超越于个体的利害得失,深切地关怀社会人生,关注人类的命运,以独特的方式发出自己的声音。在他的话

---

① 米兰·昆德拉:《小说的艺术》,作家出版社1992年版,第119页。

语空间中,对于不同时代不同环境不同文化语境中文化现象的观察与理解,总是既有透彻的分析,又有犀利的褒贬,既有学问文章,更有思想关怀。不仅有针砭时弊、纵论国内外形势、讨伐各类阴谋的新闻时评,有密切关注普通市民情感之现实人生的电影戏剧,有关于电影戏剧艺术本体的经验之谈。这些孕育于"黑暗"中的作品,体现了夏衍深广的忧愤和知识分子的良心。这些作品立足于人类文化的整体反思,不仅透视着历史、透视着社会,而且也注释了人生,注释了现实,构筑了夏衍的话语空间与思想空间。他吁请全世界爱好和平崇尚正义的人士联动政府来制裁日本侵略者,抵制日货,救助中国灾民包括儿童。因为,"和平是不可分割的,今天我们遭受着的运命,也许明天会在世界的别一个地方爆发的,趁火未烧到你们身上的时候来扑灭它! 这也是你们的义务和责任"[1]。因为,"战时保育儿童,不单是为了'慈善',不单是为了博爱,这不是同情的施与,这不是有力者对于无力者的帮助,这不是'为人',而是实实在在的'为己'! 为着抗战而受难的儿童,都是我们自己的骨肉,都是我们自己的子女。'幼者怀之',这不是施与的同情,而是切身的责任。"[2]

正是基于对于人类的终极关怀,他才致力于国共的合作,致力于民主人士的团结,致力于人民大众的觉醒,致力于世界的和平。所以,他期待国联大会的召开,认为:"全世界爱护和平的人士,甚至德国、意大利、日本的劳苦大众,以及反对法西斯统治的人们,对于此届的国联大会,都有同一的要求,即是国联应依照'世界和平不可分割'的原则,彻底来保护世界的和平,根据国联第十七条的盟约,用集体的力量来制裁暴日、打击法西斯的猖獗,给予中国以更有力的帮助。因为中国为民族自卫的抗战,不仅是对侵略者的战争,而也是为了世界的和平,人类的正义。"[3]所以,他不是庆幸巴黎的沦

① 《对全世界人士的一个急迫的呼吁》,《夏衍全集》第 10 卷第 65 页。
② 《不单是为了"慈善"》,《夏衍全集》第 10 卷第 58 页。
③ 《对国联大会的期待》,《夏衍全集》第 10 卷第 77 页。

陷,而是愤笔书写了《起来!法兰西的人民》,此文不是简单地以阶级论的方法来看待一个国家,而是以人民的视角来考量一个国家。"我们向往法兰西民族过去的光荣,因之在今天我们更明白地感觉到法国人民大众心情的惨黯。但是,在其另一面,我们也就坚信着:法国人民一定能在双重的锁铐下面巨人似的挣扎出来,用热血来洗涤6月22日的羞耻。起来!法兰西的大众,有罗梭,有伏尔泰,有公社战士的民族,是不会给一二民族叛徒出卖的。"①他期待和敦促欧洲盟军开辟第二战场,他讴歌和礼赞苏联红军反攻的胜利,他歌颂和赞扬英美国家的民主制度。《祝福!人类抬头的日子》中,他肯定了《人权宣言》:"《人权宣言》却跨过了一切的限制,向全世界的人类申诉,而在人类的历史上创造了一个新的时代。它鼓励了个人的理想自由,鼓励了人民结合起来,向一切藐视人权的势力斗争,它申诉的对象是'人',不单是法国人,不单是法国的第三阶级,也不单是法国血统的民族,它像耶稣的福音书一样的对全人类宣言,而在长期压抑下的全人类心中增进了新鲜热烈的灵感。从这时候起,人才发现自己是个有人权的人,人才能昂起头来主张,挺起胸来战斗。这和西格弗里教授(Prof Siegtrincd)所说一样:'它是可以使各种人类的面料发酵的酵母,它代表着永远生存,和不断活动的力量。'"②对《人权宣言》的热赞,把英美资产阶级的民主看成是人类救星的这种想法尽管有些天真,甚至放弃了作为党报和党员的根本立场。但正是这种放弃,使夏衍获得了一种超越阶级超越国家民族的全人类的高度。这些文章虽然受到了批评,但夏衍的人类关怀和人道情怀依然不减。所以,他为丘吉尔的"不算苏联旧账"叫好,为丘吉尔与各党派人民代表的公开辩论鼓掌,为英美盟军在法国诺曼底的登陆欢呼,为波兰、法国等国的解放感到由衷的高兴,为罗斯福理想的贯彻

---

① 《起来!法兰西的人民》,《夏衍全集》第10卷第153页。
② 《祝福!人类抬头的日子》,《夏衍全集》第10卷第858页。

声援。如《旧账不算为妙》、《震撼世界的两周间》、《维斯杜拉河的声音》、《解放了巴黎之后》、《为了罗斯福的理想》。这些汇成了歌颂人类的自由和正义事业、保障世界和平国际合作的交响乐，极大地声援和鼓舞了各国人民的反法西斯战争。

只有了解夏衍的人道思想，我们才能理解他在普遍仇恨日本人的时代里仍能包容日本百姓的这一行为。而且，他曾整理过"了无斗志的日本士兵"的日志，读过嫁为中国妇的日本女子给父亲的信，见过日军阵营内的反战传单，结识了一些反战乃至亲华的日本人。这些让他进一步深切地了解到寡头资产阶级与人民大众对战争的不同态度。所以，他在抗日战争全面爆发自己行将作战略撤退时还帮助日本的鹿地亘夫妇转移到相对安全的法租界。1939 年他为在华日本人民反战同盟西南支部的成立而勉励。"不管他人数的多少，不管他理论的大小，单单这代表日本人民的组织在抗战中的中国成立这一事实，已经是一桩足以使日寇军阀战栗的事了。和他们今天发表的宣言所说一样，这组织只是他们国内组织的一个在中国的支队，但是我们从这健康勇壮地搏动着的日本人民的脉管，却可以依稀地感觉到更有力更宏大地日本内地跳跃着的心脏！"①在"广岛事件"震惊世界之时，他的文章《从原子炸弹所想起的》并没有幸灾乐祸，而是站在全人类的立场，从整个文明发展史的角度来看待原子弹和核能等新问题，充满了人道主义的关切之情，对遭灾的日本人民表示深切的同情。他认为，"作为人类智慧的最高成果的科学发明，应该为全世界爱好和平的人民全体所共有、所使用、所控制，这种科学发明——无尽藏的'能'，应该使用在为人类谋幸福的方面"②。他的理性分析和人性化言论，在当时尚属独一无二。史沫特莱曾作出高度评价，认为文章认清了原子弹事件的意义。日本史

---

① 《勖日本反战同志》，《夏衍全集》第 10 卷第 112 页。
② 《从原子炸弹所想起的》，《夏衍七十年文选》第 866 页。

学家井上靖在《战争日本史》中提到:"关于投掷原子弹问题,在和日本帝国主义进行着最艰苦战争的中国,蒋介石政府对此是欢迎的,但是,唯有中国共产党在重庆出版的《新华日报》,在广岛刚刚投下原子弹的8月9日的《时评》里,虽然承认原子弹打击了日本军国主义,但对原子弹无区别地大量残杀和平居民而感到悲痛……字里行间对于美国使用原子弹表示了反对。"这些话语蕴含了夏衍对社会历史人生的深沉思索,展露了夏衍独立自主的人格。《寄期待于日本人民》认为,一般人公认的"日本人"的特征只是日本人中某种阶级的特征。"在过去一个不短的时期,军阀,财阀,浪人,营合的变节支配了整个的日本人民的性格,日本人民是素朴的。和我们中国受难人民的性情并无二致的爱好和平,爱好自由,希望平等,希望能在安定的生活中获得人民权利的'人民的性格',完全被遮蔽了,也许可以说,日本人民不能用自己的力量来制止日本支配下的侵略,使日本法西斯能够对中国和对远东各弱小民族招致了无谓的债难,因此日本人民就该分担起这次战争的'民族的责任',而中国人民不能早一点解除自己身上的锁链,不能早一点把自己的国家创造成为一个民主繁荣强大的国家,不能给受难的日本人民以示范的鼓励,不也同样的有自咎的责任么?"这里不但指出了日本人民与日本法西斯分子的区别,日本人民所应承担的民族责任,还审视了中国人民自己,这种自省与反思精神在一片"公愤"声中显得尤为可贵,展示出思维的独特、控诉的理性、言说的胆魄。

这些思想既有对人事人情的透彻理解,也有对抽象哲理的形而上考索,还有对现实社会的批判锋芒。正是如此,他才能坚持自己的话语方式。他的文章绝无高蹈的哲理,浪漫的抒情,甚至没有英雄式的传奇故事,有的只是点点滴滴仿佛就在你身边的生活。"在抗战中,这些小人物都活着,而且在一个不短的时期之内他们还将要照着自己的方式生活下去,一种压榨到快要失去弹性的古旧的意识,已经在他们心里抬起头来,这就是他们的民族情感。但是从他们祖先世代就舒服了他们的生活样式,思想方法,是如何的难以摆脱啊!"①这说明了夏衍对于现实主义在题材和人物创造上的独特理解。面对《赛金花》遭受的批评,他坚持自己的观点,无论是人物题材的处理,还是主题的把握,都不愿放弃自己的判断。关于剧本,他本人并没当成国防戏剧来写,形势的变化导致创作与阅读的错位,造成了"过度阐释"。对此,他说,"关于剧本,我觉得有点惶汗,为大概是大家期待国防戏剧太切的原故吧,许多人就加上了这样一个名字,实在,我只打算画一张'汉奸群像'的漫画罢了。用国防戏剧的尺度来看,这是会失望的。"他不想把赛金花写成一个"民族英雄",也不想掩饰对她的同情,因为"在当时形形色色的奴隶里面,将她和那些能在庙堂上讲话的人们比较起来,她多少还保留着一些人性"②。在此,他从人性的高度来肯定妇女的独立人格,决不因为赛金花的妓女身份而否定其功劳。这一点从他自己对曾经的恋人符竹因的态度中可以看出,在其他作品如《都会的一角》、《中秋月》、《上海屋檐下》中也类似的妇女抱有深厚的同情。他以平常心来看待男女都可能碰上的生活际遇,从纯然日常的生活中展示普通人喜怒哀乐、忧虑恐怖、焦灼企盼,从对离乱生涯的不同态度和心理刻画他们思想情绪的变化。祥林嫂、林老板的性格在改编后变得更为丰富,更为复杂,也更符合"人"的本性。

　　"岁月如水流去。我虽然无法超越年龄,但希望一直保持着年轻的心情和勇气。"③夏衍正是这样时时提醒自己,希望自己不要失去"童心"。所以,他不仅在解放前面对国民党、汉奸、日寇时毫不掩饰自己的愤慨之情,而且在解放后,面对体制内的不合理现状夏衍道出了一个个的"离经叛道"之论,这些都是他在不同形势下独特的话语方式,是他未泯"童心"的外现。

---

① 《关于〈一年间〉》,《夏衍七十年文选》第 282 页。
② 《历史与讽喻》,《夏衍全集》第 1 卷第 88 页。
③ 夏衍 1925 年 5 月 4 日的日记,《夏衍全集》第 16 卷第 225 页。

回望夏衍

顾天高

夏衍先生是我走上剧作生涯的导师,也是我学生时代对艺术产生崇敬和膜拜的第一位启蒙者。但是,他并不认识我,甚至不会记得我的存在。

事情要从半个世纪之前说起,50 年代初,我到上海探亲,偶然的机会考进了位于四川路横浜桥旁的上海戏剧专科学校,学的是话剧表演。但是,话剧是什么却一无所知。进校后经常有看戏的机会,有一次观摩高班同学的演出,剧场里的灯暗了下来,舞台突然传出有轨电车驰来的叮当声和上海里弄清晨的各种叫卖声,嘈杂、喧闹、熟悉、亲切……这些生活气息浓郁的声响是一座实实在在的小洋楼,逼真得就像舅舅家的石库门楼房。小楼里住着五户人家,他们有不同的身份和命运,各家有自己悲欢离合的故事,他们之间的亲缘情仇十分复杂、又非常引人入胜,特别是匡复和彩玉这两位主人公的戏剧性命运遭际和奇特的处世态度引发出许多对人生、事业、爱情、理想等哲理性的思考。走出剧场之后,我仍然不断地激励自己:话剧真是一门魅力巨大的艺术呀!这竟然能把五彩缤纷的生活逼真地反映到舞台上,让观众们忘记了自己在看戏,为主人公的命运担惊受怕、如痴如狂,这真是一项值得我为之终生奋斗的事业啊!于是,夏衍这位剧作家的名字也深深地印入了我的脑海里,他是我真正认识什么叫话剧的第一人。话剧《上海屋檐下》——夏衍。在我看来几乎成了同义词。

随后的日子里,我不断从剧本和舞台演出中和夏衍相遇:《心防》、《秋瑾传》、《赛金花》、《芳草天涯》、《一年间》、《愁城记》、《水乡吟》、《复活》等，凡是夏衍的剧作拿来就读，几乎是一网打尽，或者为了研究夏衍的风格进行类比。尤其是上海人艺演出了他的新作《考验》，同学之间更是议论纷纷，大家似乎意识到话剧反映现实生活有一种责任感。像夏衍那样深入生活、塑造时代新人，已经成为我心目中无言的榜样，他是我的艺术偶像！

几年之后，我们班级进入了排大戏的阶段，我被分配在《法西斯细菌》剧组，扮演一个名叫钱裕的角色。剧本还未细读就有人讲，这是一个难啃的骨头，因为夏衍的作品近乎是生活的"白描"，重在人物性格的刻划和思想的挖掘，学生们缺少生活积累和表演功力，不容易讨好观众。我根本不懂什么叫"白描"，就向有经验的老演员请教，他们说：夏衍的戏强调生活和真实，重在平实，不像曹禺、郭沫若那样善于运用气氛的渲染、制造戏剧危机，利用戏剧矛盾的突变推波助澜……

《法西斯细菌》就是这样一个平实生活戏，它讲述一位科学家在政治环境日趋恶化、思想工作矛盾步步尖锐，一心想回避政治却处处受到政治的挤压和摧残：闭门搞科研做不成，妻子静子是日本人，交战双方的压力天天在逼迫他，尤其是有理想、有热情的青年人钱裕竟然活生生地在他面前惨遭日本兵的危害；于是，这位迂阔而固执的知识分子终于觉醒了，主人公俞实夫最后毅然参加了红十字会，投身到抗日的洪流中。

这个戏我们班演得确实很吃力，因为学生们太年轻，既没有去过日本、香港和桂林，更没有做亡国奴的亲身感受（抗战时期都只是幼童），"白描"是要以扎实的生活感受为基础的，没有基础就很难表演。当时，表演老师叶涛声教授就要我们做人物小传，把自己的生活感受转移或借用到角色的表演中去，他再三告诫："白描"决不是减弱"激情"，更不能忽视人物内在的心灵冲撞。这时我才明白，戏剧中的"白描"和美术中"素描"原来不是一回事，"素描"指的是没有色彩的艳丽、没有意境的营造，甚至连构图、布局、背景……一概都可忽略的纯线条技巧训练,是造型艺术的基本功。而文学创作上的"白描"是赞誉作者用简练的笔墨刻画人物形象的功力。夏衍的剧作简洁、平实、淡雅、隽永……地地道道的现实主义风格,实实正正的"白描"高手,有人称他是中国的契诃夫当之无愧,而且在他的作品中还有有一抹对生活的乐观主义憧憬,对未来的信心和希望,这是契诃夫作品中难以找到的。如果我们细细品味夏衍的剧作,总能在苦涩中带出一丝甜润,从笑声里闪过晶莹的泪花,他每一个剧本都有严格的构思和独特的人物命运,风格鲜明而决不雷同,时代脉搏的把握、主题思想的挖掘、戏剧元素的充分发挥早在三四十年代就已达到炉火纯青的程度。当时,对夏衍剧作最权威的研究者当属著名导演、上海戏剧学院的朱端均教务长,他几乎排演过所有的夏衍剧作,并创造了风格鲜明的演出样式,朱先生排的新戏每次都会在学院掀起争相观看的热潮。我曾当面请教过朱先生:学院里排了那么多夏衍的剧本,这是否和你的喜爱有关? 他说:我本人喜欢夏衍的戏是无疑的,因为夏衍极其强调真实和生活,人物刻画的功力很深,戏就有挖头,特别是作品的内在情感冲击力很能考验演员的表演能力,这对培养学生是有好处的,所以,许多老师都喜欢选他的作品做教材。正如教务长所指出的,每次演出的成功,学院必定能造就一些"尖子生",因为他(她)们的表演真实、生动、细腻、动情,塑造的人物形象鲜明……这恐怕也是"白描"风格带来的特殊魅力吧!

　　50 年代中期,夏衍调到电影局主持工作了,似乎离话剧远了些,但是,他的电影作品又开始引导着我的艺术生涯。有一次《中国电影》创刊号上发表了他的一个新作《祝福》。我一口气看完之后,激动得马上要学习写电影剧本了。回想起当时的冲动基于两种原因:一是电影剧本的叙述方式吸引了我,夏衍的镜头语言生动、亲切、平实、简洁……让我误认为写电影剧本并不是一件高不可攀的事。二是作为演员总觉得只说作者规定的话不过瘾,想和夏衍一样用文字来表达自己对生活的看法。真是"初生牛犊不怕虎"。几天后,一篇反映学生生活的电影脚本《早安，上海！》便跃然纸上，尽管它幼稚得不堪入目，但毕竟是我勇敢走出的第一步，是夏衍领着我走上文学之旅的历史性开端。因为有了写作冲动，随后的日子里，夏衍的电影作品也每每成为我观摩学习写作的无声范本：《林家铺子》、《革命家庭》、《烈火中永生》……乃至他没有署名的《早春二月》、《我们村里的年轻人》等都成了我的写作教科书，他的风格、他的审美追求、他的创作理念深深影响着我，包括他对电影创作的许多理论文章，都成为了我的必读"经典"。

然而，就在我对夏衍先生顶礼膜拜、潜心效仿的时候，突然山洪爆发似的"文化大革命"开始了，批判了《早春二月》、批判"文艺黑线"的巨大浪潮滚滚而来，我知道自己就是这条"黑线"培育的"接班人"，只能默默地忍受着自己崇拜的偶像被无情地砸烂、撕碎。记得在牛棚里，一次又一次听到夏衍、田汉等"四条汉子"被揪出事后的灾难和厄运，还要做出"划清界限"的违心举动，尤其在观看批判电影时的"藕断丝连"以及无法摆脱情感深处那种"真爱假恨"的痛楚，永远成为了我人格和情感双重扭曲的"珍藏"。

80年代，雨后天晴的日子里，忽然接到沈祖安先生的私下通知，说是夏衍同志在杭州休息，想找几位话剧界的朋友聊聊天，于是老团长程维嘉及老同学张维国等四五个人怀着"劫后余生"的兴奋，来到了西湖边的新新饭店。这是我一生中唯一一次和夏公的近距离接触，没有想到，经过几十年"风霜雨雪"摧残之后的夏公虽然衰老了、清瘦了，但精神依然爽朗、思路更加清晰、说话格外坦然，对于自己认定的目标丝毫没有改变，他一再和我们讲：现实主义的写作原则没有错，艺术就是要真实地反映生活，要坚信历史会给人们作出正确的结论，作品要经得起时间的考验！对于话剧的前途，他只说了一句话：要跟上时代！

回望夏衍，他仍然在领着我向前奔跑，他正直、高大的形象，永远驻留在我的心中！

夏衍:文艺界领导的楷模

童萃斌

2010年是夏公诞辰110周年。我作为长期在文联工作过的老同志,在缅怀夏公时,感受最强烈的一点是,夏公不愧是文艺界领导的楷模。我国文艺事业的发展,离不开像他这样尊重知识、尊重人才的文艺界领导;是他的高风亮节,是他的身体力行,是他的人品和人格魅力,为我们文艺界树立了一座丰碑、一个永远值得学习的榜样。

一

让我们来重温夏衍1991年秋写在《懒寻旧梦录》(增补本)中的这么一段话:

从上海解放到1955年7月我调到北京,在上海工作了六年,在华东局和市委,我都分管宣传、文教。所以我接触最多的是知识分子,最使我感动的也是中国的知识分子。后来我被攻击得最厉害的也就是我对知识分子的态度问题。我青年时代到过日本,解放后访问过印度、缅甸、东南亚、东欧各国和古巴,就我亲身经历,直到现在我还认为世界上最爱国、最拥护共产党的是中国的知识分子。知识分子爱自己的民族、自己的祖国,这在全世界都是很普遍的,但像中国知识分子那样真心实意地拥护中国共产党,这就很不寻常了。我记得很清楚,1951年我访问民主德国,当时的总统皮克单独接见我的时候,他就说:德国有最优秀的思想家、艺术家,但现在由于他们不了解共产党,所以许多作家、演员还在西欧和美国,他真诚地希望他们能早日回到他们的祖国。我50年代两次去捷克,情况大致和德国相似。捷克斯洛伐克人热爱自己的民族,有自豪感,但在集会或单独会见的时候,很少谈到政治,几乎没有人敢谈到当时的执政党。在东欧,各国都有党领导的文化部门,但许多作家和艺术家都不关心政治。在罗马尼亚,有一位曾在中国读过大学的文艺评论家公开对我说,作家的任务就是写作,不写作而去当官,他就失去了自己的声誉和地位。这一切和中国很不相同。十月革命之后,俄国的大作家如蒲宁、小托尔斯泰,以及不少演员都跑到西欧和美国,连高尔基也在国外呆了十年。而中国呢?1949年新中国成立,不仅没有文艺工作者"外流",连当时正在美国讲学的老舍、曹禺,也很快回到了刚解放的祖国。当然,这不只限于文艺界,科学家也是如此。被美国人扣住了的大科学家钱学森,不是经过艰难的斗争,而回到了祖国吗?在上海解放初期,我接触过许多国内外有声誉的专家、学者,如吴有训、周予同、徐森玉、傅雷、钱钟书、茅以升、冯德培,以及梅兰芳、周信芳、袁雪芬等等,不仅拒绝了国民党的拉拢,不去台湾,坚守岗位,而且真心实意地拥护共产党的领导。

写到这里,不免有一点儿感慨:中国知识分子这样真心地拥护和支持中国共产党,而四十多年来,中国知识分子的遭遇又如何呢?众所周知,1957年的反右派,1959年的反右倾、拔白旗,1964年的文化部整风,以及"史无前例"的文化大革命,首当其冲的恰恰是知识分子。这个问题,我想了很久,但找不到顺理成章的回答,只能说这是民族的悲剧吧。

读到这里,我们这些文艺界的"过来人"更有谁不感慨呢?!都说文联是党和政府联系广大文艺界人士的桥梁,夏衍从首任"华东文联主席",到复出后担任中国电影家协会主席、中国作家协会顾问,这"桥梁"经历了多少狂风暴雨、急流骇浪的冲击!然而,他对中国知识分子的基本信念始终不改;尊重知识、尊重人才的方针始终不变,这是多么地不容易呀!

在著名的《武训传》事件中,夏衍不但代人受过,承担领导责任,自己做了检讨;而且在《人民日报》发了毛泽东亲笔改过两次的社论、文化部发了通知的前提下,他也只在上海开过两次电影界的一百人左右的会,基本上没有搞运动。当然,单凭他一个人是顶不住当时那么大的压力的,好在有周总理和陈毅的撑腰。周总理在电话中告诉夏衍:"关于《武训传》的事,我已和于伶通过电话,你回上海后,要找孙瑜和赵丹谈谈,告诉他们《人民日报》的文章主要目的是希望新解放区的知识分子认真学习,提高思想水平,这件事是从《武训传》开始的,但中央是对事不对人,所以这是一个思想问题而不是政治问题,上海不要开斗争会、批判会。文化局可以邀请一些文化、电影界人士开一两次座谈会,一定要说理,不要整人。孙瑜、赵丹能做一些检讨当然好,但也不要勉强他们检讨。"陈毅也找夏衍谈了话:"这是一个思想问题,而不是政治问题,你们不要紧张。本来有不同意见各自写文章商讨就可以了。现在《人民日报》发了社论、文化部发了通知(指文化部电影局 5 月 23 日的通知),这对文化、教育界就造成了一种压力,特别是对留用人员,所以你们要掌握分寸,开一些小型座谈会,不要开大会,更不要搞群众运动。你们可以公开说,这是陈毅的意见,也就是市委的决定。"在周恩来等党的第一代领导人的领导下,夏公团结和保护了多少党内外的知识分子,从《武训传》事件中就可见一斑。

"文化大革命"十年浩劫,夏公同许多老同志一样,惨遭磨难,目损肢残。但他才从秦城监狱释放回家,还没有完全恢复自由,所谓的"结论"上还留着尾巴时,一见到《人民日报》的袁鹰,仍然像过去一样关心报纸的工作。他反复地说到两件事,建议报纸注意:一是要澄清所谓"文艺黑线"问题,把被"四人帮"搞乱了的文艺界大是大非搞清楚。二是要纪念那些被林彪、江青一伙迫害摧残致死的文艺家,清除泼在他们身上的污泥浊水,替他们恢复名誉,他说这是我们这些幸存者的责任。在谈到这两件大事的时候,他神情肃穆,语调凝重，却一句也没有提到自己的灾难。他这两条建议，对动乱初定后的报纸文艺宣传，实在具有拨乱反正、还历史本来面目的作用。他还亲自写了一大批怀念和悼念文章。如《忆阿英同志》、《悼金山同志》、《忆健吾》、《韬奋永生》、《忆达夫》、《纪念郑正秋先生》、《怀念袁牧之同志》等等。他更关注一些长期被冷落、已经鲜为人知而实际上对革命、对人民有特殊贡献的人。《人民日报》先后发表过他的《一个被遗忘的先行者——怀念"左联"发起人之一童长荣》和《回忆杨贤江同志》。还刊登过他一篇短文，回忆他在30年代受周恩来和潘汉年的嘱咐，单线联系隐居当时上海法租界里的一位秘密共产党员杨度。人们都知道杨度是当年袁世凯的"智囊"人物，有名的保皇派，若无夏公此文，谁能想到他后来思想转变得那么大，竟成了中国无产阶级先锋队的一员战士！

更值得一提的是，《大众电影》2000年第10期登载过一个小故事，题目叫《夏衍与严月娴》。

严月娴自1925年至1955年，共参加拍摄近50部电影，其中不乏进步佳作。在夏衍的印象中，严月娴是一个热爱电影艺术、多才多艺的好演员。

银行职员毕云程是影迷，喜收藏电影说明书和电影资料。1982年春，经电影界朋友介绍，他慕名拜访严月娴。严月娴终身未嫁，那时孤身独居上海，解放初期加入上海电影制片厂，1955年因种种原因辞职，从此惜别影坛，在家赋闲，生活不免拮据。交谈中，她向毕云程吐露了无所事事的苦闷心情，说看到改革开放欣欣向荣，在家坐不住了，渴望出来工作，晚年为社会奉献余热。毕云程是热心人，为她奔走呼号，但无着落。一天，毕应邀出席电影界茶话会，听到一个消息：中国电影家协会主席夏衍在北京一次会议上谈及30年代初期他曾改编过一部电影故事片《春蚕》，剧中女主角名叫严月娴，还说一直牵记她，不知她还在不在上海，近况如何？这是上海一位与会者亲耳听夏公说的，所以在茶话会上传递了这个消息。散会后,毕云程直奔严月娴住处。严月娴听说夏公还想着她,不禁一阵惊喜。但她很爱面子,不愿主动求夏公帮忙为其安排工作。毕云程也认为自己是小人物,攀不上身居高位的夏公,何况夏公不认识他。思来想去,毕云程灵机一动,想出了一个主意。征得严月娴同意,由毕出面,致函夏公。字斟句酌,言词恳切,信中大意说:久闻夏公大名,今日冒昧致函,转告一事。严月娴孤身一人,目前仍住沪上,在家赋闲,生活仅靠海外妹妹接济。夏公伸出援手,当能助她摆脱困境。她已年过花甲,重披歌衫已难胜任,能否推荐她到上海文史研究馆任职……不到一周,上海文史研究馆派人登门拜访严月娴,送来三份表格,郑重地对她说:"本馆已决定聘你为馆员。"正巧那天毕云程到严家作客,他为严月娴代填了表格,次日送出。三天后聘书送到严家。严月娴约毕云程到她家见面,激动地说:"来人说此事是夏公出面,在信上批了推荐意见,转到上海有关方面办成的。"毕云程笑着说:"我猜想此事也是夏公促成的。他很了解你,而且一直关心你啊!"严月娴眼含泪水,赞叹地说:"是啊,夏公高风亮节世人皆知,提携后进有口皆碑。当年我主演《春蚕》距今已有49年,他还记得住我,今日又帮了我大忙,我不知怎样感谢他才好。"

1985年10月23日,严月娴因心脏病突发去世,时年68岁。一些电影老观众说,在二三十年代影坛上,严月娴曾是位颇有影响的女演员。她去世太早了,真有点可惜。毕云程对笔者说:"她虽非高寿而终,但晚年得到夏公的关心,精神上有了极大的安慰,她生活是很愉快的。弥留之际她曾对我说,夏公是她一生中遇到的最好的人。"

二

说起夏公的高风亮节,人们可以"听其言"。

夏衍在回忆录中说:

> 乔冠华对我说过:"性格就是命运。"这对我说来似乎还有一点

道理。十年浩劫伤残了我的躯体，但这不仅没有改变我的性格和信念，从噩梦中醒来，相反地似乎还增添了我的勇气。我是一个乐观主义者，几次大难不死，也许可以说是侥幸，但久经折磨而未改初衷，这是因为我对祖国，对人民，对全人类的解放还是抱着坚定的信心。我暗自庆幸"文革"末期（1974 年初到 1975 年秋）在独房中得到了读书和反思的机会。我又想起了五四时期就提过的"科学与民主"这个口号。为什么在新中国成立后十七年，还会遭遇到比法西斯更野蛮、更残暴的浩劫，为什么这场内乱竟会持续十年之久？我从苦痛中得到了回答：科学是社会发展的推动力这种思想没有在中国人民的心中扎根。两千多年的封建宗法思想阻碍了民主革命的深入。解放后十七年，先是笼统地反对资本主义，连资本主义上升时期进步的东西也要反掉，60 年代又提出了"兴无灭资"、"斗资批修"这样不科学的口号。十七年中没有认真地批判过封建主义，我们也认为封建这座大山早已经被推倒了。其结果呢，封建宗法势力，却"我自岿然不动"！1957 年以后，人权、人格、人性、人道都成了忌讳的、资产阶级的专有名词，于是，"无法无天"，戴高帽游街，罚站罚跪，私设公堂，搞逼供信，都成了"革命行动"。反思是痛苦的，我们这些受过"五四"洗礼的人，竟随波逐流，逐渐成了"驯服的工具"，而丧失了独立思考的勇气。当然，能够在暮年"觉今是而昨非"，开始清醒过来，总比浑浑噩噩地活下去要好一点。我还是以屈原的一句话来作为这本书的结语：路漫漫其修远兮，吾将上下而求索。

人们更可以"观其行"。远的不说，单从他在家乡杭州所做的几件事来说吧。

1981 年 5 月 23 日，夏衍以 81 高龄拖着"劫后余生"的病体，携儿赴杭州旧居忆故园情，会旧时友，慰游子心。这天，报社的两辆轿车早早地在新新饭店门口停好，刚刚下楼的夏衍发现周围围了一大群人。说了一句："怎么，衣锦还乡呀？"

随行的省文化厅的沈祖安连忙解释："大家都是闻讯赶来的，没有通知过。"

"要么，你们去吧。我不去了。"夏衍从来都认为在共产党执政的时候，官和民不仅是应该地位平等，而且当官的应该为人民服务，一向反对出行时前呼后拥，这时他有些生气了。

结果，只有一辆轿车悄悄地驶进了庆春门外严家弄……

此后，他每隔几年便来杭一次，或去大学校园与莘莘学子座谈，情切意浓，感人肺腑；或将自己从国外所得奖金捐给故乡，促成教育基金会的诞生；1989 年，夏衍还把毕生节衣缩食而收藏的 102 幅珍贵书画全部捐献给了浙江博物馆，尤以"扬州八怪"的作品和白石老人晚年所作的《贝叶秋蝉图轴》为珍贵。这些珍品上都钤有"仁和沈氏曾藏"一枚闲章。而当初中央人民政府政务院办公厅主任齐燕铭给他篆刻的原文是"仁和沈氏珍藏"，夏衍一字之改，足见其品行之高洁。正如他一再表示的，"这些收藏都属国家的，我只是代为收集而已。"

而对于他的杭州旧居，有关部门曾就修缮之事征求他的意见，夏衍表示反对。后因要将旧居作为社会主义精神文明阵地，他才表示同意，但要求"不要突出我个人"、"也不要奢侈"。惟一提及的是后院的两棵树："那桑树是为采桑养蚕用的；一株枇杷树，树叶是煎煮后用来治咳嗽的。"

三

繁荣文艺创作是文艺界的主要任务。夏公几十年来力排"左"、右干扰，不怕被戴上"离经叛道"、"资产阶级人性论"等大帽子，为百花齐放的文艺园地辛勤耕耘和灌溉。

电影《五朵金花》的作者赵季康，曾一度回到家乡浙江，在杭州市文联任专业作家。我因工作关系(时任杭州市作协秘书长)到过她在莫干新村的家。尽管她当时的心情还没有从"文革"中遭受迫害和婚变的阴影中摆脱出来，但言谈中还是忘不了在夏公亲自提携和指导下成功创作《五朵金花》的情景：

1959 年初,文艺界掀起向新中国成立 10 周年献礼的热潮。周恩来十分注重这些为国庆赶出来的作品,对送上来的作品亲自过目,当他看了《钢铁世家》、《万紫千红总是春》等影片后,对当时电影界存在的政治口号太多、缺少美感和轻松愉快的状况很不满意。他将当时的文化部副部长夏衍找来说:"你不久前不是去过云南大理吗? 是否写一部以大理为背景、反映边疆少数民族载歌载舞的喜剧影片?"夏衍说:"我不熟悉少数民族的生活习俗,但可以推荐一个人来写。"

　　夏衍要推荐的那个人就是赵季康。赵季康是浙江嘉善人,16 岁考入南京金陵女子大学中文系,曾任昆明军区《国防战士报》记者。1960 年转业到作协昆明分会任专业作家。她的作品多反映西南少数民族生活,笔调细腻委婉。

　　不久,云南省委宣传部长根据夏衍的指示将赵季康、王公浦夫妇叫到昆明,在作了一番简短的说明后,对他俩说:"给你们一个礼拜的时间,赶快编个故事,要是编不出来,国庆就赶不上了。"

　　"一个礼拜? 这么短时间能写出来吗?"赵季康听了有些急。好在她和丈夫早在 1955 年曾经去过大理,赶过"三月街",不到一周便写就了电影《七朵金花》的提纲。

　　剧本交到夏衍那里,夏衍给予了充分肯定,但也就某些故事情节及艺术表达提出了自己的意见。他对赵季康说:"这个剧本可以拍 3 部电影了,一部电影只有 105 分钟,你应该心中有数,剧本拍成电影还得花大力气改编。"赵季康于是又对剧本进行了大幅修改,把原来的"七朵金花"改为"五朵金花",减去了"水库上的金花"和"采茶金花"。夏衍看了修改后的剧本很是满意。不久,《五朵金花》的剧本就在刊物上公开发表并获得了好评。

　　剧本出来了,下一步就是如何导、怎么拍了。中宣部和文化部将执导《五朵金花》的任务交给了长影导演王家乙。夏衍叮嘱王家乙:"不要搞政治口号,要表现出山河美、人情美,这部片子的主题就是社会主义好!"

王家乙看到剧本后,为慎重起见,他又带着作者赵季康及作曲家雷振邦一行五人来到大理看外景。在大理古城住了四五天,王家乙却怎么也找不到拍电影的感觉。作曲家雷振邦问赵季康:"能不能把对话改成对歌?"

赵季康一听精神一振,说:"可以啊!"并即兴朗诵了一首:"阳雀飞过高山顶,留下一串响铃声……"

雷振邦一听高兴了:"太好了,真是太优美了!"

王家乙听了赵季康的朗诵,情绪也一下子上来了,说:"好,好,就按这个调子写。"

在接下来的几天里,赵季康思如泉涌,一口气写完了《五朵金花》中所有的歌词,雷振邦又花几天工夫为歌词谱好了曲。

《五朵金花》这部影片拍成后先后在中外 46 个国家放映,有的观众,包括贺龙元帅,看了 10 遍也不厌。当时的陈毅副总理每次出访最喜欢带上这部影片。

美丽的七彩云南给了赵季康事业的成功和爱情的甜蜜,但伴随着残酷的政治运动,这片美丽的红土地也给赵季康留下了心灵中难以痊愈的伤痕。1978 年,赵季康孤独地离开了她曾经深深爱过又深深恨过的七彩云南,回到了家乡浙江。1984 年,53 岁的赵季康独自到了美国,开始了旅美写作生涯。

在那个非常年代,不仅赵季康,许多无辜善良的人们也受到了残酷的迫害。《五朵金花》的主角扮演者杨丽坤,在政治运动中惨遭迫害,身心俱残致精神错乱,从此活在一个寂寞的世界中,永远离开了她喜爱的荧屏。

如今,虽然半个多世纪过去了,但《五朵金花》并没有随着时间的流逝在人们的记忆中消失,2000 年在全国"百年最佳影片"评选中,《五朵金花》被评为 10 大影片之冠。

夏公作为文艺界领导的楷模,将永远活在我们心中。

一位世纪老人的遗训

——夏衍教我们"不能忘却过去"

洪忠煌

　　在陈坚教授编的夏衍评论集《影评与剧论》一书的末篇《大江东去——沈祖安人物论集》序中,最后两行文字是这样两句语气很重的话:"不能忘却过去。／因为现在许多不该忘却的已经遗忘得太多了。"此文写于1993年,仅距夏衍逝世(1995年2月)年余时间,时年94岁,翌年他即患病住院。因而上述两句话可以视为这位世纪老人的遗训。

　　这部评论集和夏衍本人的创作道路,可以诠释他所告诫人们的"不能忘却"的具体内容。

　　人类历史不会有简单的重复,但是夏衍和他的同时代人在上世纪所曾面临的创作环境、社会问题乃至现实格局,在当下有类似的呈现却不是不可能的,因此我们今天温习夏衍当年的创作实践和理论主张是有强烈的现实意义的。正如夏衍在《历史剧所感》(1943)一文中指出的那样,"历史不会是完全雷同的反复,但是,在某些共同的社会经济条件之下,历史也真可以和现实酷似到可怕的程度"。

　　我读夏衍这部评论集后,他那跨越半个多世纪的深刻思考给我留下了"言犹在耳"的鲜明印象,这些思考主要涉及下述三个问题:(一)面对"市场",话剧人或电影人是屈从于商人的利润追求,以"生意眼"取代艺术家应有的社会责任感,将艺术降低为娱乐和感官刺激去迎合观众的低级趣味,还是以作品的严肃涵义来培养观众的艺术鉴赏力? (二)面对演艺圈内独尊"闹剧"或"情节剧"的行业成规,话剧人或电影人要不要致力于提高各自的艺术水准,并支持剧作家突破成规,以艺术创新赋予剧本真实性? (三)面对涌入国门的各种现当代"新观念"和时尚,年轻一代的话剧人或电影人要不要民族传统、现实主义和文化修养?

"市场"非自今日始。只不过从 1949 年到启动改革开放这 30 年间中断罢了。所以当下文艺体制改革要驱使话剧、电影等等实体"走市场",一时间话剧人和电影人就将统统面对 80 年前夏衍所曾面对的相似现实格局:一边是作为"票源"(衣食父母)的观众,一边是要从中赚钱的投资人、即老板(或所谓"制作人"、"制片人"之类)——只不过上世纪 30 年代夏衍开始从影所依赖的平台"明星影片公司"老板(张石川导演)本身就是艺术家,而我们今日的"赞助商"老板们则有很多是除生意经之外对文化艺术所知甚少的商人;夹在两者中间的是话剧团体或影片剧组,至于剧作家(通常是个人)则处境更为微妙,实际上剧作家是处在团体(或剧组)的边缘。一旦老板(制作人或制片人或与其另有瓜葛的真正投资人)感觉观众少了,赚不到钱了,他就责怪剧作家没写出"好剧本";一旦演员感觉自己演得不对劲,他不检查自己没演好的原因,倒顺手也怪剧作家没给他提供"重要角色"和"好剧本",当然导演也是如此,只要哪方面的人一有意见他就怪手中的剧本不好"需要修改"。显然,在"市场运作"中,剧作家往往成为众矢之的、成为替罪羊,而其所获回报(如果有回报的话)甚少。

我们往往以为,问题在于大家似乎不明白或不承认剧本的重要性,于是我们会反复强调"剧本剧本,一剧之本"之类的道理。错啦!事实上"大家"把剧作家的责任看得过重了,把剧本的重要性强调得过分了。请看夏衍在将近 80 年前就指出,"从来中国戏剧人有一个极奇妙的偏见,那就是过分地轻视舞台技术,而过分地重视剧本,他们好像忘记了戏剧艺术一定要有导演、演员等等的创造和原作剧本综合起来,方才能够成为完整的艺术这一个事实。……中国戏剧成功的人将百分之八十乃至九十的希望寄托在剧本身上,而将自己创造的领域缩小到十分之一二。"(《从冬到春的戏剧》)可见,问题不在于"一剧之本"这类道理是否被大家承认,而在于大家是否看到这"一剧"的目的——演剧是为了赚钱、营利(如同炒股票或其他生意),还是有更高的目的? 话剧和电影应该是老板赚钱的工具——如是这样就应该成为换钱的感官刺激、卖淫或娱乐——还是净化人的灵魂、促使社会进步的具有审美认识功能的人类文化?

夏衍在率领左翼文艺界进入电影行业之初(1934)就明确宣称,"一个艺术作品没有内容,就等于一个躯体没有头脑"(《"告诉你吧"——所谓软性电影的正体》);他指出"在电影的创作手段完全地掌握在企业家手里的时候",作家艺术家不过是"一个企业制度下面的电影工厂的工人,所以当他选择题材和决定主题这一瞬间,他就受了商业主义的支配",然而即使这样,作家艺术家仍应作为社会的"良心"对观众起引导作用,事实上也有进行这种努力的可能性,因为"电影是一种最年轻最现代和最大众的艺术,它以一种资本主义的速度,急速地渗入了大众生活的内层,资本主义将电影当作营利的商品而送进大众的各个阶层,可是这种艺术的普遍化正完成了艺术创造观众的准备作用"。(《电影批评的机能》)夏衍以辩证的观点看到了电影成为商人营利工具的另一面所具有的"艺术创造观众"的功能,他紧紧抓住电影艺术的这一功能指出:"作家用他们的艺术生产来创造有艺术鉴赏力的公众,公众用他们的社会的真实来变革作家的世界观和创作方法。"(同上)这句话完整地阐明了作家与观众(公众)的双向互动关系,作家并非只能被动地去适应、迎合观众的某些趣味(娱乐欲望、感官刺激等)而满足老板的营利需要,相反,作家应该也可以一方面主动关注人民大众的社会生活,另一方面以自己具有反映社会生活的真实性的艺术作品去主动地培养观众使之具备艺术鉴赏力! 这就是作家艺术家的社会责任感! 这就是艺

巨匠 光华映钱塘——夏衍研究文集

术高于娱乐或泄欲工具、赚钱手段之处！而这一点，过去和现在却经常被人们所忽视。

在话剧或电影的"市场运作"中，人们也经常嚷嚷"最重要的是要有好剧本"，到处可以听到一片埋怨声"没有好剧本啊！"可见，大家不约而同地表示"重视"剧本和剧作家，这当是毫无疑义的了。问题恰恰在于，究竟什么样的剧本是好剧本?! 问题还在于，什么人拥有定义"好剧本"、掌控"好剧本"评判标准的话语权?! 又是什么人在艺术生产的实践操作层面上拥有选择"好剧本"的决策权?!

只要看到了上述的社会现实格局（投资人、剧团、剧作家与观众），这些问题的答案是自明的。

这里就碰到了话剧或电影的所谓"故事性"或"情节性"的问题。这里也碰到了在话剧圈或电影圈内，在艺术生产中以至在"好剧本"的选择上，与剧作家的责任同样重要的制作人（制片人）、导演和演员们（以及其他从业人员）的责任问题。

如果说上述的现实格局——即在"市场运作"条件下演出团体（包括导演和演职员们在内的剧组）处于老板（制作人、制片人或其他投资人）与观众之间的中间地带，而剧作家（个人）则处于这个团体的边缘——在上世纪30年代（夏衍开始创业时代）与当下的情形有相似之处，那就可以看出，剧作家处于弱势地位，判定和选择"好剧本"的话语权和决策权在其他人（首先是强势的老板）手里。在老板们（尤其当这老板是生意人而非艺术家时）看来，话剧或电影作为营利工具的必要条件是能保证刺激并满足感性欲望的热闹娱乐和故事情节，因而"好剧本"不外乎闹剧或情节剧。事实上在中国早期电影中，率先打开电影市场局面的"明星"、"天一"两家大的影片公司也正是以此类剧本开路的，——这就是为什么夏衍说中国电影"先天不足"之处，——但通俗情节电影的历史功绩和巨大局限性也正是"一个硬币的两面"，中国现代电影的发展成熟也正是有赖于夏衍（及其他新现实主义电影导演们）以写实电影的艺术创新突破了通俗情节电影的框架限制,实际上也就是突破了老板们把电影当作营利工具的行业成规。早期话剧经过"文明戏"的堕落而"凤凰涅槃"地发展出以真实性为标志的现代话剧,也走过了与中国电影发展类似的道路。有关"好剧本"标准的斗争不但发生在剧作家与老板们之间,而且也涉及导演和演员们,这是夏衍再三地尖锐指出的问题。"讲剧作,现在是闹剧的黄金时代! 话剧运动者追求'情节'的热心,并不多让于电影公司的发行部主任! ……我们得反省一下话剧运动者里面有没有只看见落后群众的需要,而一味地用'无内容'乃至'有毒'内容的闹剧来迎合观众的倾向? 通俗并不等于卑俗,闹剧不一定可以拼凑,没有崇高的目的,没有真挚的态度,没有创作的冲动,只凭着业务上的需要而制作不合理的情节,这似乎不该是严肃的文化运动者应有的事吧。……演出者(导演)将自己的职分局限于狭义的'搬场'(按指把故事从纸面搬到舞台或银幕上),而将公演成功的希望完全地寄托在剧本的身上,这种妄自菲薄的观念一方面可以使他们自己从艺术家的地位降低到机械的工匠,他方面这种观念反映在现实话剧界的时候可以使剧作者感到过重的责任而逼使他们走向制造不合理的'情节戏'的危险。导演者放弃了自己的创造而一味地追随和依赖剧本是懦怯和退步,剧作家性急于现实舞台上的成功而专事编制闹剧是艺术上的绝路。"(《库里琴如此说》)夏衍的评论文章记录了他当年开拓创新的艰辛:"'这剧本太冷','剧本没有刺激',这已经是一般的口头语了,可是,'冷'的'没有刺激'的剧本就不能因为演出者和演技的创造,加工而使它成为'热'的和'有刺激'的戏吗? ……这种过分的'菲薄'有两重危险的前途,第一,在演出者和演员,保持乃至潜藏着这种观念的时候可以使他'艺术家'的地位降低到一个机械式的'工匠',第二,在剧作家被这种观念所反映的现实所要求的时候,可以逼他向专门制作'闹剧'的歧路。……在中国,我敢说,需要有好的演出家也许比需有好的剧作家还要急迫,有好的演出家才能扩大剧作者写作的范围,才能缓和所谓'剧本荒'的实状。"(《从冬到春的戏剧》)这是一语中的之论！一边是到处嚷着"没有好剧本"，大有"求贤若渴"之势；一边却是若干创新的好剧本找不到出路，"求告无门"，好剧本明明摆在决策者手边却被弃之若敝屣。这就是号称"一剧之本"的生态环境问题！对此，夏衍指出，从企业家到导演、演员都有各自不可推卸的责任。看来，当年是这样，现在也还是这样。就中国话剧、电影的整个机制而言，像夏衍评论文章这样分析之全面、细致、深入和透彻，是很少见的。在《论上海现阶段的剧运》(1939)一文中，他对表演导演艺术与剧本生态环境之间的关系展开论述："戏剧是综合艺术，这话已经讲腻了，但是有多少剧团和剧运工作者还将这艺术的百分之八十的成功和失败，单单寄托于剧本的故事和结构身上啊！……情节曲折和剧情的热闹，是决定是否可以上演的准绳。在话剧要在无缘的小市民中间打天下的时候，这苦心我们是可以理解的。但是将这固定化而成为一种传统，一种偏见，一种不费力地可以获得成功(主要是商业上的)的捷径，那便可以成为戏剧艺术正常成长的障碍了。……我深深地确信着，这种过重地依赖剧本而过轻地估价演出和演技的传统，是阻碍中国话剧进步的最主要的因素，也是真正造成今日的'剧本荒'的原因。因为现在被认为可以上演的剧本，都是'曲折离奇，紧张热烈'，不论什么人来演大致都可以博得观众欢迎。……无原则的'闹剧第一主义'阻碍了演出和演技的进步。——这，理由是很明显的，没有好的导演和演员，'平淡'而真实的剧本是'不适'于上演了。"真正的好剧本必须有高水准的演剧艺术家与之匹配，这一互动关系确实很明显，夏衍本人的《上海屋檐下》和《芳草天涯》，老舍的《茶馆》，这些现实主义杰作都不是演艺界庸才所能上演的，那么一开始若是落到他们手里就很可能被评为"不适合演出"、不是"好剧本"的。在同年的演讲《论剧本荒》中，夏衍再次指出："很多人为了要把剧本的'情节'描写得紧张，讨好观众(按即讨好老板)，于是极力奖励年轻的剧作者凭空去幻想紧张热闹的故事，空空洞洞构造非现实的传奇,于是虽则很紧张,很有趣,但也很公式!真正严肃地去写真实的剧本的青年,则永无上演的机会。而'市场'上只有闹剧才能够存在,导演和演员等都成为不重要的了。"夏衍一针见血地指出,"只有难演的好剧本演得好才是演出者和演员的名誉,演了一个著名的闹剧,有什么了不起呢?"他甚至提出他所缅怀的话剧先驱者朱穰丞的辛酉剧社十年前曾在上海开展的"难剧运动"应该再搞一次。

夏衍评论美国电影导演斯蒂芬-罗伯茨:"这是商业主义下的电影导演的悲哀,这是故事连累了导演的一个最好的实证。"他明确提出艺术作品的评价标准:"能否把握'真实',这是艺术家能否成功的分歧。"(《故事连累了导演的一个实证》)根据这一标准,他对初露才华的费穆导演给予很高评价:"全部电影中,没有波澜重叠的曲折,没有拍案惊奇的布局;在银幕上,我们只看见一些人生的片断用对比的方法很有力地表现出来。其中,人和人的纠葛也没有戏剧式的夸张。这样的编剧,在中国的电影史上,是可注意的。……这样的非戏剧式的故事,若没有好的导演一定会失败的。然而费穆先生的导演却异常成功。他很大胆地让这一些人生片断尽量在银幕上发展。他的手法非常明确而素朴,这给全片添加了一种特别的力量。"(《〈城市之夜〉评》)夏衍在他的影评中贯彻了自己的批评原则:对观众作为"启蒙人"以"帮助电影作家创造理解艺术的观众",对电影作家作为"诤友和向导"。(《电影批评的机能》)在自己的创作实践中,夏衍当然遵循现实主义道路,他《在〈春蚕〉座谈会上的发言》中坦承,"大家都以为这一影片的'剧的成分太少',Tempo(速度)太慢,……采取这一题材,这一不是 Melodrama(情节剧)的而是极端素描的题材,可以说是很大的冒险……取了'纪录电影'的方式。……这一影片也许可以说是'太文学的'了……我们以为,与其为要使它多些趣味而加入了许多格格不相入的穿插,实在还不如保持它这样一种情调来得好。"这位中国左翼文艺的带头人是自觉地以真实性为艺术创新的追求目标的，终其一生"虽九死其犹未悔"，到了晚年(1992年93岁)他仍坦言"我的戏不卖钱。"(《在全国话剧文学学术讨论会闭幕式上的讲话》)说到底，夏衍那些最优秀的代表作，如《包身工》、《春蚕》、《上海二十四小时》、《脂粉市场》、《压岁钱》、《上海屋檐下》、《芳草天涯》，与一切中外文艺经典一样，是无价的。

夏衍在其年过90高龄时仍然关注着社会思潮的最新发展，在他最后几次在全国性会议上的讲话中仍重申现实主义的文艺主张，与他年轻时突破情节剧的陈规旧套不同，晚年夏衍向那种所谓反情节的"新观念"宣战，他语含嘲讽地指出："说实话，'淡化政治'这个口号本身，就是一种政治倾向。……先是淡化政治，接着而来的是淡化理想，淡化情节，有人甚至要'突破'逻辑，真有点'文革'中的'破字当头'的势头。……其实，反对有情节，就是过去说过的'无冲突论'。"老夏公敏锐地看出这种"新观念"的实质是掩饰和回避现实生活矛盾，亦即取消现实主义的理性批判精神。他直截了当地概括指出，在文学艺术领域里的民族传统就是(广义的)现实主义。他不无讽刺地规劝"新潮"人士，切勿从民族虚无主义和无知出发否定现实主义。他例举"三位美国教授"以这样一段妙论应对中国电影人的请教："一个电影导演要怎么做，应该向哪一方面发展，应该根据中国观众的喜闻乐见，而不要轻信一个外国人的评价，或外国有什么流派，就跟着学。"从青年到老年，夏衍对话剧电影的故事情节问题的观点，表面看来在不同时期有所变化，其实是前后一致的，即持全面辩证的观点——作为叙事艺术是必需故事情节的(尤其对中国人来说)，但不能让专以故事情节取悦观众的"情节剧模式"垄断行业、阻碍创新！

夏衍深知，没有好演员和有眼光的好导演，好剧本就很难破土而出。因此他在评论中多处指出作为人的综合素质的提高对于演员是多么重要。他在辞世前不久的一次讲话中巧妙地暗讽当代青年在文化修养上的欠缺和观念上的偏颇与自大："这两年大家都在讲尼采，讲弗洛伊德，讲萨特的存在主义。这些东西在青年人眼中很新鲜，在他们看来都是'新'事物、'新'思想，但在我们看来却并不是新事物了。我们在20年代就看过尼采的书。……外国人认为已经过去了的东西，我们由于了解得不多，却认为很'新'。……新与旧是相对而言的。旧的并非一切都坏，新的也不是一切都好。"(《培养一支过硬的编剧队伍》)他还顺手指出一些青年从业人员连起码的常识都还处于空白状态，却盲目地自满自足、自命不凡。显然，这些人手里也很可能就掌握着当下选择"好剧本"的话语权和决策权。夏衍一生关注演员问题，早在1943年他就指出对演员的培养中应该注重人本主义："假如我们认识做一个好人是做一个好演员的先行条件，那么我深深觉得数千年的专制政治和一百年的帝国主义的文化侵略(按此处夏衍尚未提及后来六七十年代的'史无前例的无产阶级文化大革命')，已经深深地斫丧了我们民族文化的优秀的传统，而使我们这一辈的灵魂深处缺少了一种将人当作人看，关心他人，体谅他人的人本主义的精神。"也正因此，夏衍强调了在演剧团体中"只管自己不顾别人的利己主义必须革除，只演主角不演配角的'英雄主义'必须休息"。(《人、演员、剧团》)此言的针对性极强，对于培养演员具有戏剧艺术的整体意识至关重要，事实上这与"好剧本"的生态环境有着内在联系。当下这一问题更有其尖锐性。据我了解，现在一些大学的表演专业居然已形成这样的制度，表演教师由学生们"民主"决定"毕业大戏"和教学剧目，而学生们则人人为"过把瘾"(并考虑"家长来看")而只选择"角色戏份平均"的剧本，意即每人都要上场多的"重要角色"，这些独生子女按"小皇帝"脾气主宰教学秩序看来已制度化了。他们走上社会进入剧团，给"好剧本"提供的将是怎样一种生态环境，可以想见！

夏衍在写于1942年的《于伶小论》中深情指出，作为老上海的左翼文艺界领导人之一的于伶在抗战时期一直留在"孤岛"，为"孤岛剧运"长期艰苦奋斗，"信仰成为了他肉体和灵魂的支柱，而这支柱的着力点,依旧是知识人的善良、多感和人道主义。"这一评语其实也可用于夏衍自身,与他的战友和同道于伶一样,支撑着夏衍的漫长一生的也是中华文化的优秀传统和人道主义、人本主义——这就是现实主义文学艺术、话剧电影的精髓! 夏衍遗言"不能忘却"的正是这个!

夏衍同志与统一战线

施德明

沈祖安先生在一次会议上说过,夏公一生的贡献主要是三项:一是党的统一战线工作;二是在电影艺术上的杰出贡献;三是党的新闻事业的开拓者。

1924 年 11 月,夏衍在日本面见孙中山,孙中山指定由李烈钧(辛亥革命后曾任江西都督)介绍加入中国国民党。后又担任国民党驻日总支部常委、组织部长。

1927 年"四一二"后的 5 月,夏衍毅然加入中国共产党,介绍人是郑汉先和庞大恩,组织关系编在闸北区第三街道支部。

1927 年底到 1929 年 10 月,在约两年的时间内,上海文艺界发生了一场猛烈的关于革命文学的论战。1929 年初秋,夏衍从闸北第三街道支部调入一般所说的"文化支部"。中共江苏省委宣传部的潘汉年约他谈话,谈的主要内容是要夏衍和冯雪峰、柔石等人合作,对消除创造社、太阳社和鲁迅先生之间的隔阂做一点工作。按夏衍的叙述,"一九二九年冬,党中央决定革命文艺工作者团结起来,组织左翼作家联盟","我参加了筹备工作,这是我后来从事文艺工作的起点"。其实,这也可以看作是夏衍从事党的统一 战线工作的开始。

经过大量的工作,左翼作家联盟成立大会在 1930 年 3 月 2 日下午 2 时召开,首先推定鲁迅、钱杏邨、夏衍三人为主席团,然后由冯乃超报告筹备经过,郑伯奇对"左联"纲领做了说明,接着由中国自由大同盟代表潘漠华致祝词,鲁迅、彭康、田汉、阳翰笙等讲话。大会选出了鲁迅、夏衍、冯乃超、钱杏邨、田汉、郑伯奇、洪灵菲七人为执行委员。周全平、蒋光慈二人为候补委员。大会通过了"左联"纲领和行动纲领要点，通过成立了"马克思主义文艺理论研究会"、"国际文化研究会"、"文艺大众文化研究会"，创办联盟机关杂志《世界文化》。通过了与各革命团体发生密切关系，参加工农教育，组织自由大同盟分会，与国际左翼文艺团体建立联系等提案。

"左联"成立后不久，左翼社会科学家联盟，左翼戏剧家联盟和左翼美术家联盟等组织也相继成立。

夏衍同志对自己在"左联"的工作十分重视，在其著作《懒寻旧梦录》里用两大章的篇幅写了"左翼十年(上、下)"。

夏衍说："这十年是中国无产阶级文化的开创时期，这十年，也是年轻的革命文化工作者粉碎了国民党文化围剿的时期。""我说不出在这场斗争中的殉难者的名字，他们之中有留下了姓名，有人连姓名也不被人知道，他们大都是共产党员、共青团员，有的则是中国共产党的同路人，他们不计成败，用血、汗、泪和生命，和中外反动派做了殊死的斗争，这些青年人走过歪路，也犯过错误，但是也正是他们，打退了三十年代的文化围剿，也就是他们埋下了四五十年代无产阶级文化的种子。"毛泽东同志给这些人做了一个结论：20 年来，这个文化新军的锋芒所向，从思想到形成(文字等)，无不起了革命，其声势之浩大，威力之猛烈简直是所向无敌的，其动员之广大，超过中国任何历史时代。

1927 年蒋介石发动"四一二"政变后，在南京建立了独裁政权，革命形势急转直下，民族资产阶级和上层小资产阶级退出了革命营垒，与此同时我们党确定了土地革命和武装反抗国民党的总方针，建立了工农民主统一战线。这个时期，工人农民和城市小资产阶级是统一战线的基本构成。

夏衍同志按照党的要求在这一时期的上海文化界、思想界做了大量工作，既协调了左联内部的各种不同观点、思想，又对国民党文化围剿发起了反击。扩大了我们党在文化界、思想界的影响力。夏衍本人也在这十年里拿起笔,用文艺作为革命的武器,进入电影界为中国的进步电影事业做出了卓越的贡献。

1937 年 7 月 10 日,"七七"事变后的第三天,潘汉年和夏衍在上海面见周恩来,这是夏衍第一次与周恩来见面。潘汉年当着周恩来的面对夏衍说:"上次和你说过的方针,中央已经同意了,你还是做上层统一战线工作为好。以前的事,恩来同志都知道了。"

周恩来说:"我们很快就要到外地去,跟蒋介石谈判合作的事。大致上已经定了,党今后要公开,有许多事情要和国民党合作。汉年说你在日本当过国民党驻日总支部的书记?"

"不,当过总支部常委、组织部长,后来被他们开除了。"

周恩来说:"现在是第二次合作,我们需要一批过去和国民党打过交道的人,总支部常委相当于省党部常委。你认识国民党内的哪些人?彭泽民?"

"没见过面,和我联系的是海外部秘书长许甦魂。当然,我还认识经亨颐,还有吴稚晖、戴季陶。"

"现在,有这种经验的人不多了,在党内的年轻人,听到国民党三个字就冒火,这怎么能和他们共事呢?他们是被迫合作的,但要抗日,得争取他们一起打日本。所以我们想让你今后以进步文化人的身份和各阶层,包括国民党在内的人做统一战线工作。"

夏衍曾这样写道:这是我第一次和恩来同志见面,也是这一次谈话,决定了我今后几十年的工作方向。我从小就怕见陌生人,怕别人注意我,所以家里人叫我"洞里猫"。在上海工作了十年,但接触的人还都是文化界知识分子。现在,经过这次谈话,我得抛头露面去做达官贵人、商人买办的工作了。

1937 年 8 月 2 日,潘汉年和夏衍见到了刚刚回国的郭沫若,按照周恩来的口信,要求由上海"文救"出一张日报,夏衍与胡愈之、郑振铎、张志让等商量后,决定出一张四开的、有国民党人参加的、统一战线性质的"文救"机关报,由郭沫若任社长。经郭沫若、潘汉年、夏衍直接与国民党方面的潘公展会谈,说服潘公展同意了发刊《救亡日报》,决定这份报纸以郭沫若为社长,国共双方各派总编辑一人(夏衍、樊仲云),并各出 500 元作为开办经费。于是,《救亡日报》就于"八一三"之后不久的 8 月 24 日出版。

1937 年 11 月 12 日,上海沦陷。12 月中旬,夏衍按照党的决定,南下广州、桂林,继续主编《救亡日报》。有人专门撰文《夏衍旅桂时期的文化统战》。到重庆之后,根据周恩来的安排,夏衍以"卖文为生"的自由撰稿人的合法身份,频频出入于文协、剧社与文化界人士接触,出席各种戏剧界、文艺界聚会,不停地与各方面(包括国民党文化界新闻界名人)人士会面,谈话。从年轻的影星白杨、舒绣文、秦怡、沈扬、陶金,到著名剧作家、导演老舍、张骏祥、史东山、应云卫、宋之的等,有的是老相识,有的是初交,他向他们分析抗战形势,国共关系,共同商讨大后方文化运动方针大计。他善与人交,坦率谦和,很快成为他们的知音和朋友。

在抗日、反蒋统一战线中,需要团结一切可以团结的力量,灵活巧妙地掌握斗争的机微和分寸,才能有效地捍卫党和人民的利益,分化和瓦解敌对营垒。对于桂系十五集团军副师长、后为国民党四十六军军长韩练成策反的成功,便是其中一个突出的事例。

试论夏衍精神中的平民性

王安祥

　　105 年前,在杭州的一条叫严家弄的深巷里,诞生了一位世纪婴儿。这时的中国仍处在封建皇朝的统治下,社会黑暗,人民苦不堪言,新世纪的曙光在哪里? 苦难的人民能望得到头吗? 这位婴儿到来不久,他的父亲就过早地离开人世,随后家庭破败,仿佛为这位婴儿准备了一个苦难的童年。

　　然而,这位婴儿并没有被家庭的变故和生活的磨难所压服,在母亲的教诲下,他逐渐成长起来,最后走出严家弄,投入到更广阔的中国政治舞台,用他那支厚重的笔,写出了一部部震撼人心的力作,唤起人民的觉醒,揭露社会的不公,他就是中国电影事业的奠基人,著名电影剧作家、理论家、话剧作家、翻译家夏衍。

　　时代成就了夏衍,夏衍也为时代作出了卓越贡献。今天当我们后人在研究夏衍的作品、研究夏衍高尚的人格和道德文章时,发现始终有一条红线贯穿着,即夏衍精神。

　　夏衍的精神是多方面的,如报效祖国、报效人民、献身理想、九死不归、严肃敬业、勤奋耕耘等,这些都是值得我们学习、研究的。但除了这些,夏衍精神中是否还有遗落的呢? 或者说还有未挖掘的宝藏呢? 回答应该是肯定的,这就是夏衍精神中的平民性。

　　如果将夏衍精神比作一条大江,那么,平民性是整个夏衍精神大江中不断掀起的浪花,是这绵延不断的浪花,推动、丰富着夏衍精神,最终成为中国人民的一笔宝贵的精神财富。

　　夏衍精神中的平民性,按时间可分为三个阶段。

第一阶段少年时期：

少年时期夏衍的平民性，更多来自一种原始的、质朴的因素，即吃饭、生存、读书、工作等这些最直接的东西。由于家庭的变故，幼小的夏衍就受到了人世间不平的待遇，他念不起书，交不起学费，德清小学毕业后失学的煎熬；甲种工业学校就学时交不起学费的窘迫，是那样深深地刺痛了少年夏衍的心。他在染坊店当过学徒，赤着脚在田里干过农活，到最后连吃饭都成问题。他羡慕别家的孩子有书读，有钱花，有好衣服穿的富裕日子，他强烈地想改变自己的生存状态，他要用自己挣来的钱孝敬母亲。这时期少年夏衍所表现出的平民性，更多的是被迫无奈，是不平等的社会强加给他的，他是弱小的，被欺凌的。同时也是少年夏衍的平民性表现最充分的时期。平民性决定了夏衍的人生道路是坎坷曲折的，不是在轰轰烈烈的人生中度过，就是在沉伦、消极中毁灭。

应该说，少年时期夏衍的平民性还谈不上为国家、为民族解放而奋斗的理想，还停留在自身状态的拼搏。但从另一角度讲，正是夏衍的苦难童年，才为他以后献身革命事业作了最好的基石，从某种意义上讲，没有夏衍在严家弄的苦难生活，可能就是另外一个夏衍了。

第二阶段，参加革命后：

研究、分析这一时期夏衍的平民性，有以下新的特点：首先，他的视野开阔了，不再停留在杭州严家弄旧居了。他把自身的利益和整个中国人民的解放事业紧紧地联系在一起，他的心维系着在黑暗中挣扎的四亿五千万同胞，他的所有出发点，都是为了解放劳苦大众。

其次，他的平民性不再是狭隘的，原始的，低层次的，他的平民性经过了文化的洗礼，变成了一种自觉的行动，上升到一定的理论高度。这时期夏衍的平民性主要表现在两个方面：创作了大量的电影、戏剧、文学作品，投身于统一战线工作。

夏衍是个文化人，他不可能直接上战场杀敌。他以现实主义创作手法，创作了一大批优秀的、有影响的电影、戏剧、文学等作品，这些作品的最大特点在于描写了一群在最低层的老百姓生活，如《上海屋檐下》、《包身工》、《狂流》、《春蚕》、《上海二十四小时》等，这些人物，有学生、有知识分子、有市民、有乡间农民，在特定的时代背景下，通过戏剧矛盾的冲突，把他们的命运、生存状态，把他们的喜怒哀乐，作了淋漓尽致的渲染，从而激发起人们对旧制度的愤慨，对苦难人民的同情。

在夏衍的笔下，没有风花雪月，没有浪漫爱情，有的是血和泪的控诉，有的是被压迫者的反抗。

《包身工》中那位女性"芦柴棒"被老板迫害、皮鞭抽打的场面；《上海屋檐下》五个不同命运的家庭的遭遇；艺术感染力是那样的强烈，他的心始终站在劳苦大众的一面，他的笔触始终凝重、深沉，引起读者的深深思考。我们在欣赏夏衍作品的同时，也受到了夏衍平民意识的教育。

夏衍的平民性还表现在他当了 12 年的记者上。从抗战爆发到解放战争，夏衍在《救亡日报》、《建国日报》、《新华日报》、《译报》、《南侨日报》、《华商日报》等任总编，同时采写了大量生动、充满激情的现场报道。这些文章揭露了日本军国主义在中国犯下的罪行，揭露了国民党假抗日、真反共的阴谋，给中国人民以极大的鼓舞。

夏衍的平民性还体现在做统战工作上。他的谦逊，他的亲和力，他的人格魅力，他的组织能力，都是以一种平民化的身份出现，没有架子，没有高谈阔论，和这样的人在一起工作，谁不愿意。夏衍就凭着出色的领导才能，团结了上海、香港两地的一大批文化工作者，完成了周恩来交给他的统战工作这一光荣任务。

第三阶段，建国以后：

如果说，建国前夏衍的平民性主要体现在强烈的解放意识，即通过自己的作家身份，为解放苦难中的中国人民尽量多做一些工作，那么，建国以后，随着条件、地位的变化，特别是当了高官后，能否保持平民意识,就难能可贵了。令人敬佩的是建国后,夏衍当上了文化部副部长,他的平民意识非但没有褪化,反而变得更加自觉,更加理性。

在一次文化界人士的聚会上,他见到了昔日的同志、战友,他仍和战争年代一样,对赵丹等人拍拍肩膀,握握手,开一些以前经常开过的玩笑,完全不像一位共产党的高官,像是一位久别重逢的老朋友。于是就有人看不惯了,有人半开玩笑半认真地对他说,现在地位变了,要注意自己的身份。

对此,夏衍万分想不开。和自己的老朋友开开玩笑,有什么不好?难道当了官,就要摆架子,铁着脸,见着群众不理不睬。他想不通。随着地位的变化,人与人的称呼变了,下级称呼上级要带长字了,外出开会,外出调研,要警卫开道,他又想不通,这是夏衍平民意识的自然流露。他认为这样做,只会疏远群众,在群众中筑起一道无形的墙,尤其,他还是一位作家,以后怎么再到群众中去呢?他的想不通,最终导致他的沉默。

事实证明,夏衍的想法是正确的。我们的作家,我们的领导干部,一时一刻也不能脱离群众,到群众中去,全心全意为人民服务,这在党的章程中写得明明白白。

同样,夏衍的平民性在他建国以后的创作中,也体现得非常充分,当了文化部副部长,日理万机,但他没有忘掉自己的老本行。最有代表性的是他改编的《祝福》、《林家铺子》这两部电影的问世,是夏衍平民意识在建国后的集中体现。祥林嫂手拎篮子,倒在祝福前夜大雪纷飞的鲁家门口;林老板挤垮资本小的同行时,自己也受到高利盘剥和国民党官吏的敲诈,最后不得不倒闭的下场。令人唏嘘、感叹。夏衍着力创作的这两部电影,意在告诉我们,不要忘记旧社会人民的苦,要珍惜今天得来的幸福生活。

夏衍的平民意识,在其他方面也表现得非常炽热。夏衍的生活一向艰苦朴素,他反对铺张浪费,反对大吃大喝,有许多生活方式还保留了旧时少年时代的习惯。一个德高望重、著作等身、副部级的领导干部，他的卧室没有高档家具、电器，一张木制的床，一张陈旧的写字台，两张椅子，就在这样简朴的条件下，"文革"后，他写出了《懒寻旧梦录》。

就说他养的两只大花猫，那不是故作高雅，或借此作秀，实因猫是他童年生活不可忘怀的伙伴，或者说是为了怀念他的母亲。在这里，猫已成为夏衍怀念平民生活的一种象征。

他对故乡杭州一直怀有很深的感情。虽然他回杭州次数不多，但经常在梦中忆起旧时情景。为了报答故乡，他捐赠 5 万元，作故乡教育基金；在来日不多的情况下，毅然将价值 1000 多万元的珍贵字画捐赠给浙江博物馆，他在给沈祖安先生的信中说："一不要发奖金，二不要发奖状，这是我的宿愿，此等身外之物，送请国家保存比留给子女要好些。"

没有豪言壮语，没有提出任何要求，这看似一封极平常的信中，却做出了常人所做不到的一件大事，这是夏衍平民性的一次最真实的流露。在他看来，这些都是身外之物，并不重要，重要的是不能忘了家乡的人民。

循着夏衍平民性的思路，他将骨灰撒进钱塘江就很好理解了，他称这是回杭州老家了。如果按他的级别，放在北京八宝山革命公墓，是理所当然，他的选择，固然有"树高千丈，落叶归根"的意思，但他把身后事看得如此之轻，是他的平民性起着主要作用。

夏衍精神中的平民性，贯穿了夏衍的一生，是夏衍精神中极为重要的组成部分，抽离了平民性，夏衍的精神，就变得得残缺不全。不要小看了这平民性，一个优秀的作家，必定有平民意识，平民意识是一种根的意识，是对大地的回报。平民意识有无，是一个作家信仰、意志、文化、品德的集中体现。我们纪念夏衍，研究夏衍，就要继承夏衍的精神，继承夏衍精神中的平民性，永远不忘人民，才能写出为人民所欢迎的优秀作品。

难忘夏公对中国电影的历史功绩

——缅怀杰出的革命文艺家夏衍诞辰 106 周年

韦连城

中国电影 100 年刚过,适遇杰出的革命文艺家夏衍诞辰 106 周年,缅怀夏公在中国电影事业上的功绩,他作为中国电影事业的主要领导人之一,电影人和广大观众都会永远怀念他,人们不会忘记他的事业,不会忘记他勤恳笔耕的电影创作。

我自己在 20 世纪 50 年代到 80 年代(三十多年),曾在长春电影制片厂作为一个普通的电影工作者,荣幸地接触过在中国电影界被尊认为的夏公。夏衍同志多次到长影视察和指导工作。他为人谦和,语言和善,处事亲切,是一个好的领导者和善待群众的杰出艺术家。多少年来,夏公曾是文化部主管电影的副部长和中国电影家协会主席、党组书记。作为中国电影界主要领导人之一,他总是把电影质量作为工作重点,尤其是把电影剧本看为重中之重。电影工作者们永远不能忘记,1959 年 10 月 1 日,中华人民共和国建国 10 周年时,党中央向全国电影界提出向建国 10 周年献礼,夏衍和文艺界领导人明确提出:要拍摄一大批四好电影(好剧本、好导演、好演员、好镜头),献给广大的电影观众。当年一些优秀的电影工作者,没有让领导们失望,各电影制片厂都先后拍出了一批好的影片。就拿我知道的长春电影制片厂来说,当时以亚马厂长(兼党委书记)为首的领导班子,团结全厂艺术家和广大职工,经过努力,认真制作出十多部优秀的电影,向建国 10 周年献礼。比如《五朵金花》、《我们村里的年轻人》、《冰上姐妹》、《黄河飞渡》、《金玉姬》、《笑逐颜开》、《换了人间》、《草原晨曲》、《风从东方来》、《前哨》、《朝霞》、《窦娥冤》等影片,可以说每部影片都给广大观众留下深刻的印象。其中,特别值得记忆的是优秀影片《五朵金花》,这是夏衍同志亲自提出和具体指导建议的影片。当时,中国刚进入新十年新的时期,夏衍同志和其他艺术界领导人,按照毛泽东文艺路线,百花齐放、百家争鸣的精神,提出要拍摄出特色的影片。夏衍同志具体要求,要拍摄一部反映少数民族的影片,而且,他亲自把任务交给当时长影的厂长亚马和著名导演王家乙的手中。夏公深入细致地指导了剧本的创作精神,他说影片要有民族特色,要有时代精神,但不要搞政治口号,要反映云南白族的特点,要山河美、人情美,体现社会主义好。王家乙导演按照夏公的指示精神,特地邀请长期在云南工作,深入到当地生活的浙江籍作家赵季康、王公浦进入创作。很快,他们就把剧本写出来,导演将详细提纲请夏公审查,原来准备在剧本中,写六朵金花或七朵金花,夏公看后,确定了创作思路,并定为五朵金花,作者很快又进入修改创作,导演马上组织了一个强大的制作班子,摄影师是长影总摄影王春泉,总美工师是卢淦和史维钧,作曲家是雷振邦,并请了主要在云南工作的一些演员,五朵金花的演员为杨丽坤、王苏娅、朱一锦、孙静真、谭尧中和男主角莫梓江。剧本写出来又请夏公再次审查,确定后,马上就开拍了,整个拍摄,只用了四个月时间,就完成了这部具有白族特点的抒情喜剧影片,国庆节前在全国开始公映,受到广大观众的热烈欢迎。在庆祝献礼影片的酒会上,周恩来总理高兴地称赞《五朵金花》歌颂伟大中国美好的人民,歌颂人与人之间的美好关系。影片放映以后,"金花"这个人物成了云南大理和全国各族人民之间的美谈,在当时,到处都出现了不同类型的新"金花",争当金花好像是女孩子们之间无形的比赛。这部影片在近 50 个国家放映,引起了巨大反响。当时新华社记者报道:"在缅甸电影院门前排长队,放映后,观众们喜笑颜开,有的人说,这部片子合情合理,扣人心弦,这是一部完美的电影,导演好,演员好,摄影好,可以说是世界上最好的影片之一。"在香港放映时,也引起轰动,不少观众看完影片跑到电影院大堂,对着剧照中的五朵金花看不够,有的电影院连续放映二十多天,场场满座。后来在开罗的第二届亚非电影节上,导演王家乙和演员杨丽坤荣获最佳导演奖和最佳演员奖。"五朵金花"这部影片的成功,是离不开夏公的具体指导,电影界提到"五朵金花"的成就,都会记忆着这位电影界的领军人。

缅怀夏衍的历史功绩,更不能忘记 20 世纪 30 年代初,在反动派压力下的上海,左翼电影进行的斗争是可歌可颂的。1932 年"一·二八"事变后,在瞿秋白的直接领导下,党的地下组织成立了电影小组,由夏衍(原名沈端先)负责,确立了党对电影运动的领导,逐步全面地展开了各项工作。剧本是影片创作的灵魂,电影小组极其重视电影剧本的创作。1932 年以"狂流"(夏衍)、"三个摩登女性"(田汉)、"民族生存"(田汉)和"中国海的怒潮"(阳翰笙)等,为"明星"、"艺华"、"联华"等影片公司写出了第一批反帝反封建的电影剧本。又把"左翼剧联"的盟员介绍到各个影片公司中去。如:沈西苓、王莹、艾霞、胡萍、陈凝秋、周伯勋、郑君里、舒绣文、魏鹤龄、司徒慧敏、周达明等一系列人才。

夏衍同志既是组织领导人,又是剧本作者之一。1933 年 3 月 5 日夏衍的第一部电影剧本《狂流》以丁一之化名为编剧,程步高为导演,董克毅为摄影。《狂流》在上海的中央大戏院和上海大戏院公映后,受到了广大观众的喜爱。也受到电影工作者的赞扬,认为《狂流》是中国电影界有史以来的最光明的开展,《狂流》以"九一八事变"后,长江流域发生空前大水灾为背景,尖锐地揭开了农村的阶级矛盾和斗争,以它鲜明的主题,尖锐的冲突,开展了我国电影艺术创作的革命现实主义道路的光荣传统,是我党在电影阵地上扬起的第一部旗帜。

《狂流》影片之后,夏衍(化名蔡叔声)又改编了茅盾的小说《春蚕》,拍成了电影。茅盾这部短篇小说,以深刻的现实主义笔墨,勾画了 30 年代旧中国农民贫困和农村破产的悲惨景象,是以 1931 年、

1932年杭嘉湖一带农民养蚕破产为背景的。影片《春蚕》和它的原著一样,通过老通宝一家为育蚕而奋斗挣扎,最终失败的经过,再现了当时中国农民的境地。影片生动地表现了老通宝一家的辛勤劳动,赞美了他们淳朴的素质。《春蚕》放映后,在文艺界引起了广泛的讨论,认为这是中国电影在新文艺作品中,把新的小说改编搬上银幕的一次成功的尝试。这之后,夏衍创作的电影剧本还有《上海二十四小时》(导演沈西苓),《时代的儿女》(夏衍和郑伯奇、阿英联合编剧,导演李萍倩)。夏衍同志领导组织了电影事业,又亲自编剧了一系列电影剧本,这些对党的左翼文化事业起了很大的作用。

新中国成立以后,夏衍同志除了领导中国电影事业的发展,他还作为编剧又写了一系列高质量的电影剧本,如《人民的巨掌》(1950年陈鲤庭导演)、《祝福》(1956年水华导演)、《林家铺子》(1959年水华导演)、《革命家庭》(1960年和水华联合编剧、水华导演),这些优秀的影片在观众中产生很深的影响。

我调到浙江电视台工作不久,1986年请导演付强,编剧程蔚东、陈曼倩合作,再次改编茅盾的"春蚕"为电视剧,接着又由程蔚东改编《秋收》、《残冬》(茅盾的农村三部曲)两部,在这三部电视剧拍摄中,特请夏衍同志作为高级顾问。他到杭州时,还抽空热情接待了摄制组主要成员,又具体对影片的主题做了指示,使大家进一步明确茅盾的农村三部曲的主题和创作意义。这部电视剧荣获了全国金鹰奖中的特别奖。

现在每每想起夏公对影视方面的创作精神和具体指示,我们都深刻体会到,作为中国电影电视工作者,要为社会主义文艺做出自己的所有努力。他的高度革命精神,都会令人学习,我们永远缅怀这位杰出的革命文艺家——夏公。

浙江省电影家协会,杭州市影视家协会和江干区夏衍研究会,纪念杰出的革命文艺家夏衍诞辰106周年,是一件十分有意义的事,作为多年在中国影视界工作的我,心中永远怀念夏公!

浅析夏衍对中国少数民族电影发展与繁荣的重要历史作用

方建华

众所周知,夏衍是我国"五四"以来最负盛名的电影剧作家、戏剧作家,中国革命文学艺术运动的活动家,组织者和领导者之一。1900年,夏衍出生在浙江杭县一个没落的仕宦之家,1914年入中学,毕业后保送日本学习。1927年回到上海,加入中国共产党并进入文艺界,在电影、戏剧、散文、评论诸多领域中作出了卓越的贡献。

1929年10月,夏衍与郑伯奇、阿英等人组建了上海艺术剧社,第一次担任导演,排演了《炭坑夫》。1930年3月2日左联成立,夏衍当选为执行委员,1932年,他化名黄子布进入"明星"影片公司编剧顾问。在此其间,他翻译了普多夫金的《电影导演论》、《电影脚本论》,奠定了中国电影重视剧本创作与导演运用蒙太奇语言的理论基础。

1933年3月,夏衍的第一部电影作品《狂流》问世,被称为"明星公司划时代的转变力作"。同年,夏衍又拍摄了《春蚕》、《脂粉市场》、《上海二十四小时》、《时代的儿女》等影片,《春蚕》被认为是1933年中国影坛的重大收获,此后,他又创作了《女儿经》、《压岁钱》、《自由神》等多部进步影片。与此同时,他创作的多部戏剧作品在革命戏剧运动中也产生了极大的影响。

国家文化部部长孙家正同志称夏衍是"中国电影的根",可谓是一语中的,名至实归。夏衍对中国电影发展的贡献是无与伦比的,也是无可争议的。但是，夏衍对中国少数民族电影的发展与繁荣也起着举足轻重的作用。

一、夏衍对解放前少数民族电影的批判促进了少数民族电影文化价值观的形成

细数中国电影史，我们可以发现诞生于 1905 年的中国电影，在其 100 年发展历程中，经历了中国不同历史时期的曲折变化，由幼稚走向成熟，产生了一大批优秀影视作品，并形成了中国文化影响下特有的影视艺术。但就少数民族电影发展而言，虽然从 1905 到解放前的 44 年时间里，曾有新闻纪录影片记录和反映过少数民族生活，但数量很少；而故事影片仅有两部，一部是反映蒙古族、汉族人民共同抗击日本帝国主义侵略的《塞上风云》，一部是反映台湾高山族、汉族青年男女爱情生活的《花莲港》。

而正是从这一时期开始，夏衍以其对电影价值取向、文化观念的敏锐知觉，对当时的电影创作进行了理论与实践上的批判与创新。特别是对当时一些电影中表现出来的丑化少数民族及汉夷之争的现象，从民族团结、文化共存等角度作了深刻的批判。

1940 年前后，老舍创作的四幕话剧《国家至上》在桂林举行公演引起轰动，9 月 14 日戏剧春秋社召开座谈会，讨论评议这部话剧。孟超谈到戏的主题问题，他认为作品反映的回汉相处问题，"差不多都很好，没有什么严重的问题发生，因此，这个主题是否需要，成为问题的问题了"。对于这种看法，夏衍认为"不尽然"，他指出回汉之间当时确实存在矛盾，"作为主题，未使不可，只是《国家至上》表现得不够，并没有写出相互敌视的根源……我认为所以敌视亦有内在原因，不会那样简单"。他认为引起回汉矛盾的根源有二：一是日本汉奸的挑唆，二是大汉族主义。

1949 年初，夏衍于香港《文汇报》发表了关于电影《大凉山恩仇记》的影评《恩仇不容曲解》，文中夏衍认为虽然电影《大凉山恩仇记》制作方声称拍摄意图是为了解决汉夷之间的纠纷,消融双方宿怨,使之和平相处,但是从影片本身来看,这种意图只是一个幌子而已。《大凉山恩仇记》作为一个反映汉族与保保的纠纷的电影,在当时汉夷之间引起纠纷冲突是事实,但是在影片里,我们既看不到那种纠纷的历史渊源,也看不出造成和解决纠纷的现实条件。他认为当时形成民族间的纠纷与冲突的根本问题在于经济关系的不平衡、不协调,汉族反动阶级(官员及其附庸——地主、商人等)掠夺夷人、压迫夷人、剥削夷人,使其不能好好生活,才不得不起来反抗。因此,在这种纠纷与冲突中,汉族反动统治阶级应该负主要责任。而在影片里,我们看到的却是夷人的野蛮不堪,好勇斗狠,仿佛这才是造成这一系列纷争的主要原因,这显然是本末倒置的。而影片的结局,夷人为汉人善行所感动,自动率领大批保保投降汉人,皆大欢喜。夏衍指出:"这是什么呢?无他,完全是站在汉族反动统治阶级的立场,要夷人悔过,并宣扬反动统治阶级的怀柔政策及其成功而已。"他认为这部影片充满了大汉族主义思想,抱着民族优越感,不把少数民族当回事,认定自己文明而别人野蛮,别人命定应该对自己臣服的落后思想。

应该说,这个影评明确提出了夏衍的少数民族电影创作观:他认为少数民族电影创作,必须采取"民族自决,相互尊重的原则",这一理论观点不仅是我国少数民族政策的核心,同时也成为中国少数民族电影创作的基本方针,为中国少数民族电影的繁荣与发展奠定了坚实的基础。

二、夏衍对少数民族电影创作的关怀和期待促进了新中国少数民族电影的发展与繁荣

新中国成立之后,纪录片、美术片、戏曲片、故事片等诸多片种均开始了少数民族题材的影片创作生产,进入了少数民族电影创作成就最突出的时期。

据不完全统计，从50年代后期至"文化大革命"的17年时间里，中国电影艺术家共创作生产少数民族故事影片120余部，涉及到约40多个少数民族，不仅数量可观，还出现了许多经典的影片。如：《内蒙人民的胜利》（蒙古族）、《金银滩》（藏族）、《太阳照亮了红石沟》（回族）、《山间铃响马帮来》（苗族、哈尼族）、《猛河的黎明》（藏族）、《芦笙恋歌》（拉祜族）、《回民支队》（回族）、《五朵金花》（白族）、《刘三姐》（壮族）、《阿娜尔罕》（维吾尔族）、《鄂尔多斯风暴》（蒙古族）、《冰山上的来客》（塔吉克族、维吾尔族）、《阿诗玛》（彝族）、《天山的红花》（哈萨克族）等等。这些影片，有的取材于各民族流传悠久的神话传说，有的取材于各民族的历史人物、历史事件，有的记录了各民族翻身解放、剿灭残匪、建立新政权的历史变迁，有的描绘了各民族进行社会主义建设、改革开放的创业篇章，有的则侧重于各民族风俗民情的展现和对民族团结的讴歌。内容丰富、形式多样、风格各异，特别是各民族不同的人文内涵、神采风貌、风土人情、歌舞服饰，都使影片赏心悦目，独具异彩，以极大的魅力征服了无数电影观众。也正是这些少数民族题材的电影，使中国电影走出了国门，走向了世界电影艺术的殿堂，并获得了诸多荣誉。如：1952年《内蒙人民的胜利》获卡罗维·发利电影节编剧奖，1958年《边塞烽火》获最佳演员奖，1960年《五朵金花》获埃及亚非电影节最佳导演银鹰奖、最佳演员银鹰奖等等。

而与之相对应的是，1949开始，夏衍当选为中国作家协会理事、顾问，中国戏剧家协会理事，中国电影家协会主席，1955年任命为文化部副部长，主管电影与外事工作，直至"文革"开始因为电影受迫害而解除工作。在这一份简单的履历中，不难看出夏衍在中国少数民族电影的发展与繁荣中起到的重要作用。根据史料档案，这个良好的开局是在周恩来、夏衍等直接领导下进行的。党和政府的导向领航，使少数民族电影在迈出第一步时就有了明确坚定的方向。从此，维护党的民族政策、统战政策和尊重少数民族的历史、信仰、风俗、习惯成为每一个少数民族电影创作者自觉恪守的准则。

在这里，我们要特别重点提出来的就是被誉为中国百年电影历史上最为杰出的作品之一《五朵金花》。影片创作于1959年，当时包括电影在内的中国文艺事业面临着"左"的干扰，中国少数民族电影的发展势头也明显减弱。为了扭转这一局面，保证中国文艺事业的健康发展，电影事业的继续良好发展，时任文化部主管电影的夏衍副部长，明确要求《五朵金花》的编导要"遵循艺术规律，用形象来感染人打动人"，并且从构思创意到具体创作，夏衍几乎全程参与其中。

首先，电影《五朵金花》的创作就是由夏衍发起的。1958年12月8日，由夏衍主持召开的西南区少数民族文化工作会议在下关工人礼堂召开，来自四川、广西、贵州、云南及各方文艺工作者21个民族800多名代表欢聚一堂。夏衍、袁勃、陆万美、徐嘉瑞及各代表团领导和大理第一书记欧根等出席了会议，并分别作了重要讲话。会议期间白天除看演出讨论、座谈外，多数时间各代表团在夏衍的带领下分别到了大理喜洲、周城、上关、花甸坝等地进行采风、观摩考察。会议结束后，夏衍回到北京，大理秀丽的风光、白族人民勤劳欢快的精神风貌时时在他脑海里闪现，心情激动难以平静，他便致电当时的云南省委宣传部长袁勃，要他设法搞一个庆祝建国10周年的献礼片，地点要求在大理的苍山洱海之间，以风花雪月为背景拍摄一部反映大理白族人民在大跃进中能歌善舞的生活片。

其次，在电影剧本及影片筹备期间，夏衍更是运用自己的剧本创作理论，将原名为《十二朵金花》的纪实小说，改编成剧作结构严谨，剧情丰富并张弛有度的《五朵金花》。也正因为剧本的严谨，使《五朵金花》被后来的电影研究学者誉为"中国第一部站在世界电影理论前沿的电影作品"。同时，在电影拍摄前剧务统筹安排的各个环节，夏衍亲自到长春电影厂选定著名导演王家乙担任电影《五朵金花》的导演，著名摄影家王春泉担任电影摄影，以及美工陆淀、作曲雷振邦,并挑选杨丽坤、谭尧宗、王苏娅、朱一锦、孙静珍等担任《五朵金花》的主要演员。最后,为能够在更多国家发行,夏衍亲自为电影各处奔波,避开各种不同的审查剪刀,从而达到广泛宣传、扩大该电影在国际上的影响。

正因为夏衍的这一系列动作,使得电影《五朵金花》紧紧抓住了白族青年阿鹏寻找爱人的线索,以重名的几位金花引发的误会为情节,以优美的自然风光为衬托,以动听的音乐为渲染,以白族特有的浓郁风情,及明快诙谐的轻喜剧艺术风格表现了白族青年纯真美好、真挚热烈的爱情生活和乐观向上、坚贞执着、善良忠厚的精神风貌。对社会背景的淡化和对爱情描写的强化,使这部作品在充满了"尖锐、激烈、你死我活的阶级斗争"、爱情描写尚被视为"禁区"的当时的中国银幕脱颖而出,别开生面,令人耳目一新。在偏重于强调文艺作品的教育、认识功能的当下,影片以人物心灵美、山水风光美、歌曲音乐美、演员美、服装美、情调美、意境美、风格美,充满了赏心悦目的艺术魅力,在审美功能方面取得了与众不同的良好效果,满足了广大观众审美愉悦上的期待和渴求。《五朵金花》的问世,是真正贯彻"双百"方针、尊重艺术创作规律、排除"左"的干扰的重要成果。在一片叫好声中,成为建国 10 周年献礼影片中的亮点。同时,这也是该影片能在国际上取得赞誉,并在 50 年后的今天依然受到肯定和追捧,成为少数民族影片经典的根本原因。

三、"文革"以后夏衍在我国电影创作史上的拨乱反正明确了新少数民族电影创作的正确道路

可以说,电影《五朵金花》是中国少数民族题材电影从发展到繁荣的一个里程碑。从《五朵金花》开始,在 50 年代后期到"文化大革命"前,少数民族故事影片创作形成了一个高潮,佳作频出。《回民支队》、《刘三姐》、《摩雅傣》、《达吉和她的父亲》、《鄂尔多斯风暴》、《冰山上的来客》、《农奴》、《阿诗玛》、《天山的红花》相继问世。同

时,此后的少数民族故事影片创作在突破创作禁区的艺术探索方面,也取得了累累的硕果。

但是,"文革"十年开始,中国电影特别是少数民族电影的创作受到了严重的冲击,不少优秀的少数民族电影工作人员(演员、导演等)受到了冲击、迫害,少数民族电影创作陷入了低潮,优秀的少数民族电影也不见踪影。直到1979年,夏衍恢复工作,在第一时间对我们的电影文艺创作进行了深刻的思考与反省,及时拨乱反正,重新确立了正确的文艺创作的正确指导路线。

在1979年的"电影导演会议"上,夏衍发表了重要讲话,指出中国电影创作"思想不够解放,条条框框多,清规戒律多,政治与艺术关系不明确",并重新确立了要以"实践是检验真理的唯一标准"指导电影创作的理论与实践方面的探索。

至此,中国电影创作正式回到艺术创作的正确道路,并确立了以艺术为标准的积极探索的创作思想,为新中国电影创作创新,重新回到世界电影殿堂打下了坚实的基础。在这种理论价值观的指导下,80年代后中国少数民族电影再度兴起,优秀作品如《黑骏马》、《不想当演员的姑娘》、《农奴》、《红河谷》、《可可西里》等优秀少数民族电影相继问世,这些电影大胆地借鉴世界电影的理论成就,并结合中国少数民族生产生活实际,无论是在电影的表现形式,还是电影技术的创新上都可圈可点,得到了国际电影市场与艺术界的高度赞誉,真正走出了一条"民族的和世界的"中国少数民族电影之路。

夏衍办报："最愉快的 12 年"

赵金邦　　沈志荣

　　近年来,随着相关史料的日趋完善,学界思想的日趋活跃,海内外"夏衍研究"硕果累累,新作不断,呈现出一派崭新的局面。

　　夏衍是我国久享盛名的文艺大师,也是一位成绩卓著的新闻战士。夏衍说:"我平生最怕被人叫做什么家,只想做一个诚实的新闻记者。"资深记者高汾高度评价他说:"在中国进步报刊史上的地位,可以与邹韬奋、范长江、胡愈之等人并列。"

　　从抗日战争开始,到新中国成立前夕,夏衍有 12 年的时间战斗在新闻战线。本文选用有关资料,仅就夏公这 12 年记者生涯作一番简略的评述。

　　1937 年 8 月 24 日,《救亡日报》在淞沪抗战的炮火声中诞生。它是在共产党领导下,由上海文化界救亡协会出版的一张统战性的报纸。经周恩来与国民党方面协商,由郭沫若任社长,国共双方各派一名总编辑,共产党方面派的总编辑是夏衍。国民党派汪馥泉、周寒梅等人作为耳目插入编辑部,企图控制《救亡日报》,控制不成便进行牵制和监督。作为国统区进行文化统战的《救亡日报》经总编辑夏衍等夜以继日地忙碌问世了,社址设在上海南京路大陆商场六楼。该报四开四版,每天下午 3 点出版。

　　当时,上海有十多家大报,几十张小报,存在不小的竞争,要出一张既无广告又不登猎奇新闻的报纸,要生存,困难确实很多。但是,由于夏衍在宣传上坚持以党提出的抗日民族统一战线和全面抗战的方针为指导思想,坚持团结抗战的旗帜和方向,有精辟的言论

巨匠 光华映钱塘——夏衍研究文集

和实际的战地采访,常把真实的战况报告给人民群众,并告诉他们日本占领上海后可能发生的祸害,所以《救亡日报》尽管处境困难,每天仍能销售1000份以上,最多时达到3500份。

11月21日,上海沦陷。这天,《救亡日报》发表了郭沫若写的终刊词《我们失去的只是奴隶的镣铐》和夏衍写的社论《告别上海读者书》。

1938年1月1日,《救亡日报》在广州复刊。当天一版头条的《复刊致词——再建我们的文化堡垒》,着重指出:"救亡"是我们的旗帜,凡是抗战救亡的都是我们的战友,号召"朋友们起来准备着把你们的血球,把你们的脑细胞,作为砖块来建立我们的文化堡垒……发动起大规模的民众力量,以保卫华南门户,保卫祖国,保卫文化"。

复刊后的《救亡日报》,夏衍仍任主编。不料,复刊当天,郭沫若突接陈诚从汉口发去的电报:"有要事相商,望即命驾。"1月5日,郭在临行前对夏衍说:"沈君(夏衍原名沈端先),多保重。我这一走,《救亡日报》的担子,就整个儿压在你肩上啦!"郭走后,夏衍既要主持报纸的编辑出版事宜,又要为报纸筹措经费,还要做统战工作,与社会各界联系,真是忙得不亦乐乎。把报社工作安顿好后,夏衍于4月底赴武汉向周恩来、郭沫若汇报几个月来的工作情况,请示今后的办报方针。周恩来在详细询问了报社的情况,报纸的销数,读者、文化界和国民党方面对报纸的看法和态度之后,说:"《救亡日报》是以郭沫若为社长的上海文化界救亡协会的机关报,这一点就规定了你们的办报方针。办成像国民党的报纸一样当然不行。办得像《新华日报》一样也不合适。办成《中央日报》一样,人家不要看。办成像《新华日报》一样,有些人就不敢看了。总的方针是宣传抗日、团结、进步,但要办出独特的风格来,办出一份左、中、右三方面的人都要看、都喜欢看的报纸。你们要好好学习邹韬奋办《生活》的作风,通俗易懂,精辟动人,讲人民大众想讲的话,讲国民党不肯讲的,讲

《新华日报》不便讲的,这就是方针。"这段话所蕴含的高度的原则性和灵活的策略性,给夏衍以极大的启示。

在广州时期,夏衍贯彻周恩来的指示,除经常为报纸撰写社论外,还发表了一系列通讯、特写、随笔、短评,这些文章紧密联系实际,有很强的针对性和战斗性。5月28日起,敌机大规模地向广州市区轰炸,持续了十余天,全市到处焦土残瓦,血肉横飞。夏衍怀着满腔愤怒,连续发表了《广州在轰炸中》、《对全世界人士的一个急迫的呼吁》、《把这旷世史上的惨剧记录下来》等文章,向全世界报道了这惨绝人寰的惨况,揭露了日寇灭绝人性的暴行。广州大轰炸后,汉奸活动日益猖獗,谣言纷起。夏衍又及时发表了《关于宣传》等短评,要求当局将前线的真实情况告诉民众,以澄清事实,安定人心。

10月21日晨,日军迫近广州近郊,夏衍率领报社一行12人徒步离开战斗了10个月的广州城。临走前,夏衍找出一张大轰炸时一群童尸的照片,把它贴在墙上,旁边用日文写道:"这是日本空军的战绩! 你们也是有父母妻子的人,看了这张照片有什么感想? 为着人道,打倒使中日人民陷于不幸的日本法西斯军阀!"就在这一天,广州沦陷。

1939年1月10日,《救亡日报》在桂林复刊。当时的桂林地处大后方,局势相对稳定,文化界知名人士纷纷前往,有"文化城"之称。桂系的李宗仁、白崇禧等为笼络人心,对文化人表现出"开明"和"民主"的姿态。桂林又有由李克农任主任的八路军办事处。这些对《救亡日报》开展工作都是很有利的。在桂林,夏衍全身心地投入办报工作,掌握了新闻工作的"十八般武艺",连排字和拼版,他也学会了。这在中外新闻史上是罕见的!

《救亡日报》在上海、广州出版时都取得一些成绩,但也存在着明显的缺点,"既不像杂志,又不像报纸"。后来,夏衍概括说:"那时主要的毛病是'书生办报',不懂得办报的'基本规律',具体的表现是:登长文章,发空议论,'有啥登啥',靠'名人'的文章撑场面。除了第四版'文化岗位'是副刊之外,一、二、三版内容混乱,有时一篇文章占了第一版,把当天的国内外的重要新闻都挤到二、三版,甚至无法刊出。"

当时桂林有《广西日报》、《大公报》、《扫荡报》(国民党军方的报纸)和《力报》。为使报纸能有销路、有特色,"能取得一个站住脚的地位",夏衍不止一次地向胡愈之、范长江请教,在社内召开民主会,请大家出主意;并虚心听取有办报经验的同行们的意见。在广泛征求意见的基础上,夏衍在整顿和改革版面、加强发行管理等方面采取了一系列有力措施。

在版面改革方面,他们打破陈规,把当天国内外大事(主要是国民党中央社通发的新闻)简编成几百字到一千字;每天要有一篇不超过一千二百字的社论。二版主要登国内政情,广西和桂林的社会消息。根据国内外时局的变化,有针对性地组织桂林、外省及香港的知名人士撰写"特稿"。报社成立资料室,对新闻稿中某些一般读者不了解的事件、人物、地名进行注释。此外,还对报纸文风作了一些改革,反对教条八股,禁用"云云"之类的套语;提倡蜜蜂式的文章,形体小、有刺有蜜,用最小的地位给语言,最深广的地位给意义。

为提高报纸质量、提高大家的工作责任心,夏衍还建立了"每日评报"的制度,即每天一早报纸印出后,夏衍先校看一遍,从版面安排到新闻内容、形式以及误植、衍文,他都一一用红笔批点或提出他个人的看法,然后把报纸张贴在通道墙上让大家观看。一次,报上转发了一条延安报纸上的消息,文中出现"周扬同志",夏衍就用红笔圈出,批了"延安口吻"四字。

社论是报纸的旗帜和灵魂。夏衍亲自抓社论,从1939年9月起,每天写一篇社论(他生病或外出时由廖沫沙写),每篇千字左右,直到报纸停刊,累计450多篇,50余万字。这些社论题材广泛,内容丰富,涉及国际、国内、政治、经济、军事、历史、文化等等方面,充分显示出他是位信息灵通、知识渊博、思想敏锐、善于发现的政论家。

他写的社论不论是宣传党的抗战主张还是揭露国民党顽固派的分裂行径，不论是剖析国际形势还是针砭国内时弊，无不观点鲜明，说理透彻，很少有空洞的说教和简单的逻辑推理。更为与众不同的是，他常借鉴杂文笔法写社论，笔锋犀利，鞭辟入里，带文艺色彩，感染力强，从而独具风格，自成一体，成为《救亡日报》吸引读者、影响舆论的一大特色。

除写社论外，夏衍还用杂文、随笔等形式发表了大量时评，给读者耳目一新之感。通过撰写评论，夏衍"真心实意地爱上了新闻工作"。他说，我"觉得搞文艺工作不如搞新闻工作痛快，不论大的国际大事，或者小的社会现象，人民群众有意见，要讲话，要表扬，要抗议，我们当天晚上11点钟以前写好社论，第二天清早就可以和读者见面，这是一个政治上、写作上、编报技术上的最好的锻炼机会"。

夏衍强调报纸要密切联系群众、要积极为读者服务。《救亡日报》举办时事座谈会，主讲人有胡愈之、夏衍、范长江和社外的学者名流，甚至连路过桂林的叶剑英将军也被请来向读者作报告，分析国内外政治形势的演变及战局的发展趋向。为发挥报纸的组织作用，报社多次开展义卖、募捐及其他社会活动，支援灾民和伤兵。1939年6月7日，《救亡日报》为救济重庆被炸难胞出版了义卖专页，共义卖当天报纸两万份，得款四千四百余元，全部捐献给重庆难胞。通过这些工作，报纸密切了与人民群众的联系，取得了广大读者的信任与支持。

到桂林后，《救亡日报》灵活运用统一战线这个法宝，报道各党各派、各种政治力量的抗日主张和抗日活动，为左中右都提供抗日论坛，注意宣传策略，讲究宣传艺术。对蒋介石和国民党高层人士的抗战言论和抗战姿态，在显著位子予以客观报道。虽然明知他们有些话是表面文章，也仍然加以报道。对国民党抗日将领的抗日活动、战绩，以消息、通讯、访问记等形式加以报道。对于国共双方摩擦和冲突的事件，他们采取客观的手法，以第三者的姿态报道有关事实,避免直接表露倾向性。而对双方缓和矛盾的事实则予以具体报道。惟如此,有利于争取中间群众,扩大宣传效果,并不是回避矛盾。对中间派人士的抗日言论、抗日活动,则加以广泛报道。《救亡日报》根据我党"争取中间势力"的策略方针,经常刊登国民党左派人士、爱国民主人士、爱国文化人士的抗日言论。对他们某些与我党纲领路线相吻合的抗日主张,无保留地予以宣传。即或他们有些主张同我党的主张相左,也给以适当报道。对于地方实力派,特别是对于桂系的一些抗战业绩和改革措施都适当予以宣传。对于桂系招贤纳士实行自治、自卫、自给的三自政策,更是给以充分肯定。1939年底,桂系十五路集团军一位副师长韩练成到桂林养伤,12月30日,《救亡日报》发表了通讯《访带花归来的韩练成副师长》。此后,韩常到报社找夏衍谈天,将旧军队的腐败风气坦率地向夏倾诉,流露出对共产党人的仰慕。后经周恩来批准,韩秘密加入了共产党。解放战争时,韩任桂系四十六军军长。1947年2月莱芜战役中,韩设计将第二绥靖区副司令长官李仙洲及其所辖七个师带进解放军包围圈,使其全部就歼。对我党领导人的抗战言论,八路军、新四军的光辉战绩,抗日民主根据地欣欣向荣的景象,《救亡日报》经常客观地予以报道,使读者从确凿的事实中看到了民族的希望,增强了抗战必胜的信心。

《救亡日报》在重大节日、纪念日时的报道内容、版面安排都是精心设计,显示出浓烈的"统战"气息。1939年7月7日,发表了蒋中正:《抗战二周年纪念告友邦书》;周恩来:《"七·七"二周年纪念总结》;宋庆龄:《抗战以后的中国——抗战二周年告美国友人》。同年8月24日《救亡日报》创刊二周年那天,一版刊登了蒋中正的题词:《精诚团结》;朱德题词:"坚持国共两党长期亲密合作,巩固与扩大抗日民族统一战线。"此外尚有孙科、黄琪翔、李任仁等的题词。对国民党顽固派破坏国共合作的言行,《救亡日报》坚决进行斗争,但十分注意策略。他们很善于利用蒋介石讲过的某些话来作自己的抗日文章。1938年底,汪精卫公开投敌后,蒋介石为表示与汪誓不两立,在12月对日本首相近卫提出的诱降"三原则"逐一作了驳斥,谈及其中的共同防共原则时,蒋说过这样两句话:"在我们一致实行三民主义的中国,若再谈共同防共,完全是无的放矢!""它欲以防共名义,首先控制我国军事,进而控制我国文化以至外交!"此后,《救亡日报》一些抨击国民党反共活动的文章中,就常常引用上面蒋讲的那两句话。这样"以子之矛,攻子之盾",既在宣传上"有理、有利"又易使群众看清国民党顽固派的真面目。

此外,《救亡日报》到桂林后从文化界走向更广阔的社会,广泛反映工、农、兵、学、商各行各业人民群众的抗日救亡活动,鼓舞他们的抗日情绪;同时反映难民、伤兵及社会最底层人民的疾苦和要求,发挥人民喉舌的作用。由于报道面的扩大,报道内容的丰富,《救亡日报》不仅在文化界,在其他各界群众中也享有一定的信誉和威望。1939年8月,作家司马文森撰文赞道:"《救亡日报》创造了抗战报纸的独特作风,他不是某一人的资本办的,也不是那一个派系的资本办的报纸,他是广大群众所共有的报纸!他代表的利益,不是那一个私人,那一个派系的利益!这种独特作风的建立并加以发扬是始自救亡日报的!"

经过全社同仁两年的勤奋工作,苦心经营,《救亡日报》在桂林开创局面,发展事业,逐步成为一个进步文化事业的堡垒。到1940年底,《救亡日报》的日印数达8000余份;出版了旬刊《十日文萃》;建立了自己的建国印刷厂、救亡通讯社、南方出版社。这惊人的成绩,令报业同行们无不刮目相看。

1941年元旦,廖沫沙在编辑部写了副气势磅礴的对联:大块文章"救"中国,一行消息"报"新春。这副嵌字联,道出了编辑部人员意气勃发的心声,也反映了报纸发挥的作用。

由于国民党顽固派竟在1月7日制造了震惊中外的"皖南事变",在全国发动了第二次反共高潮,夏衍被迫于1月26日出走香港,《救亡日报》于 2 月 28 日被国民党封闭。一张深受读者欢迎,在桂林出版了两年一个月十九天的进步报纸就这样被毁掉了。

抗战胜利时,国民党当局规定"只有抗战前或抗战中登记出版过的报纸,方准重新出版"。于是,周恩来立即派夏衍前往上海恢复出版《救亡日报》,并提出:"报名可以改为《建国日报》……重点要放在反对内战、争取民主这两个问题上。"

1945 年 10 月 10 日,《救亡日报》改名《建国日报》在沪复刊,这是夏衍仅仅找了一位记者,总共两个人就把这张报纸办了起来,而且一炮打响。同年 10 月 22 日,国民党当局眼看大事不好,只让它出版了 12 天就封了。这恐怕是报业史上办报人数最少、影响最大、存在时间最短的一份报纸。同时,国民党又迟迟不容许《新华日报》出版。自己的报纸出不来,怎么办? 共产党的笔杆子们又想出借窝生蛋的办法:为别的报纸写各式各样的文章,办人家的报! 夏衍的成绩最突出。1946 年夏被调离上海时,他一个人开辟的阵地要好几个人才能接下来。

《救亡日报》时期是夏衍新闻生涯的颠峰期。

《救亡日报》既有别于《新华日报》,更不同于一般的进步民营报纸,形成了自己的独特风格,始终成为抗战时期影响较大的报纸之一。

夏衍写社论、时评、漫谈、通讯、杂文随笔、新闻报道,从写几千字的论文到几十个字的补白,大概写过四五百万字。他是一位全能记者,办一张报纸的十八般武艺般般皆能,并且出神入化,花样翻新。他重视传媒经营,通过上演话剧等手段多方募集办报资金,解决办报经费,并建立救亡通讯社、南方出版社和建国印刷厂,筹办造纸厂,设立图书销售部,走文化产业之路办报。他以"内容为王",改革版面和文风,建立评报制度,推行"千字文"写作,倡导"短、平、快",虚心吸取别人的办报经验,甚至向一些国民党报纸的负责人虚心请教,从"书生办报"之路走上"平民化"、"大众化"办报之路。他还重视新闻人才的发掘和培养,开办战时新闻班,培养了一大批新闻人才。他尝试了"报纸杂志化"的办报实践,刊载大量的专稿和特稿,既突破了国民党中央社的新闻垄断,又弥补了战时新闻的不足。

夏公办报具有强烈的创新精神:

首先,以政治家办报的思想作风赢得了左、中、右的读者。

《救亡日报》对国共之间具体冲突、磨擦一般不介入,也尽量避免直接表露自身观点,但会采取寓倾向性于客观之中的方式来报道党领导的进步力量的坚决斗争、国共双方缓和矛盾的事实以及双方在缓和过程中表现的积极姿态。例如通讯《风嘶雨吼悼平江》报道的是我方及国民党政府中一些人士联合召开平江惨案烈士追悼会,共同"要求政府彻底惩治凶獠"的情况,这一看似客观的报道,不仅向国统区人民披露了国民党制造磨擦事实的真相,也表达了共产党以民族大义为重,争取团结抗日的诚心。其他还有《参政会上的团结问题》、《以抗战团结进步来庆祝晋西事件的和平解决》专文,都在客观报道的背后,向人民透露了国共关系紧张的真相,并宣传了共产党的"坚持团结,反对分裂"的主张。

夏衍领导下的《救亡日报》还善于利用蒋介石的一些口号来宣传党的抗日方针。蒋介石提出"积小胜为大胜,以空间换取时间"的战略方针,《救亡日报》便借此口号大力宣传共产党的持久战思想,借此宣传良机发表了周恩来的《二期作战之敌我新战略》、叶剑英的《积小胜为大胜》等文章。蒋介石提出加强团结、抗战救国的口号时,《救亡日报》便借此宣传反对分裂的主张,转载《新华日报》社论《巩固各党派的团结》,此外,夏衍还主张用言论来呼吁团结抗战,从而达到正面引导的目的。1939年,国共关系恶化,《救亡日报》就发表了《用巩固团结来纪念三一八》、《加强政治抗战》,《精诚团结、抗战到底》等社论,针对分裂,进行驳斥。

其次,运用文学的匕首,投掷言论的炸弹。

夏衍办报很重视言论。言论是报纸的灵魂。夏衍在其主编和参与的报刊实践中,极其重视言论的引导和战斗功能。作为《救亡日报》的总编辑,他大量撰写言论,特别是社论,直接表明报纸倾向。廖沫沙评价夏衍的言论:"无论所写的政治、思想、文化、艺术、人物、社会生活和自然科学知识,都反映着时代的精神面貌和紧扣着革命斗争的需要。"从1938年9月起,《救亡日报》几乎每天有一篇社论,每篇千字左右,至报社停刊,累计四百五十余篇。同样,在《华商报》、《新华日报》等报纸,他主要负责言论的撰写。其言论针砭国内时弊,纵论国际战局,观点鲜明,取材宽广,文字洗练,简洁又不失生动。他结合当时的政治环境和战局,针对形势进行精辟透彻的分析,读之使人信服。例如,在宣传党的全面抗战时他写了《民众的力量大于一切》、《遵行中山先生遗教》等社论,巧妙地在民主主义的口号下抨击国民党的片面抗战路线。在国民党掀起反共高潮进行分裂时,他写了《加强团结争取胜利》、《敌人的进攻与我们的防范》等社论,反对分裂,呼吁团结。汪精卫投日做汉奸,夏衍愤怒不已,发表了《日寇汉奸的当头棒喝》、《汪政权的真相》、《把跪像铸在人民心里》十余篇尖锐泼辣的战斗檄文。

除社论外,他还重视小品文的作用。他在《谈小品文》一文指出:"小品文,其实,我们过去习用的所谓杂文或者杂感一类文章中有很大的一部分就是小品文……它是战斗性的文艺作品,但它又不同于一般创作。它是匕首,是投枪。它的功能是一针见血。""小品文这样一个锋利的、灵活的思想斗争的武器,有必要在我们报纸上加以大大的提倡。"他自己也时常写些杂文或随笔之类的,如《譬喻》、《论晦暗》、《西门庆的悲剧》等巧妙地抓住一个由头来揭露、讽刺国民党的腐败。

作为一名共产党员,夏衍的言论写作是以马克思主义理论为指导的。他用马克思主义正确世界观和方法论去认识、分析事物,透过现象看本质,从关联中探求真谛。或广究博议,纵横捭阖,或知微见著,分析问题入木三分。如关于持久战的《争地之战与争民之战》、关于国际的《捷克会做奥地利第二吗?》、关于和平民主主义的《我们信任人民的力量》、《我们应有的警惕》、《认清世界局势的主流》等。

他的言论,使得读者清楚地了解国内外局势,宣传了共产党的统一抗战和和平民主的思想,揭露国民党腐败与黑暗,主导了报纸的政治、思想方向。

再次,坚持报纸的娱乐本性。

夏衍非常重视副刊,注重副刊对正刊的配合,发挥副刊在宣传中的特殊作用。他说:"副刊当然要配合中心工作。""在反革命统治时期,新闻检查和封锁极其严密,因此,有许多不能正面谈的问题,经常是在副刊通过杂文、漫画、诗歌来透露的。"他认为文艺副刊不仅是文艺园地,在那样的环境下,它还起到宣传抗战、唤起民族觉醒、呼唤共同征敌的作用。《救亡日报》副刊为配合抗战的需要,内容以歌颂抗战中的英雄事迹,呼吁全国人民团结抗战为主。副刊《文化岗位》就曾大量刊登这方面的文章,如艾芜的《我们需要人的战士》、周扬的《作家到前线去》。另外还开辟像"街头小说"、"街头剧"、"墙头诗"等专刊,艾芜的颂扬抗日英雄的《八百勇士》就刊登在"街头小说"上。《华商报》的副刊《灯塔》、《热风》、《茶亭》都是如此。1942 年 12 月 8 日,日军空袭香港。9 日的《灯塔》副刊就刊登了宋庆龄的《战争来到香港》,夏衍的《炮声近了》,华嘉的《香港武装起来了》。《华商报》副刊取名《热风》时,编者在《开场白》中写道:"正视和针对着社会现实,有力地表示其爱恨,爱人民所爱的恨人民所恨的。""敢说、敢笑、敢哭、敢怒、敢骂、敢打"并同期发表了陶行知的诗《闻昆明学生因反对内战而流血有感》,冯乃超等人的《昆明一二一惨案挽联选辑》。

除配合正刊外,他认为副刊还应补其他版的不足。"副刊应当向读者推荐和介绍各种斗争的知识,各方面的文化知识,帮助他们欣赏文学艺术。副刊既要有帮助读者提高政治觉悟、思想水平的作用,又要帮助读者提高文化修养、丰富各方面知识、鼓舞和滋润读者的心灵。同时,也应该使读者在一天劳动之后,读副刊而得到娱乐和休息。"

夏衍对副刊的文艺和娱乐特性情有独钟。华嘉曾回忆:"我有机会向他请教,并按照他一贯对副刊的设想,尽力把《热风》编成一个通俗的综合性的文艺副刊。"在夏衍主持的《救亡日报》,副刊专栏大都是关于文艺的,有着浓重的文化气息,如《文艺》、《抗战文学》、《文化岗位》,这些文艺副刊发表了当时许多文艺界人士的文章。《文化岗位》在创刊号就发表了茅盾的《第二阶段》、沙汀的《前夜》等。

而后来的《华商报》副刊《热风》更是取名于鲁迅的书名,发表了不少犀利的杂文、诗歌、通俗小品。强调通过文艺性内容来丰富读者生活,满足读者需求。在注重文艺性的内容的同时,他还注意到了副刊对读者的娱乐功能。在《热风》改版为《茶亭》的第二天,他就以"亭长"的笔名写了第一篇开场白《请大家来歇脚》:"当人们挑着重担走路,捱着困苦前进的时候,忽然望见了前面有座茶亭,一定会很高兴,一定会跑得更快些,肩上的重担也似乎轻得多了,他们需要快些走进茶亭里休息。"副刊是读者歇脚的茶亭,比喻多么贴切。

最后,宣传是创造的艺术。

《救亡日报》在广州、桂林时期,完全由中共领导,国民党在上海沦陷后就没有过问。于是该报便成了共产党领导的报纸,在抗战宣传方面取得了突出成绩,在抗战前期,党的宣传工作出现了一些不好的现象,宣传形式公式化,不讲究宣传效果和宣传方式,"对民众不亲切,工作没有长期性,宣传和组织分离,宣传之后就和民众脱离关系。"对此,夏衍提出"宣传是艺术……是艺术,所以要创造!是艺术,所以要考虑到接触这种艺术者的反应和心情"。作为《救亡日报》的负责人,他认识到,该报是一张人民的报纸,它在团结争取上层人物的同时,还必须组织、鼓舞广大人民为民族的解放而斗争,而要做到这一点,宣传必须有一个令民众接受的方式。

在总结前人和当时宣传工作经验的基础上,1939 年 3 月,夏衍站在理论的高度首先提出了"宣传与服务结合,宣传与组织结合"的原则。

先说"宣传与服务结合"。

"我们必须强调宣传与服务的不可分之关系。在这一点,宣教师是我们工作的一个榜样,他们的教义宣传,永远和服务连结在一起,到一个地方,他们做的第一件工作决不是耸人听闻'街头说教',而只是切实大众需要的服务工作……经过这种服务而在民众间建立亲和的社会关系……在抗战宣传中,我们要有这种真实、恳切、负责、不作夸大宣传而和民众打成一片的工作方式。"夏衍不仅是这么说的,他和他的同人们也这样做的。

1938 年 4 月,八路军总指挥朱德、彭德怀就"日寇决以多数飞机,向陕北数十县军民施放剧性伤寒病菌一事",电请全国人民援助防菌资料。《救亡日报》积极响应,持续地、有步骤地组织了捐款活动,这次活动规模最大,影响最广。

除这种想群众所想,急群众所急,为抗日志士和受害者募捐的服务活动外,《救亡日报》还注重向大众普及和推广文化知识。如夏衍、林林等人在编报之余,还给"青年记者学会桂林分会"举办"暑期新闻讲座",为广西学生军举办文艺通讯员新闻业务知识讲座,为"全国文协桂林分会"举办"暑期文艺研究班"讲座。不仅如此,《救亡日报》还注重发行工作的"服务化"。它曾印多种赠刊,《战地宣传手册》,成立"书报代理部",从事"介绍书报,解答疑难,廉价代售"服务,方便了读者。

夏衍还把《救亡日报》视为沟通读者思想的桥梁,重视读者、服务读者。自 1939 年 2 月,《救亡日报》办起了解答政治、思想、学习、工作和生活等方面的疑难问题,有时还组织讨论一些普遍性的问题,如怎样开展敌后文化工作。专题还常常站在弱者的立场,为那些被欺凌受歧视的小人物伸张正义,如为失业者呼吁,为难童鸣不平,为伤兵呐喊,要求社会照顾优待等。如此一来,专栏成了读者的良师益友,青年们向它敞开心扉,弱小者向它寻求帮助,读者称它为"权威",不义者惧怕它的声音。它的诚恳真挚的态度赢得了赞誉,赢得了千万读者的心。

再说宣传与组织相结合。

夏衍作为共产党员,党交给他的主要任务是通过报纸如何做好统战工作。除在《救亡日报》外,他在《华商报》主要是做统战工作,在《新华日报》代总编辑时,更注意通过团结力量来与分裂势力作斗争。作为报人,他以其独有的职业身份和在文艺界的影响,把宣传与组织紧密地相结合,通过宣传来组织团结力量,又通过组织起来的力量进行宣传。他认为:"在新的阶段,宣传鼓动之后必须紧接着组织工作,……然后立即在这组织中进行宣传的工作,以长期性的宣传,发动长期性的组织,这样才能使我们的宣传在民众间发生实效,而不致精力浪费。"

夏衍担任上海"文救"、"上海话剧界救亡协会"、"全国文协"、"全国文协桂林分会"、"青记"等抗日文化团体的领导职务,并亲自组织了许多救亡活动,如十三支抗敌演剧队是在夏衍亲自过问并到处联系下成立、发展、壮大的。又如最有影响的广州进步文化界发起,以《救亡日报》为基地开展的"文艺通讯员运动",倾注了夏衍极大热情。这一运动以通信方式,在各地发展、培养通讯员,建立分站、支站,在宣传上刊登了八期"文艺通讯员运动专页",发表一些著名作家如茅盾、周钢鸣等对整个运动及通讯写作的意见。"文艺通讯员运动"取得很大的成功,通讯员二百多个,分站十几个,支站五十个,遍及华中、华南、华北,以及敌人控制下的天津,形成巨大的宣传规模,增强了《救亡日报》的影响。另一有影响的组织活动是"读者会"的创办,入会只须报名即可。《救亡日报》通过这一形式来组织读者进行救亡活动,如成立戏剧组,歌咏组,为伤员作慰问演出;

成立演讲组,向群众作宣传鼓动等。

夏衍还善于组织作家、读者为报纸写稿,进行宣传,建立一支较大规模的作者队伍,既保证了充足的稿源和稿件的可选性,又使得宣传内容影响深远。特别是组织了许多政界和文艺界的名人,如宋庆龄、何香凝、陶行知、邹韬奋、茅盾、巴金、艾芜、冯雪峰、黎烈文、柯灵等都不断地为报纸写稿,他们的文章因其地位和身份的特殊,而在宣传中得到众多读者的认同,增加了报纸的权威性和可信度。

夏衍还担任过《华商报》、《世界晨报》、《新华日报》、《大众生活》周刊、《南侨日报》等报刊的编辑和主笔,并在这些报刊上发表了大量的通讯、时评和杂文,从其内容、质量和影响来看,堪称是培养和激发革命青年抗日救亡热情的火把。尤其是在《新华日报》的"司马牛"专栏、《世界晨报》的"蚯蚓眼"专栏、《华商报》的"灯下谈"专栏发表的杂感,三言两语,犀利泼辣,颇具鲁迅风格,丰富了报纸言论的写作手法。他提出的"国家哨兵论"的办报思想,是对"耳目喉舌论"的继承和发展。他的"以刊养报"的办报思想和"报纸杂志化"的办报实践深刻地影响着当代新闻事业的发展。

老报人杨奇曾深情地谈到:夏衍参与创办的香港《华商报》,是完全按照周恩来关于"不用共产党出面"的指示办的,并且坚决执行周恩来关于"领导文化工作者的态度"的意见,为了适应文化人的特点,实行"文人办报"的形式,以便更好地发挥"文人论政"的作用。他要求《华商报》的社论写得春风满面,像朋友谈心似的,切忌采取"应该如此"、"必须如此"的教训口吻。他还不止一次要求副刊多登杂文,认为"杂文是副刊的灵魂"。其实,就是要让副刊也成为"文人论政"的用武之地。"文人办报"是中国报业史上的光荣传统,也是民主革命时期共产党领导新闻工作的成功经验,这是应该予以肯定的。

古人说善书者不择笔,夏衍写文章不择地、不择时、不择纸。比如,在一间小小的兼饭厅的客厅里,身旁有好多人在高谈阔论,夏衍能旁若无人、侧身斜靠着一张中式小茶几写文章。他说他常在轮渡上写、在火车上写、在会场上写、在闹哄哄的编辑部和会客室里写、别人谈天的时候更可以写,总之随时随地写。他也不管是什么纸,也不管纸张大小,写起来顶天立地、不留空白。他一生写作的字数没法统计,用过的笔名约有一百多个。

关于写文章,夏衍在《懒寻旧梦录》以所写的两篇文章为例,作了两条总结:一要讲真话,二要顺民心。

第一篇是一则五十来个字的"补白":"(一)上海人最怕两种人,一种是从天上飞下来的,一种是从地下钻出来的。(二)要在上海找房子,必须要两种条子,一种是金条,另一种是封条。"这是指国民党的接收大员和潜伏特务,一起出来抢占房产,鱼肉百姓。两句话的"补白"当时产生的影响很大,不但在上海很快就传开了,外埠还有几家进步报纸转载。

另一篇文章的情形复杂一些。"二战"末,苏联红军参加对日作战,出兵我国东北,很快把日本"关东军"消灭了,对促使日本天皇下决心投降起了有力的作用。但是苏联随即拆走了日伪在我国东北留下的所有工厂设备。苏联对盟友的这种掠夺行径,中国人民极为反感。这种行径并且立即给了国民党一个大规模反苏反共的机会。夏公写了一篇三四千字的替苏联辩护的文章。他的回忆录里讲他写作的初衷时说:"说实话,即使在当时,我们的心情也是很矛盾的。但我想了许久,终于觉得我们不能让这一局部事件来混淆对社会主义国家和资本主义国家的区别,我们更不能让国民党利用这一事件来转移目标,欺骗群众。"

夏公说,但"该文发表之后,连进步文化界也没有什么反响。这就说明了这篇文章即使在我们朋友之间,也没有多大的说服力。这件事也使我接受了教训,为什么写三言两语的补白可以很快传遍上海,而正理八经写的文章,反而会不发生作用? 这只能得出一个结论,就是写文章一要讲真话,二要顺民心"。

讲真话,顺民心,充分彰显了夏公坚持把追求真理放在第一位的实事求是精神。

夏衍在回忆《救亡日报》的文章中说:"从这时开始,我才觉得新闻记者的笔,是一种最有效为人民服务的武器。"

夏衍在晚年自称"白头记者",忆及当年的报人生涯时,他满怀深情地说:"尽管环境艰难,国民党的文网严密,但我觉得这 12 年是我毕生最难忘的 12 年,甚至可以说是我工作最愉快的 12 年。"

是呵,"毕生最难忘的 12 年","工作最愉快的 12 年",经历了风雨人生的晚年夏公,这发自肺腑之言又能给我们带来多少启示呢?

崇高的品格　永恒的精神

——感悟夏衍先生之人生八德

柳竹慧

许是与夏公有缘，在 2010 年的春天，我来到了夏衍旧居工作，从此，一名才疏学浅的小女子，就要静守着这片坐落于繁杂商圈中清谧雅致的院落，在与夏公及其相关人脉往事的时空交流之中，渐渐薄发着一股淡淡的清新，凝注着一种隽永的情结。

越是走近夏公，就越为其品格与精神所震撼。纵观夏公曲折、奋斗、光辉、奉献的一生，无不表现出一名真正的共产党人、一名革命艺术家的坚定信仰以及对文艺事业至死不渝的忠诚和炽热。曾多次冥思苦想，究竟是什么成就并支撑着这些？百思而不得其解。我遍翻夏公的著作寻找着；沿着夏公的人生轨迹探究着；倾听人们各种评述而感悟着，渐次有了些疏枝浅影。大凡人生之本、尽在其德，夏公正是倾其一生，实践着中华炎黄子孙的人生八德——忠信孝悌、礼义廉耻，这是儒家文化德育之精髓，为立身处事之根本，作为一名幼稚浅薄的后来者，我开始迈开沉重的脚步，走进夏公.在追忆、研究与学习之中，感受心灵的洗涤。

一、竭忠尽智、信守不渝

"言必忠信，行必笃敬"，作为一名公民，就要忠于祖国和人民，忠于事业和职责，忠于战友和朋友。能做到忠与信，可为(国之良臣,)仁义之士。夏公，这位近 70 年党龄的革命前辈，观其一生，光明磊落,唯忠唯信,坚持操守,受人尊敬。

首先,夏公是在革命处于低潮时,毅然要求加入中国共产党的。先前,他在日本所参与的国民党左派主张联俄联共、扶助工农的东京总部受到取缔,他本人遭到追缉之际,在上海中共地下党的掩护和指引下,正式成为一名无产阶级的革命战士。我们可从夏衍自传《懒寻旧梦录》中看到如下的描述:"我在绍敦公司楼上临街的小房间里,度过了一个闷热的初夏时节……这一段时间,在上海,放肆的实行白色恐怖,每天报上都有'处决共匪'的消息……眼看着国共合作就要全面破裂,而我却像浮萍一样地飘飘荡荡,无所依靠。一次,郑汉先与我闲聊,当他说近来忙得连看望朋友的时间都没有的时候,我脱口而出:'你们忙,我却闲得发慌。'于是,他就向我提出为什么不入党的问题。我说:'这个问题以前何恐也曾和我谈过,你看我行吗?'他很快地说:'行,特别是这个时刻,报上不是经常看到有人退党吗?怕死的要退,要革命的就该进。'这样,我当天晚上就写了申请书,介绍人是郑汉先、庞大恩。五月底六月初,郑汉先、庞大恩陪我到北四川路海宁路的一家烟纸店楼上举行了入党式……"试想,在那白色恐怖凶焰大张的时期,沥血刑场者以万千计,被捕入狱者也以万千计,这期间入党,其实是迎着刀口和枪口的冒险。没有崇高的理想,没有坚定的信念,没有为国为民尽忠的精神是决然不成的。

其次,"文革"中受尽迫害,仍不忘时时关注着国家的命运。夏公在"文革"中身陷囹圄达八年零七个月之久,身心受到严重创伤,但他始终秉承革命家的风范、傲骨正气,凛然不屈。文革开始,在文化部的一次批斗大会上,一位年轻的造反派从夏公指导的文艺工作讲稿中,找出了一两句话来批判他,夏衍平静地提醒他:"你批的这句话是马克思讲的。"使得对方十分尴尬。造反派立即狂呼乱叫,企图掩盖夏公的声音,这一切,当然是徒劳的。"十年浩劫"伤残了夏公的身体,但在动乱之后,他毫不顾惜自己,仍然心气豪迈,精神矍铄,不遗余力地投入工作和写作,参加国内和国际的各种文化和友好交流活动。我国著名作家、文艺理论家、教育家林焕平先生在《平凡的战士与崇高的品格》一文中追忆:"当时,我先后发表文章,评论'唯主体论'、'向内转'文学论,夏公看到了,大加赞赏,并写信给我,鼓励多写些这样的文章。"夏公作为一名忠诚的共产主义战士,在他九死一生的晚年,用自己病残的余生,为祖国和人民作出了可贵的令人惊叹的贡献。

再次,夏公才厚德馨,但平易近人、真诚待人、言而有信。夏公是位"海纳百川、有容乃大"的智者,在文化界享有崇高的威望,朋友很多。党内外,海内外,文化界内外,同辈与隔代,上级与下级,据估算,所见略同和意见不同的同志、三教九流、各行各业的朋友,大约有上千个。这不仅是因为夏公资格老、阅历广,更是因为夏公和对朋友言而有信的人格魅力。这些特点,像吸铁石一样,吸引着老中青朋友们。许多年轻与不年轻的文艺家都喜欢到夏公那里去,因为与他的交往让人心旷神怡,让人无时无刻感受着他那温馨而又超拔,光明而又通达,锐利而又沉稳的人生境界。夏公高尚品德另一个闪光点,就是对同辈和身边的文艺家非常推重,对他们很热情。杰出的戏剧家曹禺先生对此有很高的评价,他说:"我只想举一点来说明,他(夏公)曾经写过《于伶小论》,他怎样评论于伶呢? 他引了一段于伶同志的话作为结论:'为了戏剧,为了自己爱定了的演剧艺术,我愿意而且决定了出生入死出死入生地把生命赌在这受难的尤其是孤岛受难的戏剧运动里面,我将无计毁誉,无论成败,但求尽我心,竭我力,对得起自己,对得起合作的志同道合者,对得起戏剧家的本分与良心。'这些话放在我们夏衍同志的身上,也是十分恰当的。"特别是对于有所成就的年轻人,夏公总是那么的充满爱心,真切而又宽厚,德高望重而又平等待人,洞察世事而又不失趣味乃至天真,直面真实而又从容幽默,我行我素而又境界高蹈,譬如对女作家张爱玲,他的关心与期待有半个多世纪;对电影演员李丽华的态度,严肃而真诚,开诚相见……这就是夏公身上的一种无形的力量。

二、明理重义、初衷不变

"凡人之所以为人者,礼义也。"我国自古以来就以"礼义之邦"自居,但真正能够做到明理重义、初衷不变,却也并非易事。在这方面,夏公有不少为世人所称颂的故事。

如1958年,著名剧作家、导演吴祖光被戴上了"右派"帽子,并同文化部系统500多"右派"被送往了北大荒劳动,剩下吴祖光卧病在床的老父亲、老母亲和夫人新凤霞在家中惶惶度日。这一年的一天,夏公一人上门,看望卧病在床的吴祖光的老父亲和老母亲……在那样艰难的日子里,夏公不畏当时的风险,非常的有情有义。据吴祖光夫人、评剧名家新凤霞的回忆:夏公和二老的情义缘于抗战时期的四川,那时,夏公在做地下工作,十分惊险,因吴祖光老父亲在国民党内做官,夏公曾多次在国民党的追捕中和妻子蔡淑馨到吴祖光父母家中躲避,二老多次帮助夏公脱离危险,夏公对他们曾经的帮助一直铭记在心。夏公曾对新凤霞说:"祖光和他母亲给过我的帮助不能忘。"多年之后,当曾经对自己有帮助的恩人落难了,而又因浩劫时期险象环生的时刻,夏公任凭荆棘遍布,以对朋友对故人的道义奋力而行,送去自己心的温暖和鼓励,这是一个真正品德高尚、忠义伟大的人。

大家常常评价夏公,对人平易近人、谦虚和气,丝毫没有大领导的架子,这确是一点都不夸张的。1956年春天,时任文化部副部长的夏公,到中南海怀仁堂观看广东粤剧团《昭君出塞》一剧的排练,他想了解即将演出剧目的整体情况,又不愿意惊扰和耽误演员排练的时间,便悄然来到剧场,安静地站在舞台侧幕边上,一直默默地认真地看着演员排练。看到排练结束,便走进后台关切地询问大家的工作情况,问着排练与生活有关的问题,对演员没有一点架子。晚会开始前,他提前一个小时到,仍然在台前和台后巡视,用脚踩石级,看布景是否放稳。这些动作,都至今留在许多演员的脑海里。

著名粤剧表演艺术家红线女回忆道:"在和夏公接触的过程中,我感受到了新中国领导人对我们是这样关怀,对工作是这样的细致负责,使我深受感动。"夏公这种"礼到人心暖"的平和,是对艺术的恭敬,是对人的尊重,反而越发地令人肃然起敬。

1943年,《乱世佳人》在国内上映,轰动一时。此时太平洋战火弥漫,美日对垒成仇,美国电影在沦陷区已遭全面禁映。坚持上海苦斗的戏剧工作者有意将日本敌对国的作品移植舞台。剧中背景,又改为曾使东北亲日军阀易帜的北伐战争,皮里阳秋,弦外有音。不想,在千里之外的重庆,竟引发了一场笔舌纷纭的批评。最后是夏公独排众议,仗义执言,他明知会因此招致排斥却依然替在上海苦斗的戏剧工作者说公道话,这样事情才平息下去。夏公后来对此事绝口未提。还是柯灵(中国电影理论家、剧作家、评论家)在收到一位在重庆流寓老乡的剪报后才了解此事。夏公肝胆相照,而又通情达理,经常默默地为他人排难解纷,却从不容心挂齿,向人示惠。夏公雍穆宽厚、大公无私、助人为乐、见义勇为的君子之风,让后人高山仰止。

三、寸草春晖、克尽孝道

"百行德为首,万事孝为先",晚辈尊敬、孝敬长辈谓之"孝"。

《夏衍自传》第一章启蒙中有这么一段话:"一九一四年这一年,我想用'穷愁潦倒'这四个字来形容我的处境是恰当的。穷,已经到了几乎断炊的程度,连母亲的几件'出客'衣服和一床备用的丝棉被也当掉了……小学一起毕业的同学,大部分都进了中学,而我,却因为交不起学费而一直蹲在家里。晚上,我坐在床前,凭着豆油灯的微光看那本《鲁滨逊飘流记》,忘了时间,忽然听到了母亲在被窝里饮泣的声音。我赶快吹灭了灯,偷偷地睡下,可是怎么也睡不着,这样下去怎么办?想了又想,什么主意也没有,想翻身,想哭,怕惊醒了母亲……这是冬天,夜特别长,朦胧了一阵,天亮了,终于打定了主意:去做工。十五岁,是可以做工的年岁了……"以上的文字,简

227

短、透彻，表达了一个孩子对母亲的孝敬、体贴和对家庭的责任感。当似懂非懂地知道家中的贫穷和母亲的凄苦时，他毅然要做一个男子汉，承担起家中的责任，为母分忧。此后，少年的夏衍瞒着母亲，天天进城去找工作，终于在太平坊的一家叫作"泰兴染坊"的作坊找了一个当学徒的机会。那时候当学徒是一件非常辛苦的事情，早晨四五点钟起床，下门板、扫地、烧火、抹桌子、摆碗筷……做着各种各样的杂活。15岁，在现在，正是一个孩子长身体、做着乌托邦的梦、带个MP5听"西城男孩"的歌，嚼着口香糖的年龄。中国有句古语："万事孝为先"，孝敬父母是各种美德中占第一位的。

作为"孝"的升华，应当是一种义无反顾的担当，一种认真负责的态度，包括对待事业就像对待自己的亲人那样……夏公做到了。正因为少年的夏衍有了人生第一位的品质，才成就了一个爱祖国、爱家乡的革命文艺家。

四、怀瑾握瑜、守廉明耻

守廉之人，无论见到什么，不起贪求之心，从而养成大公无私的精神。明耻之士，绝对不干违背良心的事情，从而能做到自尊自重。夏公淡待名利而不惑，求缺惜福，知足守朴，堪为楷模。

1949年5月，受毛泽东、周恩来委派，夏公随军进驻上海，先后任华东军事管制委员会、文教管制委员会副主任兼文艺处处长，后任上海市委常委、宣传部部长，上海市文化局局长和中国文化部副部长。夏公平反复出后，先后担任中国人民对外友好协会副会长和顾问、中央文化部顾问、中共中央顾问委员会委员、中日友好协会会长、中国文联副主席、中国电影家协会主席。有这样经历的一位大领导，在《夏衍自传》"妥办身后事"一章节中写道："钱我没有多少，过去稿费都买了画和邮票，这些我都安排好了……我决定捐献五万元(人民币)给故乡作为教育基金，专用于农村中小学教育，可以补助中小学教师生活，也可以让农村中小学添一点设备、图书之类。

明知这只是杯水车薪,表示一点游子的心意而已。"(夏公将1988年10月获日本国际文化交流基金奖全部兑换成人民币捐赠浙江省政府教育基金,这是当时浙江教育厅收到的第一笔教育捐款。)在他给沈祖安先生的信中说:"一不要发奖金,二不要发奖状,这是我的宿愿,此等身外之物,送请国家保管……"

1990年开始,夏衍将自己毕生收集的30余幅"扬州八怪"书画,12幅齐白石书画,以及94幅陈衡恪、黄宾虹、张大千等人的书画,332枚清代珍邮,106枚日本邮票等珍贵藏品,无偿捐赠给浙江博物馆和上海博物馆。

最令人感动的,是他那简单、平淡而又质朴的一句话:"这些收藏都是国家的,我只是代为收集而已。"只字片言虽简短,透视出的却是常人无法拥有的不平凡。

以上的浅知拙见,对于夏公生平与精神之中,可谓沧海一粟。但是作为后辈的我,从夏公的人生八德中汲取的养分却可受益终生,真有股醍醐灌顶、爽气通透之感。此时此刻,我才真正地理解,为什么寂寞与繁华不断折转,规模并不大的夏衍旧居会迎来那么多著名艺术家和资深专家的来访。他们的到来其实别无所求,惟有带着对夏公深厚的感情和敬意,只求在夏公出生的地方长久驻足,深情回忆……此时此刻,我才真正体会到,为什么夏衍研究会可以得到那么多德高望重的老领导、老前辈无私的关心与帮助,他们的辛苦和奉献,无不是为了将夏公的精神与品德化为不朽,引领着后人沿着前辈的足迹薪火相传、积极进取……

壮哉夏公,在我这位后辈的心目中永远是一位大写的"人":一位知止有定、历尽沧桑的革命文艺运动领导人;一位无欲无求、大公无私的革命电影的开拓者;一位明白透彻、独具智慧的文坛巨匠;一位一辈子清清白白、原谅一切可以原谅的人和事的老人。这种对革命事业的孜孜追求、对文艺工作的精益求精、对后辈的热情关怀必将时刻激励着我们、鞭策着我们,使我们不忘做人的根本,去实现人生真正的价值,为社会多做一些实实在在的事。

第三辑

——夏衍作品研究

夏衍电影论

黄会林　绍　武

　　"夏衍"的名字,在中国现代文化史册上,是不可或缺的;在中国电影史册上,更是举足轻重的。这自然是因为,在震动世界的五四运动后诞生的中国文化新军中,夏衍是一员智勇双全的骁将。在95年的人生征途上,他用挥洒自如的笔,为后代留下了历史的纪录与时代的风貌;他用毕生的心血,为中华民族的新文化事业做出了重大的贡献;他用自己艰苦卓绝的奋斗,为中国电影做出了不朽的业绩。就其在文化领域获得的多方面卓越成就而言,他无疑是"中国文坛上罕见的作家之一"[①]。尤其是"他的创作、理论和实践经验,都需要认真总结,因为这是中国电影发展史上极为重要的一部分。[②]"今天,当世界走到了新世纪门前的时刻,当国家从计划经济走向了市场经济的时刻,我们来纪念夏衍的百年华诞,这无疑是具有其独特的意义。但限于篇幅,在这里仅就他在中国电影领域取得的不同凡响的独特成果、他对于中国电影事业所作的不可替代的杰出奉献,进行一些力所能及的论述与解析,并期望以夏衍留给我们的宝贵财富,对中国电影在严峻的世界性挑战面前有所裨益与启示。

一

　　作为我国享有盛名的老一辈电影剧作家,夏衍从30年代初期

开始,一生约有二十余部电影作品问世。其间经历了旧中国、新中国不同历史时期,前后两大历史阶段,历时三十余年。至今,中国电影已历经将近百年跋涉,走过了一条艰难而又辉煌的世纪之路。我们回过头,重新认真学习夏衍的电影剧作,仍然会惊喜地发现其中蕴蓄着丰沃深厚的、具有独特个性的文化与艺术的宝藏。我们以为,至少可以在内容、形式、风格等方面进行纵向的,或横向的解剖与比较。

编剧是一门艺术,它有自已应当遵循的独特规律。在艺术创作领域里,在正常的情况下,一部成功的电影作品,总是先由剧本提供一个丰厚、扎实的创作基础,为导演、表演、摄影的成功,构筑起广阔的舞台和理想的境界,所以才有"剧本剧本,一剧之本"之谓,无怪权威的柯灵先生强调"剧本是电影艺术基础"。[①] 而自 1905 年诞生的中国电影,其发展与世界电影同样,由默片到声片,起始是没有剧本可言的。夏衍创作于 1932 年的《狂流》,被当时的舆论称之为"中国电影新路线的开始";他根据茅盾著名短篇小说改编、创作于 1933 年的同名影片《春蚕》,则是中国新文学作品改编电影的第一次尝试。这里特别应该指出的是,经过五十载春秋之后,在 80 年代意大利都灵举办的"中国电影回顾展"上,这部影片得到了许多西方电影评论家的赞美。

首先应该关注的,是夏衍电影作品在内容方面的独特之处。

打开夏衍的电影剧作,立即可以感受到浓郁的时代风貌扑面而来,不论是他的处女作《狂流》,还是他的收山作《烈火中永生》;不论是直面社会的《上海二十四小时》,还是况味人生的《憩园》等等。他的确时刻不忘时代,自然也就不忘政治。他曾毫不避讳地直陈过:"我对电影是外行,只因当时为了革命,为了搞左翼文化运动,为了要让一些新文艺工作者打进电影界去,运用电影来为斗争服务,才

---

① 柯灵:《〈夏衍电影剧作集〉序》,第 1 页。

逼着我们去学习一些业务,去摸索和探求。我们不是'为电影而电影',我们搞电影有一个鲜明的目的性。"①在夏衍的电影剧本中,往往有着强烈跳动的时代脉搏;但是,也正如他自己所说的:"政治与业务、思想与技术,应该是统一的,专而不红是迷失了方向的专家,红而不专是空头政治家。"②他的电影里,时代的、政治的内涵,犹如一条或隐或显的红线,时时贯串其中。当然,这一整体性的特点,在中国的作家、艺术家,特别是与夏衍相同时代的作家、艺术家身上具有共同性,因此也许还不能有力地说明夏衍剧作的独特成就。重要的一点更在于,在他时刻没有忘怀政治与时代的同时,又十分清醒而自觉地注意到,决不让这些内容与影片的情节、人物发生隔阂、游离,而使作品的艺术魅力受到损害。他总是运用自己富有个性特征的艺术手法,通过来自生活的、本质意义上的真实,将二者有机地糅合起来,使他的作品呈现出独有的艺术风格,由此而构成了夏衍电影所拥有的、独到的艺术张力。其中的奥秘,可能就在于夏衍在创作生涯中反复强调、并严格遵循的原则:"真实"二字。我们不妨就此结合作品加以探寻。

夏衍的第一部电影剧作《狂流》,以"九一八"事变后长江流域波及十六省的空前大水灾的真实事件为背景,艺术地再现了封建地主豪绅对贫苦农民的残酷压迫及广大农民奋起反抗的情景。影片正面描绘了汉口附近傅庄首富傅柏仁,在灾情危险时,勾结官府、侵吞赈款、镇压抗争,甚至不惜把亲生女儿当作获得权势的筹码。剧作中通过即将决口的河堤、露出水面的树梢和屋脊、不停地下雨的街市、"湖北水灾急赈会"的招牌、刊登赈灾拨款的报纸、避居汉口并雇船观赏水灾景色的傅柏仁、头插草标胸挂血书"卖妻救父"的惨景……生动而切实地把当时的社会氛围跃然现于银幕之上,却没有一

① 夏衍:《写电影剧本的几个问题》,人民文学出版社 1978 年版(此书的初版 1959 年由中国电影出版社出版),第 2 页。
② 同上。

句说教的语言，一切都是真实的艺术再现。可能也是基于作家对于生活真实的理解，影片同时贯串着傅柏仁之女秀娟与率领庄民抵抗洪水与恶霸的小学教师铁生的恋爱情节。斗争与爱情两条线索紧密勾连，环环相扣，浓烈的抗争烽烟与常有的生活气息交相辉映，深化并丰富了作品的主题。影片结尾处：洪水横流，一片汪洋，以其内在之深长寓意，提示了地主阶级统治即将崩溃的必然历史趋势。作为 30 年代初期的中国默片，这部电影显示了很强的思想性，又展现了较高的艺术性。因此，影片放映后在浦江两岸引起了轰动，报纸上好评如潮，有的专门出版了《狂流》特辑，誉之为"中国电影有史以来的最光明的开展"、"明星公司划时代的转变的力作"。[①] 姚苏凤发表于《晨报·每日电影》的专评《新的良好的收获》中，由《狂流》的出现概括出："中国的电影从业员已经相当的觉醒了，中国的电影事业也已经相当地抓住了时代的意义了。"他还特别指出："它的可贵的一点，就是编剧者能够把这一角落的描写来代表地说明了'人祸'的主音，那一种勇敢的、反抗的精神，毕竟是有力地被启示着了。"因此，他的结论是："这是一部值得赞美的影片"，"显出它的前进的意识与圆熟的技巧，而使我们承认着这是中国影片的新的良好的收获"。他热情地呼吁"希望整个的中国电影事业随着这《狂流》冲向光明中去"[②]。我们以为，当年《狂流》之所以受到观众的喜爱、舆论的认同，正是在于它以新的思想、新的题材、新的内容、新的形式，反映了时代的真实，表达了当时广大中国民众的心声，因而具有如此强大的生命力。它使看腻了陈套滥调的电影观众透出了新的亮色；也使电影公司的老板尝到了左翼电影为观众欢迎、而有名利可图的甜头，进而为左翼电影运动迅速扩大阵地打开了局面。这里面，可以引起我们思考的是，当年左翼电影无权、无钱，只有统治当局的政

① 转引自《中国电影发展史》（程季华主编）第一卷，中国电影出版社 1980 年第 2 版，第 204 页。

② 《晨报·每日电影》，1933 年 7 月 6 日。

治高压与电影市场激烈竞争，面对着残酷的"文化"、"武化"围剿，为何却能够挺立潮头？其所以能占领相当广阔的电影市场而立于不败之地，是否就在于适应了广大观众的需要，给予他们以心灵的鼓舞与慰藉，从而领导了电影艺术的时代潮流？这也许正是它对于当今中国电影的现实意义。

此外，如完成于 1933 年的《春蚕》，以一个小小的序曲、一组迅速变换的画面，从小学教科书中记载的我国盛产蚕丝的光荣历史；到黄浦江埠头堆积如山的外商人造丝；到停工的中国丝厂、失业的丝业工人；其中又穿插了人造丝输入及华丝输出的统计表。短短的几个镜头，极为简洁的笔墨，便勾勒出浓重而鲜明的时代背景：帝国主义经济侵略压迫得中国民族工业濒临绝境，江南农村赖以存身立命的蚕茧业处于死亡的边缘。又如创作于同年的《上海二十四小时》，通过一个童工受伤致死的事件，集中于一昼夜之间，以两极对比的犀利笔锋，暴露出现实社会的贫富悬殊、死生异路。再如公映于 1936 年的《压岁钱》，通过一块压岁钱的流转，不仅生动地展现了五光十色的大都市生活，展示了当时社会各阶层不同的地位和隐藏在一元钱后面的复杂社会关系，并进而揭露了半封建半殖民地旧中国黑暗腐朽的本质与分崩离析的趋势。这一切也是真实的再现。

新中国建立后，夏衍继续笔耕不辍。在五部电影剧作中，保持了自己如上独特创作风貌。改编自鲁迅名著的《祝福》，从影片开始时一段苍劲的旁白，到全片故事情节的编排、重点段落的渲染、人物形象的增删，通过生动的画面、强烈的动作，强化了人物关系，深化了阶级关系，"因而使得这影片的政治教育的意义，在自然合理的艺术形式之下，终于完成了"[1]。改编自茅盾名著的《林家铺子》，则根据时代的巨大变迁，对主人公林老板的性格作了必要的改动，加重其作为民族资产阶级的两面性，并告诉观众，在旧中国，像林老板这

---

[1] 许杰：《生活规律和艺术效果》，《文汇报》1956 年 11 月 2 日。

样的资本家,也不能掌握自己的命运。这里最困难的,也是影片中十分精彩的,就是人物分寸的把握,既要写出其值得同情与怜悯的处境,又要揭示他潜藏的、包含着善与恶的复杂内心。这便是夏衍作为一位时刻不忘时代精神、而又孜孜探寻生活本质,从而富有独到而可贵的艺术个性的作家的贡献。至于夏衍写于五六十年代的其他三部具有同样特色的电影剧作,这里就不一一赘言了。

夏衍剧作中浓郁的时代风貌,与真实的艺术再现融为一体,构成了他的艺术创作特征。他从来十分重视"真实"二字,因为,真实是艺术的生命,而艺术的真实,虽然来源于生活,但并不等同于生活。它是经过艺术家的筛选、提炼、加工、改造后的生活。这一创作过程,弥漫着艺术家个人的情感、好恶、信念和审美的独特性。

关于夏衍电影剧作的艺术内容,我们以为还有一个非常重要的特色,就是饱含着人性、人道与人文关怀的精神,其中,既有西方哲学思想的影响,更有中国传统文化的内涵。西方在文艺复兴时期高扬"人本主义",强调个人价值、个性的自由发展,表达了对于封建主义、宗教神权的反抗。五四运动中这一思想潮流在中国得到广泛传播。此时的夏衍正活跃于浙江的民主运动之中,如饥似渴地吸纳着由西方传入中国的各种新思潮。而夏衍自幼入私塾、习古文,进小学、读《论语》等经典古籍及"算术"等新型学科,也大量地接受着中华文化熏陶。中国文化传统中,对"人"的关注,是始终存在的。《说文解字》关于"人"的注释是"天地间性最贵者也",说明了"人"的至高地位。如果说,西方的"人文主义"兴起于 14 世纪;中国古典的"人文主义"则可追溯到三千年前的周代,"在那个时候,与殷商时期尊神重鬼思想相对应,'重人'、'敬德'观念应运而生。人们已经意识到:'唯人万物之灵','人者,天地之德,阴阳之交,鬼神之会,五行之秀也'"①。夏衍的作品,充盈着对于人、特别是人文的关怀,爱护人的生命,关注人的幸福,尊重人的人格健康的人道主义精神,主要体现于他的人物刻画之中。30 年代初期,中国电影在总体上尚处于奠基时期,不论思想或艺术的表现,都还比较幼稚,是非善恶表层化,人物形象简单化,是绝大多数电影的正常形态。初入电影艺术之门的夏衍,却在他的处女作《狂流》中,对影片的主要人物铁生,进行了相当深入的开掘:不仅强调了他的斗争性格、勇敢精神,竟然荡开笔墨,去描绘他对地主家"小姐"秀娟的爱恋。更有意思的是,作者还以细致的笔法,描写了铁生面对被自己搭救的落水难女素贞的柔情和发生误会的秀娟的怨怼,提示了他的真挚与善良、痛苦与无奈。有了这一笔,尽管还不充分,却使人物更真实,更饱满、更丰富、更立体,更具有人性的美,如《周易》所言:"文明以止,人文也。"即止其所当止的节制、分寸,其中蕴涵着中国文化的含蓄美。

类似的特色,在他的《春蚕》里,对老通宝一家,尤其是对多多头与六宝的调情、对荷花的同情的描绘中,有着鲜明的体现。在他的《祝福》里,则可见于对祥林嫂再婚的铺排。祥林嫂对贺老六初始以死抗拒、继则感受到他善良的人性而接受、然后有了一段短暂相依为命的幸福生活的故事演绎,来自满含着作家深情的"加工"。夏衍自云是为了"让祥林嫂一生中也经历和体会到一点点穷人与穷人之间的同情与理解,并在这之后一段短短的时间内,真有一点'交了好运'的感觉,借此来反衬出紧接在后面的突如其来的悲剧"②。还有改编自巴金中篇小说《憩园》的影片(由香港摄制,片名《故园春梦》),夏衍也以他正直、宽厚的小心地坦率地表述:"我不想讳言我喜欢这部小说,我同情这部小说中的那几个平凡而又善良的人物,我同意原作者的小说后记中所说的话,我也希望这部电影能'给人

---

①　樊美筠:《中国传统美学的当代阐释》,中国社会科学出版社 1997 年版,第 186页。

②　夏衍:《杂谈改编》,《电影论文集》,中国电影出版社 1979 年版,第 226 页。

添一点温暖,揩干每只流泪的眼睛,让每个人欢笑'。"①剧作再现了几个富有中国特色的普通人物的欢乐和痛苦。对于温柔、体贴、贤惠、美丽的女主人公万昭华,他的笔下充满了同情与理解,运用细致入微的笔触,写她对于丈夫姚园栋的深情;写她对于败落的大家子弟杨梦痴的怜悯;写她对于可爱的少女寒儿(梦痴之女)的关爱;写她对于家中仆人的善待……她的善解人意,她的委曲求全,她的真、善、美的人性,剧本几乎没有直接的赞誉之词,只是通过人物的语言与动作,便把她心灵的美好更甚至外形的姣丽,入木三分地刻画出来。

夏衍用他的艺术作品,证明着他的创作中严格地遵循"真实"的原则。他的电影剧作,既符合于生活本身的规律,也符合于人物性格发展的规律。当然,一般而言,现实主义作家大都遵循这一原则,具有共同性的一面;但是,真正有成就的、得到社会高度评价的、在文坛占有重要地位的作家,其作品中的"真实",必然有着自己富有个性的独特展现,夏衍正是这样的作家,他的作品中展示的"真实",有自己与众不同的面貌,他的"立意很重,落笔很轻",他的"举重若轻",他的"牵人思绪,意味深长",是他不断地探索艺术规律,并将其融于自己的艺术个性的结果。

其二应该关注的,是夏衍电影剧作在形式方面的独特之处。

当代哲人宗白华先生说过这样一句话:"每个艺术家都要创造形式来表现他的思想",他并引用了德国大文学家歌德论作品所言:文艺作品的题材是人人可以看得见的,内容意义经过一番努力才能把握,至于形式对大多数人是一个秘密。② 这一秘密,耐人寻味。古往今来,只有少数艺术大师曾经窥见过它的"庐山真面目",而更多的艺术家则"只缘身在此山中",故而只能看到它朦胧的身影,或者

---

① 夏衍:《〈憩园〉后记》,《憩园》,四川人民出版社 1983 年版,第 67 页。
② 宗白华:《艺术形式美二题》,《宗白华全集》第三卷,安徽教育出版社 1994 年版,第 399 页。

接近它某一个边缘,作局部的发现和发挥。这个提法,很有意味。它提示了形式在艺术创作中十分重要的作用。

按照老生常谈,内容强调的,是"说什么"的问题;而形式强调的,是"怎么说"的问题。对于电影创作而言,形式的内涵主要在其"视听语言"的运用,它无疑属于表现技巧的问题。在影片中,包括结构的设计、镜头的设计、画面的设计、色彩的设计、语言的设计(人物对话、旁白)、音响的设计、灯光的设计等等。其中特别重要的是蒙太奇的组接。任何一部成功的电影,总是具有这些方面的综合性优势。细分这些方面,则又分属编剧、导演、摄影、表演,乃至美工的创造范围。我们在这里只着重于作为剧作家的夏衍,是"怎么说"他的电影的。

第一,夏衍电影特有的抒情性。中国著名的文学史学家唐弢先生在评论夏衍戏剧作品时,十分精辟地指出:"他的剧本是一首首沁人心脾的政治抒情诗。"①在夏衍的电影作品中,同样可以强烈地感受到他富有个性特征的抒情特色。这一特色几乎贯串于他所有的电影剧作之中;却又有不同的视角、视点,不同的手法、笔法。比如《狂流》,需要着重描绘那遍及 16 省的空前大水灾,于是主要用抒情的笔法,渲染着当时危在旦夕的环境与氛围:一节:傅庄"急走在雨云,风中摇曳的树梢";二节:秀娟房外"豪雨中,映照着灯火的窗户"、"檐溜的水,摇曳的灯"、"风,雨,山洪,长江水标";三节:傅宅客厅"五双沾泥的脚(四双草鞋,一双破旧皮鞋)";四节:堤边"水,水面的树梢、屋脊,群集的难民"……直到最后:"群众以身挡堤,堤决,一片汪洋。""水,水,漂流的人、物。"如此短小精炼的文句,给予观众的却是无限丰富的、触目惊心的想象!又如《春蚕》,在塑造主要人物形象时,仍是夏衍擅长的抒情手法,却重在人物的内心开掘。他以

---

① 唐弢:《沁人心脾的政治抒情诗——〈夏衍剧作集〉序》,《夏衍剧作集》第一卷,中国戏剧出版社 1984 年版,第 2 页。

卓越的眼力,选取了典型细节"大蒜头占卜",并反复运用于人物的心理动态,似乎不动声色之中突出了老通宝的个性和命运。他不是依靠文字上的抒情笔调,而是借助电影镜头对人物动作和细节的细微关注,使之起到抒发人物内心情感起伏跌宕的独特作用。第八节,开始养蚕的关键环节:"窝种"时,作家以中景、全景、特写各种镜头,细致地描绘着老通宝把大蒜头涂上泥,双手嗦嗦地抖着,怀着虔诚的心,毕恭毕敬地放到蚕房墙脚,干瘪的嘴唇默祷一般地动着。这里不仅没有直白的话语,甚至根本没有一句台词,但他对"蚕茧丰收"的急切心情和侥幸心理,却已直达观众的心中,并激起他们心头的牵挂。第十节,神圣的"拂蚕"仪式后,老通宝"悄悄"到墙边,拿起"预兆命运"的蒜头,一个特写:"大蒜头上只有两、三茎叶";紧跟一个特写:"他的脸色立刻变了!"仍然没有作者的褒贬,但凭人物动作和脸部的特写,老通宝的心扉又一次与观众沟通了。第二八节,发生了"白虎星"荷花夜入蚕房的风波后,大蒜头第三次出现,依然是特写,老通宝拾起了它,"只有三、四瓣叶"。他只有叹气、摇头的份儿。不幸的前景预示似将成为定局;作家的笔锋却又来了个陡转,意料之外的蚕茧大丰收,竟使老通宝"跳起来,笑,发狂一般的合拢手谢天"。但跟在"笑"的后面而来的是更大的"灾难":因为他家收成最好而赔上了 15 担叶的桑地和 30 块钱的债! 最后,老通宝落得病卧不起的结局;多多头苦笑着把大蒜头捏作一团,用力扔进门前的溪水中。经过这样几个反复,老通宝活在了观众的心里。

第二,夏衍电影特有的纪实性。一部《春蚕》,在 80 年代还能震动西方如意大利的电影家,原因何在? 我想就在于其中蕴涵着,夏衍在创作中的一种独特追求:近似于纪录生活原生态的纪实性。应该说,他的这一创作特色与他特别钟情、推崇与谨守的"真实"原则一脉相承。他在作品中是如此平易地、平等的与他的人物、与他所面对的生活融合在一起;他毫不夸张地描画着他的人物、人物身处的环境、人物每日最真实的、最有质感的、最有意味的生活,达到举重若轻、沁人心脾的境界。就在《春蚕》里,我们几乎可以看到江南以养蚕为生的农民进行"蚕事"的全过程:修理"蚕台"(养蚕的工具);刷洗"蚕具"(团扁、蚕箪);屋内竹竿上挂着蚕钟;四大娘(老通宝长媳)糊"蚕箪";老通宝查皇历;四大娘"窝种";大蒜头占卜,礼拜"蚕花太子";神圣的"拂蚕"仪式;蚕宝宝的"头眠",用尖头竹筷挑拣和"称头眠"(用竹称算分量);"二眠"用"蚕网""替蚕砂"(清蚕粪);"三眠"之后到"大眠""开蚕"时的蚕已养得个个生青滚壮,不分昼夜地大量吃桑叶,只有靠高利借贷来维持;最后是"扎缀头"、拾老蚕,终于看到"山棚"上一片片雪白,采到一筐筐鸡蛋般硬的蚕茧;蚕民们快活地点燃蜡烛,拜谢蚕花太子的保佑;直到茧厂苛刻的收购、"烘床"旁劳碌的工人、茧厂前拥挤的卖茧人和排得密密层层的茧篰……无不通过电影的特殊手段,直接展现着生活的原汁原味,以真实、朴素、自然的艺术形态,开掘出潜藏在日常生活中的,因其平凡而易被忽略的、既有认识意义又有审美价值的内涵。这也许正是让意大利电影家惊奇并感叹的:原来新现实主义早在 30 年代的中国就已生成,就已有《春蚕》这样好的电影作品的原因吧。类似的手笔,可以在夏衍的许多电影作品中,或局部、或全貌地得到印证。

第三,夏衍电影特有的简洁性。夏衍电影创作的独特艺术个性,还表现于十分突出的简洁特色,用"惜墨如金"四个字来形容夏衍的文笔,绝非过分之誉。他平日谈及文学、艺术创作,总是再三地强调这一点,他常常引用俄国大文学家契诃夫的话:简洁是才华的姊妹。简洁与才华并提,足以说明"简洁"的分量与意义。仔细想来,其中既含有文约语省的驾驭文字功夫,更有言简意赅、以最少的文字表述丰富、深刻内涵的艺术创造本领。夏衍曾在《写电影剧本的几个问题》一书中明确指出"电影是最精炼的艺术","一句话、一堂布景不仅要有一个目的性,还应该有两个、三个目的性。一句话不仅可以交代情节,还应该表现出人物的性格"①。这个原则,在他的创作里体现得很充分。我们首先可以从他的处女作《狂流》中发现,全剧 27 页,40 小节,约 19000 字,作为一部电影文学剧本,它的精炼可谓极致:其中极少长句式,绝大多数文字是一行为一段落,约240 处,三行、四行的段落却仅有各 5 处;在不到二万字中,各种描写手法颇为丰富多彩,比如:剧本中有 77 处字幕,用于道白、抒情、议论;镜头手法则推、拉、摇、移、跟皆有,还有俯拍与划过;蒙太奇剪辑的溶入、插入、淡入、淡出等等,而以溶入为主,共 36 处;画面的景别也很丰富,大特写、特写、短特写、中景、全景、远景俱全,以特写为主,68 处。所有这些"写法",使作品观赏时感觉流畅、生动、节奏紧凑,毫不拖沓;看似自然天成,实则精心为之。当然,我们不应仅仅就其"简约"而赞叹;更要紧的还是"简约"内里的深厚。比如《狂流》中仅仅八个字"风、雨、山洪、长江水标",便把大水灾的环境与氛围尽纳其中。《春蚕》开场不久,"破旧的农家,东颓西败"区区九个字,却可任人想象旧中国江南农村的景象。《祝福》结尾时,已沦为乞丐的祥林嫂走着,"脚的特写。倒下。落叶吹过"。短短 10 个字,里面包含着祥林嫂悲惨的一生,也包含着好人受尽苦难与凌辱的旧社会。而这部剧作的长度也只有 15000 字。应该说,这一特色贯串于夏衍全部电影剧作之中。

其三应该关注的,是夏衍电影剧作在风格方面的独特之处。

风格,包括着一位有成就的作家和他的作品具有整体的、总体的审美独特性,是他的思想深度与艺术个性的统一体现,也是他的作品内容和形式各种要素的综合展示,故曰:"风格是人"。夏衍在电影创作之中,一方面特别注意学习与吸收世界各国的电影艺术的优点与长处,并自觉把姊妹艺术(如戏剧、文学等)的优长与经验,融会于电影艺术创作之中;另方面他又有意识地追求自己独特艺术构

---

① 夏衍:《写电影剧本的几个问题》,人民文学出版社 1978 年版,第 101—102 页。

思与创作手法。如上所述,他的电影剧作,反映生活视野广阔,主题思想鲜明集中,善于进行纵向的概括与横向的解剖,具有强烈的时代性。同时,他的艺术构思巧妙独特,情节结构严谨完整,人物形象真实生动。他具有敏锐的艺术感受力,善于抓住生活中普通而又具有代表性的时间和人物,以现实主义笔法,真实地、历史地加以表现,从而构成了他自己独特的艺术风格。《中国电影发展史》归结夏衍电影创作时,曾做过如下的概括:"不仅在于富有现实意义的题材,也由于独特的结构,精选的细节,真实的环境描写,简洁的蒙太奇处理,以及其它电影表现手段的出色运用,这一切构成了夏衍剧作艺术的特色,也标志着党的电影工作者在当时掌握电影艺术形式方面的一次重大的收获。"[①]

夏衍在自己的创作实践中,努力探索艺术创造的道路与方法;在曲折的人生中,在丰富的生活里,寻找自己所追求的题材与主题、情节与人物。他正是经过漫长的实践过程,逐渐形成了自己独特的艺术个性、艺术风格。我们曾经把它归纳为八个字:质朴、凝炼、清峻、隽永。他的作品深沉感人的魅力就在于他能够以自然而又艺术的笔触,通过普通而又富有特征的生活细节,描绘出一幅"更真实的人生";就在于,他能够"把平凡化为真实,再把琐碎化为陪衬"[②],然后画龙点睛,让人物自己活生生地站立起来,让观众自己得出生活的结论而回味无穷,就在于,在他质朴、凝炼的笔下,蕴涵着深刻、睿智的思想,使人们深深地沉浸在清峻、隽永的艺术境界之中。

二

作为中国最重要的电影家之一的夏衍,是一位独树一帜的电影剧作家,他的作品,无疑是他对于中国电影的巨大奉献,并已载于中

---

① 《中国电影发展史》(程季华主编)第一卷,中国电影出版社1980年版,第220页。

② 刘西渭(李健吾):《上海屋檐下》,《夏衍研究资料》(下),中国戏剧出版社1983年版,第517—518页。

国电影史册。但是，值得我们特别注意的，还有他对于中国电影理论的独特贡献和他对于中国电影事业的管理经验，这同样也已列入中国的电影史册。

我们以为，夏衍对于中国电影理论的独特贡献，可以从前驱性、批判性、建设性等方面分别进行解析。

首先，是夏衍在中国电影理论方面特有的前驱地位。

在夏衍85寿诞时，邓颖超同志特地给他送来了一幅题词："向电影事业的前驱者夏衍同志表示敬意！"这里的"前驱者"定位是十分准确的。"前驱"，指先导者，是在前面起引导作用的。在中国电影发展史上，先行的电影创作。无论是以1896年演出"西洋影戏"，作为中国电影之滥觞，抑或把1905年中国拍出《定军山》，作为中国电影的起始，总之，在本世纪之初，中国有了自己的电影艺术。但是，中国的电影理论却"后行"了许多年，据罗艺军主编的《中国电影理论文选》序言认定，其发轫时期为20年代，选入此书的第一篇文章：顾肯夫的《〈影戏杂志〉发刊词》，是为1921年创办的我国第一份专业电影刊物而作，重在办刊宗旨；其对于电影特性的看法，开了"影戏视"的先河，但总体上仍属于说明的意义。

到30年代初期，夏衍等左翼革命者奉党组织之命，进入文艺领域，先搞戏剧，后作电影，成为党在电影界的领导人——党的电影小组组长。他最先开展的，就是电影理论的建设。其一，1932年5月起，在上海主要报纸陆续开辟电影副刊，为进步电影准备充足的理论阵地；其二，1932年7月，在上海创办左翼电影理论刊物《电影艺术》，从此，中国进步电影界有了第一个自己的理论刊物；其三，1932年与郑伯奇合译苏联著名的导演艺术大家普多夫金的《电影导演论》、《电影脚本论》，7月连载于《晨报·每日电影》副刊，并在1933年2月出版单行本。其中系统地阐述了世界最有影响电影理论之一——苏联的"蒙太奇理论"，这也是此后几十年中对中国电影影响最长久、最巨大的电影理论。普多夫金的"蒙太奇理论"，"注意镜头之间的组合与连接,更重视叙事性。他追求的诗情,往往从环境中选取的物象而构成的一种象征概括"①。这一特性,我们不仅在夏衍的电影剧作中得到印证,而且可以在半个多世纪的中国电影创作中看到它的踪影。凡此三者,均属一年之内的行动,不仅很迅速,而且很成功。其累累成果,对于中国电影理论的开创性作用,是毋庸置疑的;虽然,它还不能使中国电影建立起系统的理论体系,但是对于中国电影在结构方式、叙事技巧、镜头运用、剪辑制作等实践层面,具有重要的实用价值与指导意义。尤其是在中国电影的初创发展时期,一方面亟需相关理论的观照;一方面又无从得到有效的借鉴之时,它正适应了这种"亟需",并发生着应有的作用。前驱、先导,此之谓也。

第二,是夏衍在中国电影理论方面高扬的批判特质。

与世界电影相比较,中国电影与时代、与社会,甚至与政治的变革,有着十分紧密的联系。特别是 30 年代中国左翼电影运动兴起后,进步的电影工作者,面对日本帝国主义的侵略和国民党政府的压迫,自觉地把电影艺术与"抗日"、"爱国"连接在一起,因而独具鲜明的批判色彩。夏衍作为中国共产党在电影界的代表人物,更为明确地举起批判的旗帜,并且在其中发挥了"主帅"的作用。他指明了电影理论与实践斗争相结合的原则,并积极付诸实现。1932 年 6 月,作为党的电影小组组长的夏衍,联合 15 位左翼电影工作者,在《晨报·每日电影》发表声明:《我们的陈诉,今后的批判是"建设的"》,旗帜鲜明地提出电影批评的方针和任务。在思想内容方面,指出"如其是有毒害的,揭发它","如其是有良好的教育的,宣扬它","社会的背景,摄制的目的,……一切,剖解它"。在艺术形式方面,要求:"指出它的技术上的好处与坏处(不但说'什么',而且要说

---

① 罗艺军:《中国电影理论文选·序》,《中国电影理论文选》,文化艺术出版社 1992 年版,第 16 页。

出'为什么')"，"给它以分析的详密的研究"。在批评的方法上，强调"采用'集议'方式，让一切的意见尽量审慎地讨论之后再发表"。[①] 由夏衍组织并完成的这篇声明，显示了左翼电影理论队伍的初步形成；在其主张中，既贯彻着清晰的是非观念；又表示出严谨的科学精神。7月，在电影小组创办的理论刊物《电影艺术》创刊号的封面上，也开宗明义地标出自己的宗旨："公开的斗争，客观的批判，理论的研究，学术的介绍"，明确提出了具有强烈"批判性"的定位与特色。这些主张，在电影小组的行动中，在夏衍陆续发表的关于电影的文章中，不断得到体现。例如，发生于1932年7月美国资本家策划"美国注册"的"中国好莱坞"计划（美国注册中国第一有声影片有限公司、"美国注册联合电影公司"），使中国民族电影事业面临严重的威胁。电影小组立即在各报的电影副刊及《电影艺术》上，针锋相对地给予揭露与批判，使之不到一个月便取消计划、停止了活动。

特别是，1933年起始的、对于"软性电影"的批判。由于左翼电影特有的现实主义冲击力，使得曾经充斥于电影市场的、粉饰现实生活麻木人民反抗意识的影片，失去了众多观众。当时一些为国民党当局张目、与"左翼"相悖的电影文化人，创办了《现代电影》杂志，并发起对左翼电影的进攻。他们在第6期上发表《硬性影片与软性影片》一文，张扬与左翼进步电影对抗的"软性电影论"，鼓吹"电影是给眼睛吃的冰琪淋，是给心灵坐的沙发椅"，宣布："我们的座右铭是：'电影是软片，所以应该是软性的！'"他们攻击左翼电影"在银幕上闹意识"，有"很浓厚的左倾色彩"，使"中国软片变成硬片"，并指斥左翼电影"空虚"、"贫血"、"勉强"、"浅薄"；主张电影要表现"现实人生的丰美"、现实生活的"欣欣向荣"[②]；等等。面对这场严肃的论争，左翼电影工作者纷纷回应挑战。夏衍以罗浮的笔名连续发表

① 《晨报·每日电影》，1932年6月18日。
② 参见《现代电影》第6期，1933年12月1日。

《软性的硬论》《告诉你吧，所谓软性电影的正体》《玻璃屋中的投石者》《白障了生意眼》等多篇文章，对此进行了系统的理论批判，以揭示其"软性"的实质。一、他以犀利的语言，揭穿"软性电影"论者的"谎言"，通过生动的事实、确凿的数字，证明广大观众欢迎的正是左翼电影，正是"暴露了贫民的惨苦生活"的"非常生硬"的影片，而不是软性电影论者宣扬、吹捧的"软绵绵的东西"，并且论证了"企图杀害'新生'的中国电影的生命的"，恰恰是"制作荒唐淫乐的软性影片"的主张。① 二、在文章中，夏衍一针见血地揭示出他们的终极目的："只有在为着他们的主子而反对在电影中反映社会的真实，与防止观众感染进步的思想这么一点"；是"只为着他们在现社会秩序中'盘踞'的地位"。② 三、夏衍也尖锐地揭开"软性电影"的实质，指出："淫乱、猥亵、神秘、荒诞、浪费、败坏、幻梦、狂乱，这一切将道德的颓废种植和感染到人类精神生活的所谓'软性影片'，决不能贴上一张'娱乐'和'慰安'的商标而掩饰它的毒害，相反，真正的娱乐和慰安，应该是互助的精神，团结的意识，争战的热情和胜利的呼喊！这一切是年轻的、健康的，进步的，向上的，所以也就是胜利的，有未来性的！"③四、在另一文章中，夏衍严肃地质问："现代的事物都是软性的么？ 现代的人物和思想都是软性的么？"并明确地回答："国际间政治经济冲突是很硬性的，日本帝国主义侵略中国的'九一八'、'一·二八'总也不是软性的吧……"④五、夏衍还与同志们一起，严正地批判了"软性电影"的形式论，指出他们"崇尚形式而藐视内容的形式论者"，而其实质却在于他们反对的是进步的内容；指出"在艺术史上，作品的内容与形式，始终是内容占着优越性的地位"。"艺术批评者的批评标准应该是：'作品是否在进步的立场反映着社

---

① 参见《中国电影发展史》（程季华主编），中国电影出版社 1980 年版，第 400 页。
② 罗浮：《"告诉你吧"——所谓软性电影的正体！》，《大晚报》1934 年 6 月 21 日。
③ 参见《中国电影发展史》（程季华主编），中国电影出版社 1980 年版，第 403 页。
④ 罗浮：《软性的硬论》，《晨报·每日电影》1934 年 6 月 13 日。

会的真实?'而决不在作品的外貌是否华奢与完整。"①他的系统批判,显示了理论的锋芒与锐气;他与当时左翼电影工作者们的共同论战,廓清了电影理论领域的大是大非;使有着强权政治支撑的"软性电影"论,受到了理论的清算,终于败下阵去。通过这场论争,证明了国民党政府旗下的电影理论,正是半殖民地、半封建腐朽文化的代表;他们的电影作品,正是生活在上海滩的政客、买办们颓废、没落精神追求的写照。而夏衍和左翼电影工作者们,在进步电影理论与实践的开展中,也不是没有缺憾的;但他们在本质上,代表着先进文化的方向,代表着大多数民众的文化追求和根本利益,因此获得了胜利的结局。在30年代的中国,这场论争,对于中国电影健康发展,具有决定性的意义;而夏衍在其中充分显示了自己的智慧才华与坚韧意志。

第三,是夏衍在中国电影理论方面发挥的建设作用。

对于任何艺术的发展而言,理论的批判与理论的建设,必定是相辅相成的;而其中更为重要的,首先还应是理论的建设,它对于一门艺术通向坦途、通向辉煌,是不可或缺的。电影艺术自然不会例外。可以认为,中国的电影理论建设,至今还未能达到应有的高度、深度,更未形成自己独特的美学体系;因而,它理应承担的对中国电影艺术实践的科学指导,至今仍相距甚远。这也是中国电影发展未能更好的重要原因之一。应该说,在中国电影领域里,夏衍主要是一位实践家,而非理论家,他所着力的更多的是在电影精品的创作上;但他对中国电影理论的建设问题,也始终是给予充分重视的。而其主要的特点,在于十分注重联系实际,把理论的建设与电影的实践紧密地结合在一起。

这一特点首先表现于夏衍散见报刊的大量文章。从30年代以来的报刊上,我们可以看到夏衍在电影理论建设方面所做的努力。

---

① 参见《中国电影发展史》(程季华主编),中国电影出版社1980年版,第407页。

包括：一、对于中国电影的宏观关注。其中有关国外电影理论的翻译、电影实践的介绍、评述，如苏联普多夫金理论的引进，《金维多论》、《美国电影艺术的动向》、《电影作家的态度问题——关于最近美国片的杂感》、《美国电影与鬼》等等；有关于电影与其他艺术的交流、电影与评论与观众的关系，如《戏剧与电影的交流》、《影评人、剧作者与观众——电影批评夜谈之二》等等；有关于电影艺术本体特性、创作原则、分类把握的，如《编剧与导演》、《对话》、《更真挚，更诚实》、《谈电影文学创作问题》、《杂谈改编》、《关于电影的几个问题》，以及阐述电影技术、电影放映、美术电影、新闻电影、纪录电影、戏曲电影等等；有关于中国电影的历史总结与未来展望，如《谈中国电影的历史》、《前事不忘，后事之师——祝〈电影艺术〉复刊并从中国电影的过去展望未来》、《历史的回顾》、《关于中国电影运动——答香港中国电影学会》、《中国电影要面向世界》等等。二、对于中国电影的微观考察。几十年间，夏衍撰写了大量的电影评论，对具体的电影作品进行了多方面的分析与解剖。有对于具体影片点评优劣得失的，如30年代的《〈火山情血〉评》、《〈生路〉述评》、《〈重逢〉详评》等；40年代的《造梦与破梦——关于电影〈大独裁者〉》、《推荐〈万家灯火〉》、《追谈〈清宫秘史〉》、《惑与不惑——评〈艳阳天〉》等；50年代的《推荐〈斯大林格勒大血战〉》、《推荐〈中国人民的胜利〉》、《从〈女篮5号〉想起的一些问题》等；60年代的《喜看舞台艺术片〈杨门女将〉》、《以革命的名义想想过去——介绍纪录片〈光辉的历程〉》等；70年代的《关于〈柳暗花明〉剧本的通信》、《给〈梅岭星火〉作者的信》等；有结合作品论析技艺的如《〈吉地〉的技巧及其他》、《〈权势与荣誉〉的叙述法及其他》、《故事连累了导演的一个实证》等；不一而足。

这一特点也表现于夏衍结合实践论述电影创作基本理论问题的自觉。这里不去讲他在散论中经常涉及的基本理论，只从他的一本专著便可得到充分证明。夏衍出版于1959年的薄薄的一本《写电影剧本的几个问题》①,只有 87000 字,自然算不得"鸿篇巨制";却成为新中国第一代电影工作者案头必备的著作。这是因为它从实践与理论的结合上,总结了我国电影剧本创作的经验和得失,又有着电影艺术领域普遍规律的概括与归纳。这本小书,是夏衍 1958年在北京电影学院上课的讲稿整理而成。它包括前言与七个章节:一、电影的"第一本";二、政治气氛和时代脉搏;三、人物出场;四、结构;五、脉络和针线;六、蒙太奇;七、对话。这七个章节的标题,涉及的正是电影剧本创作的七个关键部位;是构成一部完整的电影剧作的七个基本要素。我们以为,应该特别强调的是,从这部著作中,仍然可以明显地感受到夏衍独有的艺术个性和思维特征。突出了他"为大众"的政治观与"求真实"的文艺观。其二表现为他一贯重视民族文化的特性。他时刻不忘"拍片子给中国观众看,一定要按中国人的习惯";他时常运用中国戏曲艺术的独特之处,来讲解中国电影应有的独特规律;他反复强调"民族形式问题",一再论述"外来"的电影艺术,在叙事方法上特别要注意到中国观众对艺术的欣赏习惯;他多次引用清代戏剧家李渔的戏曲理论,来说明剧作人物描写、结构安排、语言对话等等;甚至在重点讲述蒙太奇时,仍不忘提醒"蒙太奇也应该注意到中国的民族特点"。这些地方看似平常,但却不是电影创作者个个都能注意的,而又是许多中国电影失去观众的根源所在。第三表现为他一贯注重的文笔简洁、洗炼。他明确地指出:"电影是最精炼的艺术"、"介绍典型环境要用很精炼的手法"、"一个镜头就把时间、地点、故事都包括了",他在多处反复要求"字字推敲,句句斟酌"的"精炼"文风,多次批评剧本中文字、对话"不简炼"的毛病;他引用唐代大史学家刘知几推重"尚简"的精辟论述:"胼胝尽去而尘垢都捐,华逝而实存,滓去而汁在",从而才能"使夫读者望表而知里,扪毛而辨骨,睹一事于句中,反三隅于字外",并加

---

① 人民文学出版社 1978 年版。

以阐释："一篇作品中只有去掉胼胝，去了尘垢，使中心突出，这样才能达到'以一当百'的作用。"在这部具有经典性的著作中，他照例身体力行，做到全文短而精，章节明而清，正如戏剧艺术大师欧阳予倩的评价："文章里没有艰涩的语句，没有费解的名词，没有支蔓的论述，平易朴实，简练而精辟，可以说是言简而意赅、语近而旨远，对于学习编电影剧本和话剧剧本的人都是很好的路标。"并把它称作"写剧本的一把钥匙"。①

作为中国电影事业带头人的夏衍，在长达半个多世纪时间跨度里，以中国电影的健康发展为己任，以其杰出的组织与管理才能，推进着中国电影走向成熟。这已是人所共知的事实。

30年代夏衍奉党之命进入电影领域之后，成功地组建了党的电影小组并担任组长，立即在四个方面开展工作：掌握电影编剧导向，建设电影理论阵地，组织电影人才队伍，译介国外电影成果，由此开辟了中国进步电影的新局面。对于推动前期中国电影的根本性变革，使之走向繁荣、并形成中国电影第一黄金时代，他发挥了关键的决定性作用。

50年代夏衍再次奉党之命，在文化部副部长的岗位上分管电影，一干十年。他竭尽全力于发展新中国电影事业，是一位擅长管理、并深谙业务的电影事业家。诚如他的自述："我在文化部干了十年，从来没有游山玩水，我连黄山、庐山都没去过。我就是事情做得太多，'文化大革命'才整得厉害。"②首先，作为电影事业家的夏衍，自觉地注重电影管理方面的观念把握与实践探究。一、在政治与艺术的关系上，他从不忽略思想内容的正确性，又始终强调要尊重艺术规律，重视艺术质量。提出：我们的电影应该是"革命的健康的又

———————————

① 《写电影剧本的几个问题·序》，人民文学出版社1978年版。

② 夏衍：《在电影导演会议上的讲话》，《夏衍近作》，四川人民出版社1980年版，第92页。

是艺术的"①。二、他坚持"题材广阔论",主张让作家"写自己熟悉的、感动的、经过深思熟虑的东西"②,为此遭到"离经叛道"的严重批判。三、他经常针对中国电影创作中一些带有倾向性的问题进行细致分析,为提高电影艺术质量,对于中国电影相当普遍地存在的"直、露、多、粗"现象,多次点拨,反复指点,要求"认真地、逐步地加以克服"。四、提醒电影局和各制片厂的领导,要多学辩证法,避免片面性,防止简单化,管理要民主一些,也要防止不敢管理的倾向。五、他一贯关心电影体制,会有片面性与局限性,指派蔡楚生、司徒慧敏到英国、法国、意大利、南斯拉夫去取经,回来后经过认真研究,拟定条例,由中宣部批准试行,为此又一次遭到批判,并成为"文革"中一大罪状。直到1979年的讲话中,他还总结道:"我们没有从实际出发,根据中国电影事业发展的需要和可能,制定出一套电影生产的管理制度。"他一再提醒:"电影事业要来个综合治理","要有懂业务有事业心的厂长、经理和制片人,要有科学的管理方法、考核奖惩制度"。③ 六、甚至具体到电影事业的财务管理,他也给予关注,在厂长会议上,他充分肯定财务工作者的经济分析,批评制片生产的浪费现象,要求增产节约、加强管理、挖掘潜力,使得1959年国庆献礼影片不仅数量、质量取得丰硕成果,而且在提高劳动生产率和设备利用率、降低摄制成本等经营效益方面,也创造了历史最好水平。④ 凡此种种仅属挂一漏万的梳理,但已有力地证明,夏衍"这样一位几十年如一日地为中国电影的成长和发展不辞劳苦的老保姆、老园丁,在全世界也是罕见的"。⑤

---

① 张骏祥:《从"电影的老保姆"谈起》,《论夏衍》,中国电影出版社1989年版,第293页。

② 同上书,第297页。

③ 同上。

④ 季洪:《夏公教我们做电影管理工作》,《忆夏公》,文化艺术出版社1996年版,第274页。

⑤ 张骏祥:《从"电影的老保姆"谈起》,《论夏衍》,第291页。

第二,作为电影事业家的夏衍,始终如一地关心中国电影队伍建设,特别注意新生力量的培养与成长,因为这是电影事业之本。他反反复复地强调中国电影的队伍"先天不足,后天失调"。前者指解放前,中国电影根基浅底子薄,没有一支科班出身受过正规训练的队伍。后者指解放后不断的批判干扰,思想问题学术问题不分,挫伤了积极性,耽误了求知。于是,他一再要求电影工作者"好学深思",要他们多读书,勤练功;要他们学习辩证唯物主义和历史唯物主义;学习科学知识,懂得中外历史;珍惜大好时光,深入现实生活;积极提高修养,广泛积累文化;加强创作实践,练好专业技巧。为此,他在文化部繁忙工作中挤出时间,亲自到电影学院讲课,承担起他并不熟悉的教学业务。这是因为,面对年轻的中国电影事业,他强烈地感受到必须及早对电影人才进行系统的理论培养,才能使中国电影大干快上,与世界先进水平缩短距离。为此,他亲自动笔为电影编剧、导演修改剧本,在十年任上,经他改过的著名影片诸如《青春之歌》、《五朵金花》、《风暴》、《聂耳》、《东进序曲》、《白求恩大夫》等等。其中如《早春二月》,分镜头本共 474 个镜头,经他精心批改,批注约 160 个镜头,达三分之一;《风暴》中有关外国人的几场戏,是他重写的;北影厂重点影片的剧本,无不经过审阅,遇到不符合时代或人物身份的对话,他都会一一改正。"文革"后,他在体衰身残、视力极差的情况下,一仍旧章,亲自指导、帮助作者修改剧本。如《廖仲恺》,近十万字剧本中,仅有三页没有他的笔迹,增加内容达460 处之多,删除有 50 处;《梅岭星火》则几乎每一页都记载着他的红蓝两色字迹,逐字逐句,连标点符号都不放过。为此,他经常与电影工作者对话,给年轻演员写信,对于电影队伍的提高,倾注了大量心血。如在张瑜获得首届电影"金鸡奖"及第四届"百花奖"后,他写信祝贺,语重心长地叮嘱:"千万不要让荣誉成为包袱。经过十年浩劫,社会上、电影界有严重的不正之风,你很年轻,一方面要抵制歪风,同时要加强学习,要苦练基本功,要扩大生活知识和学会观察生活、发现各种矛盾的本领。要敢于坚持原则,同时要虚心听取批评。你风华正茂,前程似锦,希望你为中国电影事业的复兴和进步,作出更大更多的贡献。"①期望之殷切,用心之良苦,渗透于字里行间。为此,他时时关注电影工作者的各方面状况,为他们排忧解难、指点迷津。我国著名电影导演桑弧曾回忆:1950年他编导了揭露美帝国主义轰炸我国沿海城市的《太平春》,报上发表了一篇严厉的批评文章,夏衍在一次公开讲话中指出:这一批评不正确、不公正,影片在广大市民中起了很好的教育作用。这使当时尚在私营影片公司工作的桑弧十分激动,感到温暖,坚定了走革命文艺道路的决心和信心。② 应该说:夏衍为建设中国电影队伍所做的一切,他所发挥的独特作用,对于中国电影的繁荣,不仅具有现实的意义,并将有着深远的影响。

第三,作为电影事业家的夏衍,全面地关注中国电影片种、样式的发展。许多事实证明,夏衍并不仅仅重视故事片的生产,对于新闻纪录电影、科教电影、美术电影等不同类型,均给予尽可能的关心与帮助。一、"在他担任文化部副部长的长时间里,新影摄制的长短纪录片、《新闻简报》、《今日中国》等,他大多调去观看,并及时提出了中肯的意见。"他强调维护新闻纪录电影的真实性,"人民对新闻纪录的第一要求是真实";他指点新闻摄影工作者在现实生活中,在事件发生的现场,"要学会挑、等、抢这三个字的本领。(善于挑选最能反映本质的事物、动作、表情、言语;善于等待最好的一瞬间按动按钮;善于在感人的、带有典型性的情景出现的一刹那,不放过几分之一秒的时间,迅速纪录下来。)"在新影厂创作总结会、全国第一次新闻纪录电影创作会议上,他就新闻纪录电影的特性及社会功能、题材及创作方法、拍摄手法等方面,"从理论到实践,有针对性的提

---

① 徐桑楚:《夏公精神永留人间》,《忆夏公》,文化艺术出版社1996年版,第228页。
② 参见桑弧:《我所认识的夏衍同志》,《论夏衍》,中国电影出版社1989年版,第365—366页。

出了系统的看法,对促进新闻纪录电影的发展和繁荣起到很大的作用。"①。二、夏衍被称为"科教片的知音"。人称科教电影横跨"三国四方":科技、教育、电影此"三国也";再加上"农口",则跨"四方也"。由此而更加困难者:因其非一家之专业,各家难以上心,甚至被比喻为"被爱情遗忘的角落"。而夏衍对于这个"角落",给予了深切的关怀。60 年代初,科普影片《对虾》追求创作上突破,用了一点"拟人化"叙述口吻,受到观众欢迎;却被批评是"对虾伤心史",要大兴问罪之师,夏衍亲笔写条:对虾是一部好影片。保护了这部科教电影的生存。1979 年正值中国电影"百废待举"之时,夏衍亲临科教电影事业规划会议,并作长篇讲话。他强调科教片的重要性:"对国民经济的发展,对提高广大群众的科学技术水平是很重要的",他指出"现在,科教电影和人民的要求不相适应";"科教片一定会很快得到发展";他要求"要提高队伍的素质",要学习马列,掌握科学,熟悉生活,了解观众;要学电影艺术、技巧,使影片引人入胜;他还提出:"今后,科教片要评奖"。如此等等,几乎涉及到所有根本性的问题。这是因为,他坚持:"科教片大有可为,古今中外,天文地理,农业工业,花草虫鱼……"②皆在其中。他经常专门调看科教影片,及时提出其中的弊病。这些言论和行动,不仅显示了他的高瞻远瞩,更体现出他关心的是全民族的科学文化水平,他认为这是时代的需要,不仅是物质文明建设的需要,同时,也是思想建设、精神文明建设的需要。三、夏衍对我国美术电影的发展也做出了自己重要的贡献。他始终是中国美术电影的强有力的支持者,肯定美术电影在中国是大有前途的:"中国电影走向世界的,首先是美术片。"他明确提出:美术片一定要有自己的艺术特点,并叮嘱:美术片要根据自己的艺术

---

① 参见高维进:《实事求是和为群众着想——重温夏衍同志对新闻纪录电影的教诲》,《论夏衍》,中国电影出版社 1989 年版,第 315－317 页。

② 参见张清:《夏衍——科教片的知音》,《论夏衍》,中国电影出版社 1989 年版,第 307－311 页。

特点来找题材,他甚至说:对于美术片,"不要光鼓政治掌,还要鼓艺术掌"。他在关键时刻为中国美术电影撑腰,极力保护美术片少受极左思潮的攻击,如剪纸片《济公斗蟋蟀》、木偶片《一只鞋》及《金色的海螺》等等,在遭受不公正的批评甚至批判时,都及时得到过他的维护而解脱了困境。特别重要的是,夏衍一贯支持中国美术电影走民族化的创作道路,强调指出:"美术片的主要成就,就是民族化的成就。"1956年我国生产出第一部具有民族风格的动画片《骄傲的将军》,立即受到夏衍的赞赏;1958年试制成功第一部剪纸片《猪八戒吃西瓜》,他高兴地说:"剪纸片是中国的东西,有中国味,可以大搞,也可以大量出国。"1960年有了中国特色的水墨动画片,他兴奋地表示:这种动画片世界上是没有的,要很好地总结经验。同时,他也提倡:要善于吸收外国好的经验,因为他期望着中国的美术电影跻身世界影坛,"美术片要以走向世界为荣"。迄今为止,中国的美术片已经在世界40多个国家和地区发行;已有30部美术片得奖45次,为社会主义祖国赢得殊荣。[①] 其中毫无疑问地记载着夏衍的远见卓识与具体扶持。

第四,作为电影事业家的夏衍,一贯地深入现场,直接指导影片拍摄实践。他对于一部影片的拍摄,常常从题材选择,到用多少堂布景、多少主要演员、几处外景、有没有季节性限制、长度多少、摄制周期的估计、如何节约成本等等,都有细致的指导意见。早在30年代拍摄《春蚕》时,为拍摄"育蚕",夏衍和导演程步高特地请来育蚕老农作顾问,并在摄影场搭建一个养蚕房,以求实自然。到50年代主管电影事业以后,他更是经常深入摄影场地,对导演提出十分具体的要求,乃至每一件道具、每一件服装。因为他坚持"严谨的现实主义"原则,认为一件道具搞错了时代,就会破坏整部影片的真实

---

① 参见张松林:《夏衍与美术电影的发展》,《论夏衍》,中国电影出版社1989年版,第298-306页。

性。在现场,他从不当"座上客",常与导演一起通宵达旦地抢拍镜头。1956年北影厂拍摄《祝福》,从选导演到找摄影、请美工、挑演员、定作曲、组织摄制组、看阶段样片……他几乎全程参与。《烈火中永生》拍摄时,夏衍几次提醒扮演江姐的演员于蓝:"千万不要演成刘胡兰式的女英雄!"于是,出现在银幕上的"江姐",把"横眉冷对"处理为内在的动作和内在的精神力量,外表则极平静安详的态度对待敌人的暴跳如雷,而比敌人更高了一筹,这一人物也就成功地塑造为普通而又高大、平凡而又可敬的艺术形象,具有独特的人格魅力。《早春二月》双片审看后,他在抒情节奏、镜头组接、细节设计等方面提出具体修改意见,导演谢铁骊据此补拍了镜头,做了进一步修改;这却成为他推行文艺黑线的"罪证",作为全国批判的"黑标本"与观众见面。当然,在文艺领域"拨乱反正"之后,影片终于赢得公正的评价,也自然成为他"润物无声"的有力明证。

在夏衍的主持下,中国电影朝气蓬勃地向前发展着。国庆10周年时,生产了一批受到国内外好评的优秀影片,如《林家铺子》、《青春之歌》、《风暴》、《万水千山》、《林则徐》、《五朵金花》等等;1962年,我国电影的质量又有新的提高,《红日》、《革命家庭》、《聂耳》、《早春二月》、《北国江南》等影片再一次震动了国内外影坛,有的还在国际上获奖。这些出色的成果之中,包含着夏衍多少心血与劳绩!但是,新中国建立后,文艺思想战线的斗争是从电影开始的;而对于电影的批评,第一个承受者,可能就是夏衍。这也可以说是他的独特之处。其实,30年代他就因为提出搞电影可以"政治上学苏联,艺术上学好莱坞"而受到批评。建国初期,夏衍在上海分管电影,由于制片公司拍摄了《关连长》、《我们夫妇之间》,他受到组织上的第一次批评;1951年全国批判《武训传》,他又首当其冲地受到第二次批评。之后,为了《清宫秘史》,他和电影界又受到冲击。因此,如夏衍所说:"包括我在内,我在上海挨了一棍子,后来到北京管电影,怎能不战战兢兢呢?"①但在周恩来总理的支撑下,他还是拼命地干,"我准备挨骂五年,争取电影翻身"②。而窃据领导岗位的康生、江青,推行极左路线,把电影领域搞成重灾区,使已经缩短的中国电影与外国电影之间的差距重新拉大,夏衍和广大的电影工作者,更遭受了残酷的磨难,直到改革开放新时期的到来。

经历了60年奋斗与耕耘,夏衍以自己的行动证明了:他确是一位长于实干的电影事业家。

综观夏衍的电影道路,从他走上电影岗位,与战友们披荆斩棘开创中国左翼电影事业,到新中国建立后,他和同道们全身心地投入中国电影的振兴之中,其中有一条贯串始终的红线——一个极为明确的目的性:为革命而搞电影。但同时,他又一再强调必须坚持电影艺术的特性,而成为批判、打击、迫害的主要对象。他所走过的这条不平坦的电影道路,在中国的特殊国情中既带有必然性与规律性,也具有独特性与典型性。

在逝去的年代里,夏衍是光荣的前驱者,做出了巨大贡献于他的时代;但我们也不必避讳,他在奋斗中也有过失误与过错。他自己曾经不止一次地讲过:"'左翼'文化运动,当然有'左'的问题,有教条主义、宗派主义的问题,这是需要总结、认识的。"③但是,那个时代的精神,它的基本的、实质性的内涵,如关心祖国的命运,人民的疾苦,以文学艺术为民族振兴做出贡献等等,对于今天仍然具有生命的价值和力量。孙家正同志说:夏公是中国电影的根! 真乃一语中的。

今天,在2000年世纪之交的重要时刻,正值我们的影坛宗师夏衍的百年诞辰,我们深深地怀念他、纪念他,永远铭记他对于中国电影做出的独特、不朽的贡献。当然,更重要的是总结他的独特艺术经验,学习他的独特艺术成就,发扬他的独特艺术精神,为的是:中国电影的今天、明天与未来。中国电影应该有充足信心,迎接市场经济的挑战,迎接新世纪的挑战,迎接"WTO"的挑战。我们相信,这是对我们崇敬的前辈夏衍的真诚礼拜。

我又见到了我的祖父夏衍

沈 芸

　　说起来很惭愧，作为孙女，一个在他膝下 20 年长大成人的第三代，我居然没看过夏衍的一台话剧。和我同辈的人恐怕大都如此，因为他的两部代表作品除了上世纪 80 年代初在京沪两地复排过外，以后就远离了演出舞台，更多留在了书本之中。物是人非，现在离那个"文艺的春天"已经二十七八年了，当时我少不更事还不懂看戏。

　　去年，上海"人艺"重排《上海屋檐下》，我得知消息后还曾计划过专程去趟上海看，但最终这一愿望还是在北京实现了。这部话剧此次进京被冠之以"海派话剧的经典剧目"，爷爷是"海派"吗？他对这一命名会欣然接受吗？我不知道。这是时下流行的说法，"海派"是相对于"京味"而言的，当他这样的"老革命"遇到这种"新问题"时，我想也是会与时俱进的吧。的确，相比他的故乡杭州和居住了近半个世纪的北京来说，上海是他刻骨铭心的生活和战斗过的地方，他对那个城市的深情厚意渗透在了每一个细节的点点滴滴中，譬如风土人情、生活起居及在饮食习惯上"顽固"的坚持，以至于影响到了我这一辈人。很多人都会把我当作上海人来追溯渊源，其实，我知道在我爷爷的眼里，只能听、不会讲上海话的我已经是"小北方佬"了。

　　夏衍笔下的上海不时尚、不小资，也不风花雪月，他的石库门不是今天的"新天地"，那是一个散发着人间烟火的、有质感的上海，更具有真实的普罗大众性。同一屋檐下生活着的五户人家，以及由他

巨匠光华映钱塘——夏衍研究文集

们各自所带回来的"外面的世界",尤其是南方那能让人得忧郁症的梅雨天气都构成了一个巨大的隐喻系统,故事当然要发生在上海但也可以不是。跳出了地域的局限,人物的性格就凸现了出来,我爷爷常说:"猫也是有性格的,写人怎么可以不要性格……"于是,细节决定了舞台上人物们的性格,也就展现了他们的魅力。匡复、杨彩玉、林志成复杂、痛苦的"三人关系",最后以一方出于道义也为了追求更高的理想选择放弃而得以解决,到了1944年又出现在广西桂林的《芳草天涯》里,只是这一次的人物换成了两女一男,这一共同点是我看出来的夏衍作为"作者"个人命题的一贯性,尽管曾被批判为"小资产阶级思想",然而这是他的价值观,他的"人性论"。葆珍和那首"勇敢的小娃娃"是全剧的一抹亮色,是"源于生活、高于生活",也是我爷爷终身所热爱的,即便是渡过了他人生最黑暗的"文革"十年的劫波之后,他依然喜欢天真烂漫、积极向上。我想,夏衍的现实主义创作之路一定走得很艰难,他那个时代和今天有不少相似的地方,"风靡着所谓的'情节戏'、'服装戏'……又深深地抱着不满和反感,……而更沉潜地学习更写实的方法"。所以,他的现实主义写法尽量地避免戏剧化的情节冲突,着力在人物心理与生存环境的状态的写实上。白描勾勒的手法,或许会对现在被电视剧培养出来的观众欣赏习惯是一种挑战,但是不用害怕,时间的沉淀证明这种简约、朴素会成为隽永的风格,仅此就已经大大超出"海派"的意义了。而且,从这部《上海屋檐下》中,我们还能看到对于电影手法的借鉴,那剖面的石库门的场景就像是部好莱坞的老电影,而随着故事展开的前后景关系变化也正是蒙太奇式的切换,这可能算是他30年代进入电影界的一大收获吧。

有一至高评价说夏衍具有"文学家的情感、科学家的思维、哲学家的渊博、政治家的胸怀",我没有问过他自己对此如何看?是否同意。但是《上海屋檐下》在1937年8月13日因抗战全面爆发而未能首演,他本人"对于这个戏的不能上演,在我感到的绝不是失望,而是兴奋和欢喜,抗战的喜炮应该葬送掉一切旧的感情、旧的故事、旧的剧本,而催生出许多更兴奋、更激动、更有助于民族解放的作品"。此时此刻,他已经不再是剧作家而是个革命者了,这种对"小我"置之度外最好地诠释了他"政治家的胸怀"。

等到全剧结束,我内心的激动还是不期而至地来了,泪水盈眶,流了下来。这不"争气"的眼泪只有过两次,上一次是在浙江坐车路过钱塘江的时候,那是爷爷骨灰撒放的地方,已事隔多年。我懂得爷爷不希望我们在他离开后是哭哭啼啼的,他要的是"勇敢的小娃娃"。我已经很多年没见到他了,太长时间没跟他说话了⋯⋯想念他、读解他,长期以来是我很个人化的事情,平时和人谈起来,我总是会聊得稀松平常,甚至没大没小地用"夏衍同志"来称谓他,这种"大不敬",对我来说是只有他这样的长辈才会惯纵出来的"自由化的坏毛病"。

"早春二月"是爷爷喜欢的名字,他是在 1995 年的"早春"辞世的,今年的"早春"他又回来了。剧场帷幕上印着的那张年轻俊朗的脸,是我爱的亲人,生动鲜活而不高高在上,那一刻,我听到了他的声音,再一次见到了他、走近了他⋯⋯

写于祖父本命年、诞辰 108 周年、逝世 13 周年

2008 年 2 月 17 日

夏衍是如何写剧评的

——纪念夏衍诞辰 110 周年

陈　坚

早在 1980 年,夏衍在同《剧本》月刊凤子等人的谈话中便对戏剧评论的状况表示过忧虑,他认为其时的"情况是评论落后于创作。有一种风气,要么捧,要么批,还是一种先讲一大段恭维话,然后加一句:当然,这出戏也还有不足之处……"30 年过去了,比起戏剧创作,评论仍然滞后,大而无当、言不由衷的批评风气于今尤烈。在消费主义盛行、戏剧批评精神为市场经济所冲淡和扭曲的当下,夏衍关于戏剧评论的诸多观点依然不失其价值。

一

夏衍以其对现实的一贯犀利和敏锐提示我们:批评应该是时代的批判者、现实的参与者,戏剧批评应自觉抵制不良的戏剧倾向,努力掌握评论的话语权,彰显批评的姿态和立场,扭转批评的失语和缺席现象。

对于戏剧界的鄙俗化,夏衍向来不吝发言,予以批评和抨击。20 世纪 30 年代中期,中国戏剧界纠正了此前左翼剧运中片面政治化、口号化的偏差,将关注重心更多地转向戏剧的艺术技巧、剧场效果等方面,并成功地举行了几次大型的公演活动。于是,有些人便欣欣然以为戏剧繁荣了,黄金时代来临了,殊不知另一种偏差正悄然而至,那就是过分的商业化:为追求剧场效果而无原则地迎合观众,喜剧、闹剧大行其道,噱头泛滥,在生意经、上座率的驱使下,剧人丧失了更精深地探询戏剧艺术的动力,也忘记了用更高的标准来润泽和鼓舞我们民族的心灵。对此,夏衍坚持:批评家站出来,而不是沉默无声。在《库里琴如此说》等文中他多次严正地指出:"用闹剧的方式来接近观众,这并不值得非难,而问题却只在我们要用这种方式来接近观众的目的。接近了观众之后,传递给他们究竟是些什么东西,是可以使他们滋养的食粮? 是可以使他们解渴的饮料? 是足以使他们振奋的药剂? 是既不滋养也无毒害的糖果? 是暂时感到兴奋而终极可以斫伤生命的鸦片?""通俗并不等于卑俗,闹剧不一定可以拼凑,没有崇高的目的,没有真挚的态度,没有创作的冲动,只凭着业务上的需要而制作不合理的情节,这似乎不该是严肃的文化运动者应有的事吧。"对于中旅的演出,夏衍肯定了他们在中国话剧运动的开拓和发扬上有着不可磨灭的功勋,但同时又率直地表白,对中旅的演出和技风怀抱着深切的忧虑,"不能不指摘这剧团深深的潜藏着的一种企图,用卑俗化的方法来迎合观众的倾向。通俗并不等于卑俗,戏剧大众化的目的,是在提高观众的情操,而并不在投合观众的趣味"。

坚持戏剧批评的立场,不仅要有针对性的纠正剧运中的偏差,同时也要及时推荐、介绍优秀的作家、作品,这对于挖掘和体现符合时代的主体价值观,把握戏剧的正确导向是不可或缺的。夏衍曾盛赞当时的戏剧新人吴祖光(时年 25 岁),对其《少年游》所塑造的形态各异的现代知识分子欣赏有加,对于宋之的的《祖国在呼唤》、《雾重庆》等剧作,夏衍都及时撰文加以点评,为青年剧作家的创作提供引导。而对于业已成名的作家,如曹禺,夏衍也给予了批评家的关注。当《蜕变》发表和公演后,争论之声不绝,有评论认为剧本把"蜕旧变新"的主题表现得像自然界的新陈代谢一样,脱离了现实,不免流于空想。夏衍在《观〈蜕变〉》一文中写道:"那时候正是一个爱国热潮奔腾澎湃的时代,善良的、充沛着爱国热情的作者,谁不对祖国的前途乐观,谁不和他一样天真？他还接触到蜕变的旧壳,当时有许多人甚至认为抗战一开始,这张壳早已经很简单地蜕掉了。"夏衍既看到了剧本过于乐观的一面,同时又结合特定的历史语境,表达了对曹禺的理解与支持:"天真,比狡猾好些,作者的'国民孤愤英雄泪',观众是会明了他,理解他,而加以判断的。"这样及时、中肯的评议无论对于剧作家本人,还是对于剧运整体发展,都是很有助益的。

对夏衍而言,坚定的批评立场是一个批评家基本的素养,他的思想、学识、智慧甚至人格魅力,只有根基于他的价值立场之上,才能给人以真正的启迪。自然,夏衍并不将立场坚定等同于声色俱厉、苛刻、挑剔,而是主张存宽容之心,以和悦的、商榷的方式进行批评。在《〈之子于归〉及其他》中,夏衍便表达了对过甚其词的毁誉批评的反感,"悻悻然寻觅一些缺点也不是我们目下所需要的批评",因为"以严苛的标准来抹杀一个作品的主观批评不能使作者心服"。

二

戏剧评论是对戏剧作品的鉴赏和评价,评论必须在审美体验的基础上进行细致的艺术分析和审美评价。无论褒扬还是批评,一个评论家都应有自己独特的审美发现,以起到引领、指导的作用。比如对于创作中的人性与社会性、现实性等问题,夏衍便通过一系列评论表明了自己独特的思考和识见。

在《一封给日本友人的信》中,夏衍对日本戏剧家久板荣二郎的剧作《断层》和《北东的风》提出了自己的见解:他赞赏作者对于艺术人生的诚实,对其艺术的飞跃表示了欣喜,但也敏锐地捕捉到当中的问题,"一个为人类谋福利而努力的细菌学者,决不能因为他自己对于细菌感到兴趣和亲密而忽略了这种毒菌对于人类的祸害"。这里,夏衍触及了戏剧评论中极为敏感、但却又极为基本的一个问题,即人性的问题。作为一名左翼戏剧评论家,夏衍并不排斥人性,但坚决反对以所谓的人性抹杀、消解作品的社会价值,甚至传达出危害社会的信息,这样的表述绝非对人性的尊重,相反,是对人性的漠视与践踏。与久板荣二郎的处理相异,有些作家,如于伶,急于表述他的责任、他的社会良知,由此而忽略了对人物真实性格的尊重,对此夏衍也极力予以纠正:"作者常常委屈他的人物,不使他们从他特定的身份、意味、环境和某一特定的时代氛围中行动、讲话和得到归结,而常常借用他由自己来代替他们说理","从性急的呼喊到切实的申述,从拙直的说明到细致的描写,从感情的投掷到情绪的渗透"……只有这样,夏衍认为才能将其社会责任感、将其人性良知真正展现出来。基于此,夏衍对美国剧作家史坦贝克的《人鼠之间》表现出了浓厚的兴趣,也提出了独到的发现。

在《读〈人鼠之间〉》这篇评论中,夏衍特别评述了凯弟被迫杀死自己从小喂养的那只狗的场面,"这是一个使人心酸落泪的场面,沉默,沉默,在沉默之中,每个人的神经集注在狗的身上,集注在凯弟身上,也许应该说,集注在凯弟和狗的'友情'之上。谁说被社会压坏了的人便失去了对友情的真心? 谁说对狗有爱情的人会对人没有爱情? 尊重别人的爱情的人才是真正的尊重爱情"。夏衍抓住这一特定的场面,透过作者不动声色的表象,非常精确地把握到了史坦贝克冷峻的现实主义刻画和象征手法的运用,从而揭示史坦贝克深沉、内敛的人性意蕴;而这种人性蕴涵由于同社会现实的冲突、由于同自我生存本能的冲突,而显得尤为震撼。

夏衍的戏剧评论,并不仅仅限于观念、意识形态层面,他对剧作家艺术上的独具匠心,总是能及时窥见。在《作剧偶谈》中,夏衍专门评述了戏剧的文法,如结构、高潮、伏线等,并以李健吾的《这不过是春天》为例,对剧作必备的技法详加解说。而对于他认为有缺陷的剧作,如《日出》的结构,夏衍便深觉第三幕的不协调,奉劝作者"无论从结构上或对话上说,都是应当断然割爱的"。

进入当代文化氛围,批评的处境尤为艰难,但夏衍依然坚持其评论家的"发现",不放弃对批评对象的艺术标准,在评论燕鸣京剧团的京剧《白毛女》时，便直言其艺术的不完善，如表演艺术、风格的不统一、不和谐问题，而这种不统一恰是当时的现代戏曲难以克服的一个通病。在《读〈关汉卿〉杂谈历史剧》中，夏衍重申了历史剧创作中尊重历史真实，合理进行艺术虚构、创造典型人物以及表达爱憎、理想等主张，从评论家的视角对历史剧创作问题进行了思索。

三

在《生活 题材 创作》中，夏衍写道："我们希望有好的批评家，要有思想水平高、懂得艺术规律、又深知作家甘苦的批评家。批评家要比作家站得更高一些，看得更远一些，懂得更多一些。"其实这里包含了夏衍对批评家的学识有很高的期待。

批评家是信息的梳理者、鉴定者、评判者，面对纷繁的文化事件和现象，应以专业的眼光推动戏剧创作与戏剧运动中先进价值观的传达，发掘艺术人才、鼓励艺术创新，有效地引导舆论。无疑，这对戏剧评论家的理论修养和专业素养都提出了更高的要求。夏衍曾以李健吾为例，指出李健吾看过、评论过他的所有剧作，长达一万四千字的《评〈上海屋檐下〉》更是让夏衍受益匪浅，因而夏衍道：自己写剧本是半路出家，而李健吾写剧评是科班出身。李健吾既是才华横溢的剧作家，又是一位学识渊博的学者，所以他的剧评才能一语中的，既令剧作者本人心悦诚服，也给读者以极好的引导，真正取得开卷有益的功效。

同时，夏衍强调，戏剧评论不是掉书袋，枯燥、死板的学究气绝非剧评家的最高境界，因为文艺批评也是文学大家庭中的一分子，也要讲究文采。当然，文采并非简单的卖弄辞藻，而是批评家艺术修养与艺术才能的综合体现。在《作剧偶谈》这篇讲演中，夏衍谈古论今，对中西方戏剧思潮和作品信手拈来，显示出扎实、深厚的戏剧学识。当中，夏衍特别提到了李健吾和日本剧作家菊池宽。菊池宽曾说如将人生比作河流，戏剧就是河流中的险滩、激流、漩涡和急转弯部分。对于戏剧的紧张、刺激特性,菊池宽以吹气球为喻加以描述:第一次吹时,别想可以达到应有的那样大,大到相当的程度就不能再勉强了,只有把球里的气放掉,然后再吹;这次当然可能吹得稍大一点,但较应有的程度还离得远,还得放掉;就这样放掉再吹……多次之后,气球的宽紧度松弛了,才能得到理想大的球体。菊池宽所论为如何吸引观众、操纵观众的情感。对此夏衍认为当中涉及的不仅仅是技巧的问题,更关涉剧作家修养与能力。"修养与能力当然只有靠自身的能力。首要的当然是要多理解人生,精湛地分析当时社会的生活现象。其次,选择世界名著逐句逐段地加以研究——这对自己是非常有帮助的。"剧作家是如此,作为表述戏剧文化理念和精神高度的剧评家岂可例外。

很长一段时期以来,我们对批评的宏观意义强调很多,不断地纠缠诸如批评的话语权、领导权这样宏大的话题。但批评的本质依旧是艺术批评,因而戏剧批评的美学品格理应得到强调。在《作剧偶谈》中,夏衍就预备、展开、伏线、转变、高潮等具体方面娓娓论述了戏剧的文法,对李健吾《这不过是春天》的写作更是倍加推崇,显示出一个评论家应该具备的艺术感受力、想象力和判断力。在行文中,夏衍语句简洁、流畅,譬喻生动,他不仅发现了原作品的精髓、发掘出原作品的美学形态,并能以令人愉悦的、有美感的批评文字表述出来,通过一种直观的、感性的、美学的把握,真正引领读者走进戏剧艺术现场。

批评的生命力源自批评家对美的感悟,对现实立场和精神品格的坚守;与此同时,批评家还应不断提升自己的艺术修养,积极参与艺术美的创造。只有这样,我们才有可能保持批评自身的独立性,彰显批评的价值。

从《上海屋檐下》到《芳草天涯》

——中国文坛上的老布尔什维克的另一面

泓　野

夏衍,20 世纪的这位"世纪同龄人",走过一条独特的人生道路和文学道路。他是以一个职业革命家兼翻译家的身份,与十里洋场的旧上海滩上的左翼文化人建立了广泛联系,进而代表中共地下党组建一系列左翼文艺团体并领导 30 年代左翼文艺界的。在新中国,除了六七十年代他被比他更左的当权者整肃的遭遇之外,长期作为文化部和全国文联的高官领导全国文艺界、特别是电影界。他称得上是中国文坛上的老布尔什维克。

在这样一条人生道路上,早年就投身革命的夏衍通过文学翻译的工作实践,接受了俄苏文学的深刻影响;同时通过组建左翼文艺团体的革命活动的机缘,开拓了他自己的电影、话剧和报告文学的创作道路;而在他的整个职业革命家的生涯中,他越来越显露出自己的艺术敏感和审美判断力,给中国文坛留下了《包身工》和一批优秀的话剧、电影剧本等传世之作。

在夏衍的范围广泛的文学成就中,最突出的应该说是他的话剧创作,特别是《上海屋檐下》,使他成为堪与曹禺、老舍并列的、迄今代表中国话剧最高成就的几位经典剧作家之一。

夏衍的现实主义话剧经典作品向世人展示了这位文学巨匠的内心世界,但也正是在这里开启了他的文学道路的某些内在矛盾。

据夏衍自述,他的"第五个剧本"《上海屋檐下》严格说来其实是他"第一个剧本",这是就他所理解的真正的现实主义意义上而言的,正是在这一剧本创作中他"开始了现实主义的摸索"。应该认为,这一自我判断是实事求是的和准确的,表明夏衍这位左翼文艺领导人不愧为一位诚实的和富于审美自觉的作家艺术家。然而,恰恰是作家本人最重视最满意的这个剧本(1937年),在30年代左翼剧运中得到上演的机会最少,而且至50年代权威的人民文学出版社编选《夏衍剧作选》时(1953年),竟以此剧写"儿女情长"为由将其摈除在外。据夏衍追记,当时"出版社编辑部给我写了一封信,说这个写儿女情长的剧本在新时代没有教育意义,主张从选集中抽掉,我没有话说,就同意了"(《夏衍剧作集》第一卷第258页,中国戏剧出版社1984年版)。及至40年代完成于抗战胜利前夕的《芳草天涯》,这部表现中国知识分子在八年抗战中的心路历程、实际上成为夏衍现实主义话剧终曲的力作,也遭到了与《上海屋檐下》相同的命运,它在当时"大后方"重庆左翼文艺界开展的"整风运动"中受到来自延安方面的批判。作为左翼文艺领导人的夏衍这两部现实主义话剧经典在左翼圈内的如此历史命运,实在是历史的讽刺。

显然,这两部话剧经典在意识形态和价值观点上,有"违规"或"越轨"之处,有不合乎左翼或红色文艺的政策规范和价值标准之处。(联系1959年他在领导岗位上公然鼓吹创作可以超载"老一套的'革命经'和'战争道'",可见这种在红色圈内"离经叛道"的思想在夏衍早已有之。)从30年代左翼剧运与《在延安文艺座谈会上的讲话》(1942年)以后的文艺政策并无二致。以这条"红线"来衡量,上述两剧"写儿女情长"所涉及的,实际上不能见容于红色阵营内的"普罗文学"或"工农兵文艺"的所谓"人性论"、"人道主义"问题。

1931年制订的《中国左翼戏剧家联盟最近行动纲领》作了如下规定:"本联盟在现阶段对于白色区域戏剧运动之领导规定下列六条之纲领(对于赤色区域另订之)。……致力于中国戏剧之普罗列塔利亚写实主义的建设……剧本内容的配合以所参加的集会的特殊性质与环境来决定……从日常的各种斗争中指示出政治的出路";无论在城乡演出,均须"配合当地"政治斗争任务及其"中心口号"并且予以"宣传"。其纲领中提到的"普罗列塔利亚写实主义"则指的是:作品的艺术价值的大小……应该根据这种作品对于解放运动所及的实际效果来评价……一定要适应着目前普罗列塔利亚政权所规定了的当前任务。(夏衍《文学运动的几个重要问题》、《拓荒者》1930年第1卷第3期)显然,30年代左翼文艺的这一指针,与40年代毛泽东以更加简明的语言作出的"文艺服从于政治"、"文艺为政治服务"的规定是一脉相传的。与此相应,如果作家艺术家"比较注重研究小资产阶级知识分子,分析他们的心理,着重地去表现他们",这样的文艺创作就与"人性论"一起成为禁忌,而被斥之为"灵魂深处还是一个小资产阶级知识分子的王国"(《讲话》),正是以此为根据,1942年延安整风后受中共中央宣传部派遣的何其芳跑到重庆,对《芳草天涯》剧中"宣传个人的爱情或者幸福很神圣很重要"(转引自陈坚、张艳梅:《世纪行吟——夏衍传》,浙江人民出版社2005年版,第172页)展开批判,并公之于当时的中共中央机关报《新华日报》,而建国后《上海屋檐下》因"写儿女情长"受到摒斥,也缘于此。

虽说是老资格的左翼革命家,但夏衍既不同于带枪的武装部队首长,也不同于掌权的左翼政治家,他始终是个拿笔杆子的文化人。在他被"老头子"鲁迅正确地因其早年"左得可爱"而戏称之为"四条汉子"之一以后,与周扬不同,他有了长足的进展,这个前"甲种工业学校"学生是谦虚的,他"读了曹禺同志的《雷雨》和《原野》"深受感悟而"开始了现实主义的摸索",终于在抗战时期写出了《上海屋檐下》和《芳草天涯》(剧中并没有"冲呀、杀呀"之类的言词或场面),与曹禺共同铸造了中国话剧的黄金时代。

艺术创作是经受时间与历史检验的。半个多世纪过去了,《上海屋檐下》已被公认为中国话剧中的契诃夫式的典范作品。《芳草天涯》如何呢？应该认为，这是夏衍的成熟之作，是心理现实主义话剧的硕果。在主干的情节框架上，此剧与《上海屋檐下》相仿，是围绕着三角恋情——这在《上海屋檐下》剧是时代与环境造成的"一女两男"之间已成事实的婚姻，而在《芳草天涯》剧则是"一男两女"在战乱的大时代背景下的婚外情——展示并探讨情感生活与婚姻危机；如同"润物细无声"般的深入细致地展开的戏剧冲突，最后都以主人公在感情上的自我牺牲来解决，暗示时代使命感是摆脱婚恋困境的出路。在这"言犹未尽"的冲突结局中，——结局带点英雄主义色彩，使因规避恋情而在战乱环境中"失踪"的孟小云以"战地服务团"身份重新出现，剧情免于濒临的悲剧而构成"突转"，这里打下了左翼文艺的印记，——我们可以感受到主题的多义性：在这两剧中，比之表现革命者(匡复)和进步知识分子(孟小云)的高尚人格，或比之表现"时代革命高于个人幸福"，剧本深层次实际上隐藏着一个比上述的社会学主题更高的人文主题——这就是在人与人之间的感情关系中应该怎样对待自己和他人，怎样做才合乎尊重自己也尊重他人的人道主义(而这正是夏衍曾深受其影响的列夫·托尔斯泰作品中得到动人表现的思想)。这里我们看到了夏衍这位左翼文艺领导人不但有着领先的革命政治倾向，而且有着更深刻更广大的人文关怀；正是他以自己真诚的生命体验灌注在其现实主义杰作中的人文精神使夏衍超出了一大批中国左翼作家和红色作家的范畴，而跻身于经典作家之列。这种"以人为本"的人文精神或所谓人道主义(准确地理论表述应是马克思在《1884年经济学——哲学手稿》中所提到的"人本主义")，不是什么"小资产阶级知识分子的王国"，而正是贯穿在古今中外文学经典中的精神价值与艺术价值，是使每一个大作家"走向伟大"的胸襟与眼光。

进入现代社会，世界上有众多政党，其中有的如要把文学艺术纳入自己奉行的政策轨道，对于其自身来说可能是必要的。但文学艺术有自己的发展规律，它要面对"永恒价值"(即上述的精神价值与艺术价值)的考验,因而它的目标既高于对急功近利的经济利益的追逐,也高于适应特定时期政治需要的宣传。每一个真正的作家艺术家都意识到这一点。(伟大的鲁迅就表示不赞成"囿于普洛革命文学",见于《答徐懋庸并关于抗日统一战线问题》一文。)这不是什么"艺术至上主义",而是对艺术规律的尊重。世界上的事物(从大自然、社会经济到各种文化)都有各自的发展规律,文学艺术也不例外;"唯意志论"地无视或违背某事物的发展规律,难免会在某个领域受到惩罚。

夏衍这位在上世纪20年代就入党的老布尔什维克在建国后庞大的党政系统中享有一席之地,身后在中共党史上也会被写上一笔。他的剧本《上海屋檐下》和《芳草天涯》已成经典,某种意义上说这是由于夏衍身为左翼文艺领导人却从未加入左翼组织的曹禺的剧作中得到启发,从而在已显示与《包身工》中的人类文化的人文传统基础上走向心理现实主义的话剧创作,使自己不"囿于普洛革命文学"。这使夏衍在中国现代文学与话剧中、从而也在人类文化史上占有重要地位,并给后世留下了深刻的启示。

二○○六年七月二十七日

浅析夏衍改编剧作的风格及手法

赵 瑜

　　对于 20 世纪的中国电影而言,夏衍在一定意义上称得上是一面旗帜。

　　谈论夏衍的电影剧本创作及改编,和通常意义上的作品研究不同。因为首先他的作品已经脱离了孤立创作的范畴,同广泛的社会现实和时代风貌联系在一起,成为一个时代和一段特定历史时期的写照,并且始终和时代的风云变化息息相关,夏衍一生中最为优秀的剧作都是同这种现实主义精神紧密联系的。其次在剧本的改编方面确立了独树一帜的风格,夏衍曾在他的文章中明确指出"改编是一种创造性的劳动,他一方面要尽可能的忠实于原著,但也要力求比原著有所提高"。在他出版过的电影理论文集中,其中《写电影剧本的几个问题》被公认为中国电影剧作理论的代表性著作,更以一系列文章和讲话,创立了一套较为系统的电影改编理论。对当前的电影剧本的创作和改编产生了深远的影响。

　　无论是上个世纪 30 年代改编的《春蚕》,还是五六十年代改编的《祝福》、《林家铺子》、《革命家庭》、《烈火中永生》和《憩园》,都是颇具特色的优秀之作,尤其是《祝福》和《林家铺子》堪称是中国电影史上的艺术精品。而所有这些影片对名著的改编,无不是立足于现实和依赖高超的艺术手法来完成的。下面就对夏衍不同时期改编的三部作品《春蚕》、《祝福》、《林家铺子》在深刻的反映社会现实生活和运用电影语言来塑造人物形象、提升原著高度两方面进行分析阐述。

上个世纪 30 年代在民族危机和阶级矛盾日益加重的社会背景下，左翼电影运动轰轰烈烈地展开。反对以往漠视现实生活，宣传侠盗之类的商业电影，以真实的人生为支点，扩大电影题材，使关注现实苦难和社会时代的弊病成为当时的主流趋势，从而造就了中国电影现实主义传统的根基，而夏衍无疑是这场左翼电影运动中的杰出代表。

继第一部反映长江流域 16 省水灾的电影剧本《狂流》之后，夏衍在 1933 年根据茅盾的小说改编的《春蚕》，这部作品朴实、平实，没有任何尖锐戏剧冲突的小说改编的电影，作为一次突破性的尝试，首次将新文学改编成剧本，将新文学的因素带入电影，夏衍也从此开始了他改编高手的历程。《春蚕》冷峻地表现了 20 世纪 30 年代农村经济日益破产，丰收成灾的现实境遇。它全景式地再现了江南农家的生活，通过对蚕农完整劳动过程的真实记载，反映了农家生活的辛酸。无论是道具的选用还是江南农村特有的景致展现，都是把真实性放在最重要的地位上，极具"纪实美学"的价值。一方面在人物塑造上，将剧本赋予人生的个性色彩在银幕上得以自然的体现。如蚕农老通宝一家的人物形象，老通宝的勤劳守旧和多多头的大胆多情等塑造得十分鲜明。尤其是老通宝的形象十分典型，可以堪称是 20 世纪 30 年代农民形象的代表。另一方面在描绘真切自然的同时，更深入地再现人生的无奈与苦辣酸甜和面对无常命运的焦急疲惫，痛苦辛酸。使得整部影片别具一种真实的美感，为电影创作的现实主义走向奠定了坚实的基础。这基于在改编时，夏衍没有采用既省力气又易于被当时观众所接受的提高戏剧性的方式来吸引观众，而是力求尽可能地忠实于原著的艺术风格。在生活的广度上和艺术的深度上进行挖掘和创造，为时代推波助澜。《春蚕》没有采取戏剧化手段将剥削压迫"物化"成为一种可见的恶势力，而是还给他以本来的"无形"的面目，在这双"无形"的手的支配下，细腻地展示了平静的生活流程如何将人慢慢地引向灾难与绝望。从而深刻揭示出资本主义在"公平交易"外衣下的巧取豪夺。更值得注意的是，这部影片将蒙太奇的电影思维和通过视觉化的细节和环境的处理巧妙地结合在一起，通过富于表现力的电影语言来体现这种深刻的现实主义精神。

30年代出现的一大批优秀情节的影片，在时空结构、造型表现、声画蒙太奇方面都有了很大突破，正在逐步摆脱电影初期舞台化影响的痕迹；在叙事上，不再沿袭戏剧叙述的模式，突破了戏剧的束缚，形成了写实性电影比较自由的时空观念和朴实的叙事风格。在上述电影语言的运用中《春蚕》是一个很好的例子。在无声片的时代，要保证完整的时空状态的叙事内容，字幕的作用必不可少。字幕在其中虽近乎是阅读工具，但在电影中它等于是对于画面的一种补充，从而有其独特的价值和地位。如《春蚕》中"一个春风怡荡的午后"，"在期待和紧张中过了三天"等，是说明叙述情节的需要，而"这是一个千百年来相传的仪式，今后一个月，他们便要整日整夜地和恶劣的天气以及不可预测的命运进行搏斗"，这里在对情节的描述中，带上主观说明和评价，也是作者告之观众的感情体现。在《春蚕》中还有"头眠，二眠，三眠，蚕壮了，人瘦了！但是老通宝一家充满了空前的喜悦"的描述，显然是人物心理状态的点睛描绘，是情感的渲染与点化，它使得画面的意味更加真切，加强了我们对人物复杂内心的理解和接受。另外"溶"镜头的多次使用，对人物情态的展现，和人物内心的描绘都是夏衍运用电影语言的成功之处。当时就有人称赞这部影片"不用标语口号，不用想象，不用戏剧的夸张来粗暴但是空虚的发泄，而只是抓住了现实，细针密缕地描绘出帝国主义者侵略之下中国农民的命运和中国蚕业的命运"。这种尝试改编的意义不仅在思想内容的表达上，在艺术手法的观念上也是一样的，在改编过程中，夏衍没有按照人们建议的那样去做，而是在努力地严格遵循着原著提供的情节发展方向和任务的行为逻辑上进行改编，使改编创造和原著素材有机融合成一个整体，《春蚕》准确地把握和保持了原著的那种娓娓而谈、平易亲近的叙述风格,并恰当地将电影语言运用到其中,这正是它改编最成功的地方。

谈夏衍的电影离不开时代背景,无论是上个世纪民族矛盾剧烈爆发的 30 年代,还是新中国成立后平稳发展的 50 年代,夏衍的创作都是与时代密不可分的。在对英雄"高大全"的形象热烈歌颂的年代,电影人物形态都表现出单一的一面,所谓时代精神主宰下的产物。夏衍以及他那个时代的电影文学作家们,演示的也都是一种"围绕在一个特定符号里的旋律"。但必须提及的是,在相当政治化的年代,夏衍一方面转变身份,顾及时代和政治要求,另一方面坚持"电影需要为人民服务","努力地由百姓观点,被压迫者的观点,表现他们的失望、愤怒、惋惜、苦恼和希望,把电影转化成一首诗篇",使得中国电影现实主义和严谨的传统血脉得以传承。《祝福》和《林家铺子》便是这个时期诞生的时代精品。

1956 年,夏衍根据鲁迅的原著改编了《祝福》,1958 年又根据茅盾的原著改变了电影剧本《林家铺子》。这两部作品结构严谨,风格朴实,人物形象饱满,富有鲜明的时代气息。

首先《祝福》是为纪念鲁迅逝世 20 周年而拍摄的,它也是中国大陆拍摄的第一部彩色故事片。夏衍在改编的过程中,忠实于原著当中冷峻凝重的悲剧氛围和艺术风格,充分体现了鲁迅的思想深度并且有着鲜明的电影表现特点,是中国名著改编电影中一个成功的范例。影片创造性地丰富了作品的细节和生活环境,并成功地塑造了祥林嫂这个人物形象,使熟悉原著的人都信服地统一在银幕上祥林嫂的艺术形象上。祥林嫂的悲剧是封建神权、族权和夫权等重重锁链造成的结果,是旧社会千百万劳动妇女悲惨命运的缩影。夏衍改编的剧本在情节上抓住了祥林嫂生活中几次坎坷的命运,有层次和节奏地展示出人物的喜悦与悲痛,忍受与反抗等不断变化起伏的感情特质。特别是其中三次"祝福"场景的前后对比以及祥林嫂儿子阿毛鞋子的数次出现等细节,将祥林嫂悲剧命运的形象刻画得栩栩如生,从而深刻地体现了原著的批判力度。另一方面,夏衍在改编的时候对原著的一些细节进行了修改,为影片增色不少。如:为使故事完整统一,没有让鲁迅先生出场,将第一人称改为第三人称,保证了叙事的连贯性;并让原著中的祥林嫂询问灵魂有无变成自问式的独白;而关于祥林嫂砍掉她捐的门槛的电影情节,夏衍则是以开放的眼光,依据越剧的改编,这样做更符合故事中人物性格的特点和性格走向。而影片另一成功之处在于画面真实地反映了鲜明的时代特征和浓郁的江南乡镇风情。片中布满青苔的拱桥、深锁的庭院、门楣上的匾额、阴森昏暗的神庙、江南水乡特有的乌蓬船,鲁家写春联,煮福礼,擦锡器,点檀香,山地人娶亲等风土人情,都真实地再现了鲁迅笔下特定时代中特定的地域风情。

而另一部由茅盾的著名小说改编的影片《林家铺子》,它凭借细致而精彩的写实手法,成为中国电影史上屈指可数的优秀作品之一,是特定年代诸多以名著改编的方式成为银幕经典的创作范例之一。在改编过程中夏衍遵循原著,以严肃审慎的态度,利用电影形式再现了茅盾原著的主旨:用林家铺子的命运映照那个动乱时代整个社会经济破败的现实,用林老板这个悲剧典型表现当时处于风雨飘摇中的整个民族工商业的共同命运。在极其凝炼隽永的笔触中,描绘了一幅 30 年代遭受战乱冲击的我国江南某镇的生活图景,简洁地勾勒出了饱经帝国主义、封建主义、官僚资本主义压榨的中国社会的缩影——林家铺子的命运变化图。影片以复杂的眼光审视林老板,隐含着一种既同情又批判的态度。表现出林老板这类人物思想性格的两面性。他既受官僚资本的钳制,同时又剥削、欺压比他更弱小的人们。在谈及《林家铺子》的改编时,夏衍曾说:"在当时为了要组织起'抗日救国'统一战线,对压迫较重的中小工商业者,主要还是引导他们走上反帝反封建的斗争,而不把矛盾集中到人民内部的阶级矛盾。可是这部作品改编成电影在今天放映时,观众就完全有理由要求我们对《林家铺子》里的人物做出应有的阶级分析了。对林老板这个人物性格作了一些必要的补充。处理成'对豺狼是绵羊，但是他对绵羊则是野狗'，'大鱼吃小鱼，小鱼吃虾米'，是当时的社会现实，不把林老板写成一个十足的好人，不让今天的观众对林老板有太多的同情，应该说是完全有必要的。"在原著中，茅盾将林老板塑造成一个值得同情的人，而夏衍的剧本丰富和发展了原作，深刻表现了林老板驯良怯懦的个性。也揭示出他一旦走投无路，也会露出欺小凌弱的面目来，使得人物形象和人物性格更立体化和复杂化。再加上谢添以其细腻的表演，拉开了人物的感情层次，突出了复杂的矛盾心理，使其成为新中国银幕上又一个具有魅力的艺术典型。另外一点在《林家铺子》叙事方法的改编上，夏衍最初曾设想用倒叙，即以20世纪50年代一个工商业辩论会开场，已经是40多岁的寿生，这时作为公私合营商店的私方经理，在辩论会上用今昔对比的方法追叙20世纪30年代，从而转入影片主要表现的场面。后来，这一设计被夏衍否决了，认为这是"带上一顶帽子和拖了一个尾巴"，在结构和情节上都很不协调。也正是夏衍的艺术眼光造就了现在影片的经典样式。这部改编的电影不仅精准地传达出原著的精神主旨，还完成了同社会政治环境良好的沟通，从而成为了新中国电影中最杰出的艺术典范。

综上，把握时代脉搏，以其鲜明的时代特征和独特的艺术表现手法铸就了夏衍剧作的现实主义价值，并以其出色的创作成为中国电影标志性的存在。"塑造出具有中国民族特色（包括特定时代，特定环境）的人物性格，将典型的中国环境中的典型的中国人呈现于银幕之上，反映出不同于外国人的中国人的伦理，而适应中国观众的审美需要，得到社会容纳与群众认同。对于中国电影的创作者来说，实现电影本体与中国本土的完美结合，是中国电影发展的必由之路。"这番话至今对我们仍有很大启示。

文化探索者

——读夏衍的《影评与剧论》

子　安

夏衍是中国电影的一面旗帜。他创作的电影,教育、鼓舞了几代中国人。是形成中国现实主义电影风格的主要力量。许是他的电影光芒掩盖了他的影评与剧论,后人在解读、研究夏衍时,他的文艺思想、电影理论等有关方面的史料就相对匮乏。由陈坚教授主编、浙江大学出版社出版发行的夏衍《影评与剧论》,正好填补了这一空白,为今后深入研究夏衍,提供了广阔舞台。

阅读夏衍的《影评与剧论》,有一种久违了的快感。这种快感来自于他渊博的知识、丰厚的学养及匠心独具的文艺理论;来自于他对中国电影、戏剧始终如一的爱。这种爱,超越时代,超越私情,能最大限度地团结广大的文艺工作者。大爱之心成全了他一个人道主义者。而人道主义者是以讲真话为荣的。因此,夏衍的每一篇文章,都是真情实感的流露,没有假话、大话、空话,没有"棒子、帽子"的伺候,也没有以高层领导或专家自居,拉大旗作虎皮地去训斥、吓唬一些人。更多的时候,他的文章就像一位慈眉善目的长者在和后生娓娓地探讨着人生的大事。只有在一些重大问题或原则问题上他才会大声疾呼。这样的文章有思想深度却不会令人感到紧张,有文化高度而让人可敬可亲。夏衍的影评与剧论的最大特点在于始终遵循电影、戏剧的特点、规律,不搞个人唯意志论。尤其在政治与艺术的关系上,他处理得最好。他曾在多种不同场所或撰文呼吁,电影、戏剧不光给人以思想教育,也要给人以娱乐。要通过电影使人得到些历史知识和文化知识。上世纪 50 年代末"左"的一套已经在侵蚀文艺界时,他仍坚持自已的观点。1959 年在全国故事片厂长会议上,夏衍力排众议说,去年我们有很多片子所以不受人欢迎,就是娱乐性太少了,给人的艺术享受太少了。

针对电影创作的题材越来越少,进入千篇一律的怪圈时,他为电影的现状困惑、忧虑。他在一篇《题材、主题》的文章中说,题材还是不广泛,样式还是不多样化,要增加新品种。他说领导有号召的自由,作家有选择的自由。他还说,破除迷信,似乎把电影的规律也破除了。电影特性讲得少了。艺术的规律我们过去不甚了了,现在还是不甚了了。他在另一篇文章中更进一步地说,中国的电影是"先天不足、后天失调"。他解释道:先天不足,是指解放前底子薄、根基浅;后天失调,是指解放后,来自右和"左"的干扰,主要来自"左"的干扰。然而,他又竭力反对将艺术凌驾于政治之上,或游离于政治之外,搞所谓"无病呻吟、自我欣赏"的那一套。无论在战争年代或和平建设年代,他讲得最多的一句话是:文艺是为人民的,戏剧要到人民大众中去。要创造出属于中国人民大众的文化艺术。1945 年,他在《戏剧到农民大众中去》一文中说,过去的 30 年,中国的话剧只是城市小市民的话剧历史,只是受过西欧文明的知识分子的戏剧运动。抗战八年,梦想能够光大发扬的"小市民文艺"是真正值得忏悔反省的时候了。就是在反映几个现代剧中的妇女问题,夏衍也直截了当地说,妇女的命运也要与民族解放战争联系在一起,不能置身于战争的事外。

夏衍是位职业革命家,同时又是一位电影剧作家,戏剧家。处理好双重身份是很难很难的。我们党的历史上,有些双重身份的人,革命成功后便以革命家自居,没有处理好这两者的关系,有意或无意地拿革命去压艺术,或以自已的观点强加于艺术之上。将自已曾经奋斗过的艺术当作了革命的"敲门砖"。革命成功了,做了大官,就将艺术当成一种工具任意"把玩",时不时地发号施令,时不时地拿艺术去干些整人之类的勾当,说白了实际上是个品德问题、素质问题。也许与战争年代夏衍长期从事文化战线上的统战工作有关,他对自己的身份始终是低调的、谦恭的。他的全部精力几乎花在了电影、戏剧及与此有关的人和事上。他认为电影、戏剧要上去,关健是要建立一支高素质的编剧队伍,为此他做了许多工作。他为演员表演的提高、下基层生活而操劳,为从国外引进优秀导演而忙里忙外。出了一部好戏,他除了开座谈会研讨会之外,还亲自在报上写评论文章。为了培养年轻编剧,不顾年事已高走上学院的讲坛授课。他就像一位老农,不管刮风下雨,历尽沧桑,始终如一地辛勤耕耘在他心爱的"土地"上而不改初衷。

夏衍的成就是多方面的,他是革命战争年代在文化战线上统战工作的领导者,是中国电影的开拓者,还是一位颇有建树的新闻工作者。倘要罗列还可以讲出许多。但于夏衍而言,这些并不重要。若夏衍在世,他会将这些桂冠统统抛去。因为于一个真正的革命家而言,这些都是身外之物。然而,研究夏衍,发现在这些桂冠后面还有比这更重要的东西,一言以蔽之:文化上的探索者。

夏衍所处的时代,正是中国共产党领导全国人民从半殖民地半封建的旧中国走向社会主义的新中国,而文化上也是一场大破大立的革命,将半殖民地半封建文化向着新民主主义、社会主义文化变脱。夏衍领导的电影、文学、戏剧正是文化的主力军。没有现成的经验可取,只有去摸索。尤其是电影,这一外来的带有现代科技的文化样式,于中国而言,就是一张白纸。夏衍形象地称之为"先天不足"。夏衍曾说自己的那点编剧功夫,就是在 20 年代上海电影院看电影时一点一点记下来的。戏剧也是如此。如此一场大的社会变革,电影、戏剧、文学如何紧紧跟上,是摆在夏衍那一代革命者身上头等大事。加上战争年代,条件之简陋、环境之险恶,都是难以想象的。好在这一切都成功了。夏衍的影评与剧论,是那个时代文化探索的忠实记录。透过文字的表象，我们还能看到当年历史风云的激荡，那是一个高扬理想与奋进的时代，同时也是一个积极探索的时代。将文化探索这一桂冠赠于夏衍应当无愧。

由夏衍的影评与剧论，联想到当下对电影戏剧的评论，生发出颇多感想。现在是一个浮躁的，充满利益之争、金钱崇拜的时代。反映在电影、戏剧上则是评论的集体缺失。明明是一部观众反对的、叫骂声一片的伪作，由于媒体的误导，御用文人的吹捧，成了一部世纪大作，于是导演成了不可一世的大师。这种现象已是司空见惯。缺乏正常的文艺批评，带来的后果是严重的。这方面就无需再费口舌了。

德国的大哲学家尼采在《艺术的灵魂》章节里说道：有一种美，它并非一下子把人吸引住，不作暴烈醉人的进攻。相反，它是那种渐渐渗透的美，人不知不觉地把它带走，一度在梦中与它重逢。夏衍的《影评与剧论》就充溢着这样的美。就像他创作的电影一样，他的评论有中国式的智慧，又有中国人的质朴，是认识文艺、如何思考做人的一篇大文章，有一种无法言说的美。从这层意义上说夏衍的影评与剧论是他电影的延伸决不为过。

陈坚教授主编的这部书，让我们看到了夏衍的另一面。是献给夏衍诞辰 110 周年的最好礼物。"斯人已去，风范长存"，相信夏衍的影评与剧论就像他的电影一样，世世代代地在人民中间传承下去。

屋檐下,霉雨时,破晓前

——夏衍《上海屋檐下》掠影

丁剑平　　陈晓菲

目光聚焦在他、她、他们的身上,是同情,是疑惑,是急迫,还是恐惧?闷,慌,恨,痛,近乎窒息——百般滋味交织在一起,我手足无措,我想大声疾呼,我想冲出门去,我索性来个狂风暴雨……为什么世界会是这样?我该何去何从?我是谁?……我在哪?

"雨天,一人在屋檐下躲雨。见佛举伞走过。人求助,曰,佛啊,你有伞,带我。佛曰,我在雨中,你在屋下,雨不曾淋到你,不需我带。人见之,跑到雨中,曰,现我在雨中,带我。佛曰,你在雨中,我也在雨中,我有伞,不曾淋雨。故能带你者伞,非我也。你去找伞吧。飘然而去。"脑海中突然浮现了这个故事,我长吁一口气。

不想去听,不想去看,不想去思考,蓦然却又发现自己身在其中……当原初静穆的心情,触碰感知到这每一处交汇里,每一出场景里,每一位人物上场时,都跳动着那个时代的脉搏,流动着每个人对雨晴的渴望,匡复的再次出走,更是让心灵为之一振,流动的自由、追求的弦音,无处不在穿越时雨,向我们陈述那语言之外的心声。

带走故人,留下故梦。《上海屋檐下》的梦中,有雨。

此时的上海,确实正历经着那场弥久的霉雨。

这是在哪?

——上海。

上海是什么地方?

——经济中心，金融中心，贸易中心，航运中心……最繁荣的地方！

最繁荣的地方？

真的？

真的。

夏衍先生选择了将这片"最繁荣"的地方里的一幢普通弄堂房子里五户"小人物"为"小事"烦恼的一天推向眼球，是何用意？

剧情从郁闷烦躁的黄梅天开始，至传来"轰轰然的远雷之声"结束，剧始至终，霉雨笼罩四野，挥之不去。

初夏江淮流域一带经常出现一段持续较长的阴沉多雨天气。此时，器物易霉，故亦称"霉雨"，简称"霉"；《五杂炬·天部一》记述："江南每岁三、四月，苦霪雨不止，百物霉腐。自徐淮而北则春夏常旱，至六七月之交，愁霖雨不止，物始霉焉"。选择以这样一个季节为背景，又是为何呢？

此时的上海，不正是笼罩在这泛滥的霉雨中吗？

这幢房子里的五户人家。一个屋檐下，就有了工厂小职员、小学教师、失了业的大学优秀毕业生、年老孤身的报贩和一个并不"三贞九烈"的女人。阴雨绵绵的黄梅天，低矮的屋檐下被人和物塞得满满的。这种生存空间的低矮和拥挤，似乎直接影响了人们精神世界的容量。这儿的居民好像都胸无大志，目光短浅，除了赵先生和孩子们，个个都愁眉苦脸。赵师母睁开眼睛就发牢骚，抱怨小菜涨价，丈夫欠薪，而孩子又"只会吃"。黄家夫妻是对恩爱夫妻，但"贫贱夫妻百事哀"，为了接待来探亲的老父，他们不得不借债、典当，而在误会中发生了口角。李陵碑已经被痛苦压垮了，只有在梦中自欺，幻想儿子已经当了"督军"和"司令"，而在酒醉中以唱戏自慰，用"……盼娇儿，不由人珠泪双流……"来表达自己的哀思。卖身糊口的施小宝，看上去精神已经麻木，羞耻心也死去了一半，但屈辱有它的极限，"买卖"也自有她们的公平。当白相人威逼她用自己的身子去给一个只请她"吃了一顿饭,就打别人主意"的大流氓"赔礼"的时候,她抗争了,但她四顾无援,终于屈辱地去了;而当她"衣衫零乱、发鬐蓬松"地回来扑在床上独自啜泣的时候,我们清楚地看见这个原本单纯善良的女人,也有一个活生生的、因为被蹂躏而正在痛哭的灵魂。

站在这个视野,还能观望到这五户人家作为中心所辐射延伸到的角角落落。他们的职业、亲眷、交往把触角伸到各个方面,使我们看到:农村凋蔽,工厂在裁员和罢工,失业队伍在不断扩大;勉强糊口的教员月月欠薪,革命者被投入监狱,流氓地痞"悠然地"横行,为国战死的军人遗属正在沦为乞丐,无助的女人在被迫卖淫,……就这样,在一幢小小弄堂房子低矮屋檐下,浓缩了整个中下层社会的生活内容,使我们形象而真切地看到了旧中国抗战前夕那种一切都颠倒了的、人们惶惶不可终日的社会现实。

生活在一个繁华的集经济、金融、贸易为一体的城市中的这些男男女女,生活中只有"柴米油盐",满是"鸡毛蒜皮"——这是何等的诡谲,不正常。如此的社会情态,不免让观众为之唏嘘欷然。然而,夏衍就是选择了这随处可见的弄堂,就是选择随处可见的百姓,就是选择这随处可见的都市生活。用手中的簪花工笔,一笔一划,细细描摹这格子间的形形色色,风言风语,举手投足。仿佛这里的一草一木,一盆一罐,都随着长时间的霉雨荡涤而失去了颜色,着上了厚厚的霉菌。这着实是一片再小不过的霉雨影响区域。

然而,小也正是这个戏题材的特点。作者独特的构思,使这幢小小的弄堂房子充分发挥了典型的概括力,使它成为特定历史时期的社会缩影,从而发挥"以小见大"的艺术效果。屋檐下的这些人物和他们所联系的社会领域中,并不是不可能发生耸人听闻的怪异惊险事件,也不是没有生离死别的惨烈之情。但作者舍弃了一切过分"戏剧性"的东西,始终着眼于"小"字,紧紧抓住与"小人物"的生活方式相适应的生活片断与细节,来表现他们独特的精神面貌和生活磨难。五户人家中的四户,就这样度过平常的一天。正因为作者没有选取惊心动魄的事件,而只着重表现屋檐下人们的牢骚、口角、典当、无力的抗争和眼泪,这就使得这个特定的屋檐下的"小人物"的生活,更具有典型性和普遍的意义:人们就这样天天被煎熬着! 只是,每位观众又清楚地知道:小? 这绝不小。这个格子间,这个弄堂,这个上海,乃至这个中国,确是无数个"小"的结合。小而习见罢了!

罢了! 罢了! 任这霉雨肆虐吧!

这场雨历时太久,太久了。

其间烦人的雨声出现 30 多次。好久好久,仿佛走过了一个世纪,感觉满是沧桑。

淫雨霏霏,也该是梅子黄熟的时候了。剧作者夏衍也如是希望,他将自己敏感的心灵所呼吸到的阳光,沁入了屋檐下形形色色、大大小小的人物的一言一行中,洒在了上海街巷的角角落落⋯⋯

在孩子们和赵先生唱起"淌眼泪,傻不傻⋯⋯大家联合起来救国家! 救国家!"的时候。

在匡复重新出走的时候。

在弄堂房子里每一个不愿再这样生活下去了的思绪中⋯⋯

也在夏衍写下这场梅雨的时候。

在整个的三幕戏中,没有出现一个反动当权者的形象,也没有一句直接揭露和谴责反动政府的台词,但是却以生动的形象、真切的细节深刻而有力地对他们进行了谴责和控诉。

雨声中,受辱的施小宝踉跄地哭着回来了;黄家夫妇送走父亲之后发现父亲留下了"最后的一点血汗钱",伤心流泪地上楼了;彩玉和志成没有能追到匡复,而看见了要他们"勇敢活下去"的留言,彩玉失声恸哭了。在雨声、哭声和李陵碑悲凉的唱戏声中,一天就这样过去了。但这一天不是结束在雨声、哭声和悲凉的唱戏声中。而是结束在孩子们和赵先生的歌声中:"淌眼泪,傻不傻⋯⋯大家联合起来救国家！救国家！"在歌声中，人们抬起了头。这个平凡的一天给他们的启迪却是：不能再这样生活啦！

抗战前夕的政治气候是阴晴不定的。所以作者虽然倾其全力地呼唤梅雨过后的晴天，但并未给人以廉价的乐观。天，还未晴，但却透出了希望。这希望在孩子们身上，在匡复身上，也在弄堂房子里每一个不愿再这样生活下去了的人身上。从这小小弄堂房子里传出的歌声即将汇到时代的洪流中去……

剧本的写作告竣之际，"全面抗战"爆发了。不正应验了这戏中的展望吗？

这是一位革命者发自内心深处的艺术呼唤，这是一位爱国英雄源自思想前沿的美丽箴言。

一度，这位英雄说："很想忘掉这个剧本，忘掉这个剧本中所写的那种忧郁的天气、忧郁的情调，狭隘的感情磨擦和人事纠纷……"作为后人，作为沐浴时代荫蔽的我们，可以思考到历经者、先辈们的沉痛，我们可以理解那其中无言的哭诉。

但是，我又庆幸这场戏流传了下来。借助这位新时代的开拓者、革命英雄，这位伟大的剧作家深刻的洞察力和艺术表现力而留下的这真实的一切，即使人们想要忘记它，它也以其存在而昭示人们在晴天之前有过多么阴郁的黄梅天！

黄梅天，已破晓。

只是，这真是一场不折不扣的"霉雨"。

《林家铺子》：新中国早期电影改编的典范

文 卒

　　彩色故事片《林家铺子》，由夏衍根据茅盾的同名小说改编，北京电影制片厂 1959 年摄制。它的出现，成为新中国早期电影改编的典范，代表着新中国电影进入第一个十年的最高成就。

　　《林家铺子》作为一篇有很高的艺术价值和社会现实意义的小说，成为茅盾短篇小说中重要的一篇，在佳作迭出的中国现代文学史上占有一席之地。将茅盾名作《林家铺子》搬上银幕，乃是深藏于夏衍心底的一个情结。他曾自述从开始学习写作时就是茅盾作品的读者，特别喜欢其短篇小说。早在 30 年代，他就曾把茅盾的《春蚕》改编为电影剧本，接着还打算改编《林家铺子》，但因听说已经有一家电影公司把它列入摄制计划就搁置了。解放后夏衍主政中国电影时，改编《林家铺子》的念头又冒了出来。夏衍怀着强烈的创作冲动问北影厂厂长汪洋："茅盾的《林家铺子》你们敢拍吗？给我一个月假，我交给你们一个剧本。"当时曾有人担心，在我国私营工商业进行社会主义改造和反右派运动之后，改编《林家铺子》这样以描写解放前中小资本家受压破产为题材的作品，让资本家来当"主角"，可能要冒风险。可是夏衍却认为，把"五四"以来的优秀作品改编成电影这样极富大众性的艺术形式，本身就是一件有意义的工作。在北京电影制片厂的支持下，夏衍利用业余时间，把《林家铺子》改编成电影文学剧本。1958 年，北京电影制片厂一个阵容强大的摄制班子成立了，导演水华、摄影钱江、副导演谢铁骊、欧凡，主演谢添等等。《林家铺子》摄制组南下江浙，辗转杭嘉湖一带，真实地再现了上世纪二三十年代茅盾笔下的生活场景。

《林家铺子》在改编上成就显著，没有拘泥于原著，而是在深刻了解原著历史背景和各种局限的情况下，大胆改编，使林老板的形象更丰满，使影片的题旨在原著的基础上有所延伸。夏衍在谈及《林家铺子》的改编时说过："茅盾同志写小说的时候和现在要改编电影的时候是两种截然不同的社会情况。当时一方面是国难当头，需要团结全民起来抗日。另一方面是当时文网很密，作者不能畅所欲言，这是当时的政治情况。"因此，夏衍在电影改编中着力刻划林老板在小说中所不具备的两面性：对军阀、官僚、商会会长、钱庄老板，他是无力抵抗的，只能磕头哀求，在这种情况下，他是被剥削、被压迫者；但是对于比他更弱的人，如农民、孤儿寡妇、比他更小的零售商、摊贩，他要欺负、剥削。这是中国工商业者普遍的两面性。他是商人，惟利是图是他的本性，所以人家抗日，他可以私卖日货；他是小商人，在旧社会没有地位，所以只能对压在他上面的人低声下气，花"晦气钱"来苟延残喘。即便是受到国民党、商会会长、钱庄老板等欺压，甚至于打他女儿的主意时，他也不敢反抗。正是基于对林老板主导性格的改变，在影片中增加了林老板向一个更小的商户王老板索债的情节，对一个在夹缝中生存的小业主的多重性格和微妙人生作了细致入微的描述。影片是新中国电影中具有经典性的艺术品，又是对艺术化的社会人生的剖析，使影片脱离了那个时代较为多见的单一化创作的窠臼。总之，在忠实执行时代电影规则的行业领导者的笔下，诞生这样一部艺术手法独到、艺术思想深厚的艺术精品，证明了夏衍独具的艺术家的深刻感悟力！

影片的成功不仅在对林老板人物性格的深刻把握，而且还在于整部影片的艺术结构。以林老板与国民党官僚黑麻子、卜局长等人之间的矛盾冲突为主线，以其他多方面的情节冲突为副线，让观众在主副线的交织中感受到，林家铺子倒闭的原因，并非是林老板不会做生意，而在于国民党借查禁日货为名敲诈勒索；农村经济破产和农民购买力的低弱;"一·二八"上海战争对城镇金融、商业的影响;以及同业的勾心斗角……等等,这种对林家铺子倒闭原因所做的阶级和社会根源的深刻剖析,充分显示了夏衍对原著精深的理解和独特的艺术概括力。

必须提及的是,在当时相当政治化的年代,夏衍一方面要和时代政治要求保持一致;另一方面,他又以相当艺术化的电影剧作,来实践自己的既紧跟时代要求又继承一贯的艺术创作之优长,创造出时代精品的艺术宗旨,是需要很大艺术魄力和极高的创作水准的。在涉及《林家铺子》的改编时,夏衍谈到最初的设想是用倒叙,即以20世纪50年代一个工商业鸣放辩论会开场,已经是40多岁的寿生这时作为公私合营商店的私方经理,在辩论会上用今昔对比方法追叙20世纪30年代,从而转入影片主要表现场面。后来,夏衍否定了这一设计,认为这是戴上一顶帽子和拖了一个尾巴,在结构和情调上都显得很不协调。他认为好的作品自有它不受时代影响的教育意义,不必强加外在的东西。

1959年7月11日至28日,文化部召开全国故事片厂厂长会议,重点讨论献礼片生产以及如何提高影片质量和加强艺术领导等问题。夏衍在讲话中提出要突破老一套的"革命经"、"战争道",思想要解放,题材要宽广,有意识地增加新品种。夏衍的艺术眼光造就了现在影片的经典式样,否则,中国电影将失去《林家铺子》这样的严谨现实主义之作。在夏衍电影中,始终没有丢弃对诸多艺术表现手法的探索。在新中国电影的创作环境中,艺术的发展必须兼顾时代政治的要求,能否协调好关系,使电影艺术得以健康地发展,不是易事。

拍摄《林家铺子》正值"大跃进"时期,当时北影的各个摄制组纷纷打擂台创高产,争拍镜头数量成风。惟有《林家铺子》摄制组不赶时髦放"卫星",在当时招致很大的压力。水华在艺术处理上的仔细斟酌和反复修改,被贬斥为与"多、快、好、省"背道而驰的"少、慢、差、费",为此水华痛苦得夜不能寐,以致濒临崩溃的边缘。幸亏一向关心电影创作与生产的周恩来总理获悉后,亲自当众为他解围减压。在 1961 年 6 月,周总理在新侨会议上谈到数量与质量的问题时说:"提高质量是一件细致的工作,不能要求太急。人说水华创作进度慢,慢工出细活嘛!"还朗声说:"水磨功,我赞成!"

正是"慢工出细活",造就了《林家铺子》这样的力作。茅盾看了完成影片后赞不绝口,说影片的戏和他想象的一模一样,感到特别亲切,认为从艺术、技术、摄影、美工、表演等各个角度上看,都比小说还丰富还完整。

高水准、大投入的《林家铺子》一上映,就在全国上下引起了一片赞扬声。夏衍改编茅盾的名著又一次成功了!艺术评论家何家槐高度评价这部影片,认为"《林家铺子》是一部思想水平和艺术水平都相当高的影片"。汪岁寒、梅阡、甘惜分等电影评论家也纷纷在媒体上发表文章,称赞电影《林家铺子》于朴素中见深刻。然而,事隔五六年后,即 1965 年 4 月 7 日,中共中央作出《关于调整文化部领导问题的批复》,决定免去齐燕铭、夏衍、陈荒煤等在文化部的领导职务。4 月 22 日,中宣部发出关于公开批判《林家铺子》和《不夜城》的通知。电影《林家铺子》顷刻间便成了"丑化工人形象"、"掩盖资产阶级剥削本质,抹杀阶级矛盾,模糊群众对资产阶级的认识,同社会主义革命唱反调"的"大毒草"!茅盾晚年回忆说:"夏衍把《春蚕》改编成电影,这是他和我的第一次合作。30 年后,我们又有了第二次的合作,他又把我的《林家铺子》改编成电影。但是这次合作却带来了大灾难!《林家铺子》的改编为电影,成为夏衍是'反革命修正主义分子'的罪状之一。"

好在历史是公正的。上世纪 80 年代,夏衍改编的这部《林家铺子》重新上映,无论是在国内还是在国外,都获好评,被称为"中国电影顶峰之作"。1983 年获葡萄牙第十二届菲格拉达福兹国际电影节评委奖;1986 年在香港由《电影双周刊》与香港艺术中心合办的世界电影史上 10 部杰作展映中,《林家铺子》作为惟一一部中国影片入选,与《战舰波将金号》、《公民凯恩》等巨片赫然并列;1995 年在纪念中国电影诞生 90 周年时,被评选为十部优秀影片之一。

在社会主义现代化建设的新时期,不再使用"文艺是从属于政治"的口号,对文艺与政治的关系进行了重要调整,这是一个大的突破。1980 年 1 月 16 日,邓小平在中央召集的干部会议上讲到文艺工作者的责任时明确指出:我们坚持"双百"方针和"三不主义",不继续提文艺从属于政治这样的口号,因为这个口号容易成为对文艺横加干涉的理论根据,长期的实践证明它对文艺的发展利少害多。《林家铺子》所曾经经历的风风雨雨,也正是一个有力的诠释。

《林家铺子》: 新中国早期电影改编的典范

夏衍和《祝福》

也　斯

　　1956年是鲁迅逝世20周年，这年，由夏衍根据鲁迅同名小说改编的电影《祝福》在国内上映。后来《祝福》荣获文化部优秀影片奖，荣获1957年第十届卡罗维·发利国际电影大会特别奖，1958年墨西哥国际电影节"银帽奖"。

　　说到《祝福》，我想在中国大约有两代人都很熟悉这部电影。闭上眼睛，那个扫尘、洗衣、杀鸡、宰鹅，一刻不停、手脚勤快的祥林嫂，以及最后那个在风雪中拄着破竹竿奄奄一息向天发问的祥林嫂就会出现在眼前。

　　虽然影片上映那年我才刚刚出生，等我稍稍懂事，"文革"又开始了，电影的改编者夏衍身陷牢狱，他改编的电影《祝福》和《林家铺子》都被打入冷宫，禁止放映。后来我在一个资料上看到《祝福》被打入冷宫的理由是"企图借此片在电影上打开三十年代名著改编的缺口，以达到三十年代文艺黑线更进一步统治银幕的罪恶目的"。这样的理由在当时可能很堂皇，但在今天看来，感觉更多的是不可思议。但不管怎么说，《祝福》这部电影还是在民众的心中产生了深远的影响，成了一个时代的经典之作。这中间除了鲁迅原作的影响之外，夏衍的成功改编也是功不可没的。

　　任何一个时代在它为实现自己既定目标而全力奋斗的过程中，总是力求充分利用一切有助于壮大自己的力量和手段，包括利用各种思想文化意识形态来为本阶级的利益服务。新中国也一样，50年代正是新中国起步的阶段，需要有一大批适合新中国成长的文化作品包括电影这样的大众更乐意接受的方式,来引导民众适应时代前进的步伐。此时,身为文化部副部长的夏衍责无旁贷,他也确实是站在了文化的前沿引领着文艺的导向。作为 30 年代左翼作家阵营中的中坚分子夏衍来说,这样的题材,他更是得心应手。要改编一个小说为剧本对夏衍来说可谓是小菜一碟,但对于鲁迅的作品他还是非常的慎重。20 世纪二三十年代鲁迅和夏衍都同为左翼文艺阵营中的战友,而鲁迅则是左翼阵营中的老大。虽然鲁迅作古 20 年,但鲁迅在新中国文化界的地位始终是让人高山仰止。

鲁迅原作《祝福》只有万字左右,篇幅不长,采用第一人称倒叙的方式,小说由他回故乡鲁镇过年为线索,对当地的习俗、背景、人物都一一作了交代,整个作品由若干个片断联缀成篇。

夏衍根据电影的需要,同时也是为了适应观众心理和增加影片的整体艺术感,将剧本由倒叙改为顺叙,原著中,是由"我"的主观叙述开始,"……我是正在这一夜回到我的故乡鲁镇的……"夏衍则是单刀直入,直接在画面上出现了影片中主角——祥林嫂,以及祥林嫂的生活处境。所有的交代都由画外音提示的第三人称客观叙述完成,通过这一改编电影省去了鲁迅先生出场的场面。

这里值得探讨的是,夏衍在尊重鲁迅原作的内容和艺术规范的前提下,试图极力忠实体现原作的思想,力求在保持鲁迅冷峻、凝重、深沉的悲剧气氛和风格的基础上实现了再创造。并在一些细节上对原作进行了修改,比如让原作中祥林嫂询问灵魂的有无变成自问式的独白。这一改编不仅是剧情人物安排的需要,更适合电影表现的艺术手段,使人物命运与时代环境紧密相连,祥林嫂的性格发展更清晰明了,层次分明。也更突出了祥林嫂这一人物个性发展必然悲剧性,使得这一人物产生了感人肺腑的震撼力量。

但对添加的祥林嫂砍门槛这场戏时至今日仍然存有不同争论。这一争论与那个时代对鲁迅的理解和对艺术功能观的理解有关。在原作里鲁迅以巨大的悲悯书写了祥林嫂既是封建礼教的受害者,同时又是一个没有能力觉醒的悲剧角色。在改编的过程中,夏衍通过这一情节把祥林嫂塑造成了同神权观念彻底决裂的形象。这与鲁迅的原意显然是存在距离的。然而,今天我们可以这样理解,任何改编行为事实上都是试图通过原作表达改编者对现实的态度,都是试图通过原作回答或回应当下的问题。在夏衍所处的那个时代,提倡民众神话和阶级斗争,这种时代所造就的大框架并不是个人所能突破的,夏衍自不能幸免。今天我们探讨夏衍的电影不能离开那个时代背景。但可以肯定的是,夏衍对鲁迅《祝福》的改编还是自有他的独到之处,虽有硬伤,但并不妨碍它成为一个时代的经典之作。

同一个故事的两种抒写方式

——读解巴金、夏衍和他们的《憩园》，兼谈改编问题

徐晓东

　　巴金小说通常以其内容的力量而不是叙述的形式打动读者，《憩园》便无可否认地提供了一个颇具情节性的故事，这为夏衍的改编削减了外在的难度。麦茨所言的制约电影生产的两种"超自然的力量"（一是电影作为一种文化企业，二是观众心理学）在此凭借无悬念的情节构成成为一种积极的力量。这在某种程度上可以解释夏衍的改编为什么在最大限度上忠实了原作（当然还有其他原因，作为颇有影响的作品，巴金的《憩园》已经成了深入人心的"这一个"，因此对其进行伤筋动骨的"再创作"的余地是有限的）。对照原作和改编本，除了细节的增减、人物性别的策略性变动以及对叙事人的删除之外，夏衍所作的工作更像是一次翻译，把作为小说主要结构原则的时间翻译为电影的空间调度，把凝重的、个人内省的小说叙述语言翻译为直观、具体的电影画面语言。

　　若仅从"翻译"这一层面来考察改编的得失，夏衍无疑是面面俱到而且真实准确的。——作出这样的评价并无侮蔑之意。大凡改编，倘做得到这一点，即使称不上成功，也绝对处不得失败。"面面俱到"是翻译过程中外在的、较易达到的最基本标准，"真实、准确"则至少包含着两个更高层次的要求：一、小说最核心的"真实"并不仅仅是一系列吊人胃口的事件构成，更有人物的复杂性格和内在的难以言传的情绪基调，这些是否能够完全准确地转译为电影语言，

几乎直接决定了改编的成败,在下文的对照分析中我们将看到夏衍所达到程度比较理想;二,"真实"的另一层含义甚至超出了小说所涉及和表达的部分,而延展到生活本身。也就是说,改编更多的时候不在于怎样把内容搬到银幕上,而在于如何把起初存在的东西表现出来。电影的本性要求逼肖生活,夏衍的艺术观念和心理取向使他较适于且长于这种表现,在激变(即希腊人所称的"突转")和渐变这两种矛盾冲突形式中,他更倾向于在一页与一页之间简直使人难以觉察出变化来的渐变,他的"把戏剧生活化"曾与曹禺的"把生活戏剧化"形成鲜明的对照,因此从这个意义上讲,夏衍是也几乎是无可挑剔的,他的这种特点恰恰微妙地抑制和弥补了巴金小说作为电影蓝本稍嫌戏剧化的不尽如人意之处。

但是,当把评价的标准从文学的立场转到电影的立场(即其价值不在于多大程度上忠实了原作,而在于改编后题旨的深度和人物形象的力度以及表现风格上的独特性),用一种完全"创造"的眼光近于苛求地来观照夏衍的改编,将也不无遗憾。在我个人看来,这个作品是匠心的,而不是天成的;是亦步亦趋谨小慎微的,而不是纵酒狂歌任意点染的;是模仿揣测因而规矩静止的,而不是投入主体全部人格所以充满生命力且敞开的。从内容上讲,夏衍没有投入或参与更多自己的独立意志,这使得改编本还拘泥在小说原有的意义和情绪上,看不到夏衍在巴金之外的思考,因而从根本上讲,这个作品还是巴金的,不是夏衍的;从形式上看,夏衍是因循的,四平八稳一以贯之的电影讲述方式没有给人讶然之感,翻新出奇几乎与一再强调"民族化"和"大众化"的夏衍无缘,没有自身标新立异横空出世的电影风格恰恰是夏衍之所以是夏衍的风格之一,他的通俗易懂的,却难有灵气逼人之感。——当作品以真正的电影语言出现在观众面前时则可能是另外一种情形:人物和场景的具体直观让观众得到更为直接和强烈的情感冲击,视觉和听觉的风格化元素使得电影语言可以像文学里的叙述语言一样进行微妙的介入。但电影《憩园》的导演不是夏衍,所以,这里的论说仅限于编剧意义上。

尽管如此,在普泛的意义上,这仍是一次成功的改编,我愿意且饶有兴味地对这两个《憩园》作一番分析解读,其旨不在褒贬,只想呈示和描画,至于得失,则只能仁者见仁智者见智。

一、对话的可能以及在何种程度上实现与原作者的一体化

夏衍的改编大多较忠实于原著,在选择小说作为改编的范本时便关注与作品及作者对话的可能性,虽然与此同时他还力求与当下现实及观影者进行最大可能的对话,但不可否认,夏衍与原作者实现一体化的意愿和实际达到的程度是非常高的。

1. 从人出发来理解人,因为懂得,所以慈悲

如果说前期的巴金失之于感情太满的话,那么,夏衍的不少作品则失之于理性太强。这既造就了他个性特色,却也成为其作品某种意义上的阿喀琉斯之踵。但是,具体到《憩园》,两人本不相容的抒写方式却有了一次非常自然且成功的重合。青春期是非判断明晰、价值取向单一的特点到了中年则转化为复杂经验、矛盾感情和一种歧路彷徨的心态,无论巴金还是夏衍都更加成熟,在展示存在的真正悲哀的同时流露出"因为懂得所以慈悲"(张爱玲语)的人性和温情。从人出发来理解人的人文精神,使夏衍与巴金具有了对话的可能性。

《憩园》彰显了巴金思想与态度的转变,"活着究竟是一件美丽的事",与早年左拉式的"我控诉"相比,这是些温情脉脉的语言。前期作品中那种暴烈的反现存、反传统的死亡和毁坏本能以及具有激烈的是非之争的偏激消弥和沉淀在时间深处,人生阅历的丰富使他中正而客观地看到无辜的人在自己所不能把握的时代和历史中的身不由己之感,萧珊的爱和家的温暖也抚平了他童年的创作和对旧家庭的仇视,从而变得平和,于是不再有绝对的反面人物,因而也就无所谓有鲜明的斗争与反抗。取而代之的是更符合真实与实际的

矛盾心情,尽管依然具有稍嫌刻意的戏剧性,且一脉相承地过于直白和平面化,在艺术价值上逊色于他的《寒夜》,但较前期作品无疑具有了更广泛的意义空白,况且,中正和包容本身就是一种深刻。

从某种意义上讲,腐败、肮脏和堕落不是高克定的性格,而是旧家庭的精神象征。《憩园》中的杨梦痴无疑更接近于一个实体的人。我们看到了他的堕落、自私以及无能,看着他一步一步告别了国人本性中冷静而内向的尊严,而且看到他眼里的泪水和爱,看到他手中的唐诗和心灵的"失悔",看到了他的聪明、痴情和善良。他是爱孩子的,但是软弱使他成为自身性格的奴隶,无法用意志来实现自己的承诺、爱及责任。

巴金在喧嚣而热烈的大时代中却讲着一个旧公馆里幽雅而感伤的故事,《憩园》所处的年代和面临的境遇以及在这年代和境遇里的人"因为没有明天,所以停滞、扯皮、腐败"。"大后方的一九四四年是无可救药的,希望之灯也绝不会临近的时期。最后可以依赖的便是人情的温暖,自我牺牲的美德及作为人所拥有的宽容和胸怀。"①

为了感知和廓清两人精神上的某种暗合,有必要重温夏衍写于同时期的话剧《芳草天涯》。

历史地评论夏衍必须把握的一个基本事实就是他的双重身份,他一生的艺术活动始终与政治活动联系在一起,政治家的身份使他习惯于对生活进行升华式的重新编码,是一种经意识形态重构的"历史事实"。因此他的很多剧作与影片中常常具有一条明晰的理智箭头,人物的性格命运都被紧紧捆缚在这根箭头上向前射去。与巴金相比,则缺少抒情的旋律和如痴如醉的热情,习惯于用理智规约而非用感情去引导创作。但是《芳草天涯》的写作却几乎逃逸出历史的语境,在最普遍的人类情感上进行了一次最贴近肌肤的关

---

① 阿部幸夫:《关于〈憩园〉改编的随想——寄于夏衍百年》。

怀、理解与诠释。尽管依然冷静，但"重新编码"的动机淡至无痕，真切，平等，拒绝和抛弃了浅俗的使命感和功利论。正如他自己所说，他是"带着眼泪"来叙述"人生的这些愚蠢和悲愁"的，在他看来，"正常的人没有一个能够逃过恋爱的摆布，但在同时，我们得到的往往是苦酒而不是糖浆"。

与《憩园》相同，《芳草天涯》中也"充满了看不到出路，最终辨不清真正的敌手的令人厌恶的忍耐的日子持续日久后，所产生颓废及厌战的情绪。最后描写了面临着家庭崩溃的年轻夫妇双方的相互理解及宽容，挽救了此精神危机"。①

正像《憩园》里的杨梦痴给人以复杂的情感体验，《芳草天涯》中的石咏芬也让人喜恶交织。人都是七棱镜或者万花筒，折射着不同的光，变幻着不同的图案，不再是善与恶的直接与强烈对比。作者目之所及广阔而深入，于是有了善恶之间更广大的人性领地和善恶之上的更深刻的主题。当站在足够的高度上，政治、阶级、时代等的界线相对消融了，超越事件的表层性质成为可能，甚至达到哲学和宏观的高度，提示出完整意义上的人和普遍性意义上的事物，这一主题一方面具有更恒久的价值，另一方面，也是一种交流范围更广的"世界性"语言。

在这一点上，夏衍与巴金几乎完全达到一体化，因此才可能与《憩园》产生同频振动，才可能激起他的改编动机与愿望，才可能体会和诠释巴金故事背后的整个情绪。

2. 女性以及女性所承载的鲜明文化烙印

在女性问题的思考上，夏衍与巴金达到了相仿佛的高度。巴金作为一个感情充盈、更纯粹的作家表现他眼中和心中的世界，去感同身受女性的情感和体验；而夏衍作为一个偏于理性的作家，甚至比巴金的思考和认识更为透彻和深入一些。原创性的东西更能直

---

① 阿部幸夫：《关于〈憩园〉改编的随想——寄于夏衍百年》。

接体现作者的思想,所以,这里还是以分析《憩园》里的昭华和《芳草天涯》中的石咏芬作为了解他们的契入点。

《芳草天涯》中最成功的人物石咏芬在挚友的眼中是这样的——"够得上说是一位合乎现代标准的文化工作者的太太,讲气质,讲学问,讲为人",但是此时的她却正经历着感情与婚姻危机。曾经相爱的石咏芬情感与尚志恢在家庭生活中各有自己的立场和态度,夫妻间像"两个不配合的齿轮",一下子"碰坏了","整个机器破坏了"。

波伏娃不同意莎士比亚所说的:女人天生是弱者,而认为女人是后天造就的,她的柔弱带有鲜明的文化烙印。夏衍的独特深刻性就在于完整而准确地展示这种烙印,写出了石咏芬愿望与行为效果的矛盾和逆反及产生这种矛盾与逆反的原因和必然性,如果说女人的缺点全是环境和男人所致,也是不负责任的。这位合乎现代标准的新女性,在其意识底部却浸淫在传统观念对女性的性别定位上,几千年的积习,不是一朝一夕可以改掉的,这种根深蒂固的性别意识诱使她们一点一点地放弃并最终丧失了个体的灵性,回到厨房、琐事这个起点。教育只是给她们涂上了一层看似高雅的油彩,这层油彩因为经不住现实的打磨而不可避免地露出它的里子。时代与传统的分崩离析使她们进退两难、无所适从,这种生存困惑与灵魂挣扎的痛苦成为那个特定时代相当一部分女性的逼真写照。

夏衍不仅看到了女性性别人格的异化和在时代变迁中的尴尬,而且看到了这种异化的肇因在很大程度上归咎于男性不自觉的"缔造",这种"缔造"是日常性的,弥天盖地,无可逃逸。从理性的认识上他是一个 faminist,但其实是一个叶公好龙式的 feminist,传统的旧观念、旧意识在他身上较之石咏芬更加根深蒂固,他的名士派作风使他扬高蹈的精神生活而抑日常琐事,琐事只能由当年的"校花"石咏芬来承担,"校花"变作无心装扮不具有女性魅力黯然唠叨的黄脸婆实属必然——这种"塑造"因不自觉不自知而更加可怕和强大,并且，缺乏反思与悔悟，与之相连的是宽容精神的匮乏，对石咏芬的变化缺少承担。

再看巴金《憩园》中的昭华。她是一个非常美的女性，有"照亮一切的笑容"，信奉"牺牲是最大的幸福"，希望能够"帮助人，把自己的东西拿给人家"，让"哭的人发笑，饿的人饱足，冷的人温暖"。但在"我"的眼中，"姚太太的家庭生活是不是像她丈夫所说的那么幸福"是存着疑问的，即使她面带微笑时"眼里却含有一种说不出的哀愁"。

这种哀愁到底为了什么呢？固然有"赵家的仇视，小虎的轻蔑，丈夫的不了解"，但并不止于此。我们可以沿着她的语言走进她的内心，她说："我觉得自己的生活太舒服了。我不说帮助人，就是给诵诗管家，也没有一点成绩。有时候想起来，也很难过。""可是像我这样一个女子又能够做什么呢？我还不是只有等待。我对什么事都是空有一番心肠。黎先生，你一定会看不起我。""我整天关在这个公馆里，什么事都不做，也没有好好地给诵诗管过家，连小虎的教育都没法管，要管也管不好。我简直是个废人。"——生命的无为带来的虚空感和焦灼感给了她折磨，她再也不能够回到"女子无才便是德"的真正传统中去，意识一旦觉醒，就无法沉睡。看完电影昭华与"我"一同走路回家时说："我不学学走路，恐怕将来连路都不会走了……诵诗不但自己不喜欢走路，他还不让我走路，也不让小虎走路。"——这里一个"走路"完全可以想开去，不仅用双脚走这段从影院到家的路，而且用智慧、理想还有感情等等去走整个人生的路，昭华对"不会走路"有一种担忧和恐惧，但又无力改变。女性自身的悲剧性格在于，以传统女性在生活中应担任的角色来规范自己，传统成为一种"集体无意识"无孔不入，又持久不衰，围剿着她的独立人格与意志，意识与潜意识经常处于激烈的交战和可笑的错位之中。

以对女性共同的理解和思考作为基础，再看一下改编本中的昭华。

在比较中可以看到,夏衍无疑更重民族风格,这种风格更多地表现为中国特色的人物,民族化的道德与伦理。夏衍在《憩园·后记》中写道:"现在有不少人在谈中国电影民族化的问题,我认为'民族化'不应该单从形式上去花工夫,最主要的还是要写出有中国特色的人物、有中国特色的人与人之间的关系——包括伦理、道德,而《憩园》这部小说中的每一个人物,都具有中国民族特色,在资本主义国家,不可能有万韶华,不可能有寒儿,也不可能有姚国栋这样的人物的。这就是民族性,这就是《憩园》动人心弦的力量。"①

原作中,老文向黎先生讲述时说:"太太跟周大娘讲过,幸好她自己没有添小少爷,不然,她做后娘更难做了。"

这个情节,在夏衍的改编本中是这样来表现的——

周嫂(打算走了):"晚娘不好做呀,要是太太自己有了小少爷……"

赵青云:"你,你就不懂了,幸好没有,有了,她做后娘更难做了。"

昭华的脚步声,二人先后走开。

这样一改动,既无损于表现昭华的处境,又更加符合一个传统贤德女性的言行:她不会跟下人谈论是非短长。

夏衍的改编中还多出这样一个细节——

昭华寂寞地掠了一下鬓发,坐下来,想起似地摸出她哥哥给小虎的'利是'包,找开来,一张十元的钞票。她迟疑了一下,从小手提包里取出几张十元的补上。

小小的动作,勾画出一个心思细腻敏感,善于处理各种家庭关系的女性,而且把经济带来的那种微妙不动声色地表现出来。

当小虎与寒儿扭打在一起时,昭华为了打发开小虎,就对赵青云说,"快给虎少爷洗洗脸",有她的聪明和分寸感,既支开小虎,又

---

① 《夏衍电影剧作集》,中国电影出版社 1985 年版,第 372 页。

适合做晚娘的身份。与此相似还有一处,小虎和老文吵架,昭华拉开了小虎,温柔地说,"小虎,别和他们闹,你是小东家……",这是非常符合人物身份的语言,以"小东家"这样的理由既阻止了小虎又保住了他的面子。

夏衍以他的练达人情为昭华这个角色添上了更具传统性的一笔。而且,由于改编删掉了以第一人称出现的黎先生,昭华更多地成为一个徒有爱的人,她的苦闷和无能为力的孤独感则因为失去了说话对象的"我"而无以直接表现,这也使得昭华的形象较原作品更倾向于传统。但是另一方面,对于受过现代文化熏染而生的那些想做一些事的愿望以及无力为之后的苦闷怅惘之情,夏衍则呈现不足。——当然,这一点在拍摄的过程中可以得到一定的弥补,因为观众不仅可以依靠词句、动作和表情,而且可以依靠光线、声音以及拍摄角度和距离等因素来玩味和分析事件与人物,那些小说中昭华对"我"坦露心事的话虽然不再直接敲击观众的心灵,但观众却不时地让自己来担任解说。

二、文学意义的呈示和阙如

改编的过程就是把文学作品所提供的故事构架、意象和人物转换为一种具体的视觉与声音的交错。先抛开符号转换的技术性因素不说,考察并比较巴金小说《憩园》与夏衍同名改编剧本中的"意义",可以廓清他们对共同生活过的时代的趣味、憧憬、认识和思考(小说写于1944年,夏衍在60年代初通过对《憩园》的改编而实现了对与巴金共同生活过的1944年的确认),以及历史和人生打在他们身上的自知或并不自知的烙印。那是一个半明半暗的历史时空和文化时空,巴金与夏衍被这个时空所熏染与洗礼,他们对那个时代和时空里的人都有自己的读解,这读解在何种程度上重合,又在何种程度上以什么样的方式有所分歧或增减,将关涉他们为人为文的个性和风格,成为理解作品的关键。

罗兰·巴特所捕捉的意义结构至少有三重,具有沟通功能的第一意义、具有意指功能的第二意义和逃逸出作者创作意图却出现在作品中的第三意义。前两者受控于作者因而准确、锐利,而后者则具有无限的可能性,如泛音般散布于字里行间,有时甚至使得异质性意义得以共存,取消了意义与无意义的分界,因而缓冲和磨滑着文本意义的主调,产生一个饱满而完整的共鸣体。虽然第三意义在其产生和存在的第一时刻全然表现为一种感性的形态,但却并非静止的,而是一种由感性到理性的动态,这种动不仅有自身的流动,而且有与第一意义和第二意义之间的互动,从而催化意义的完成和延伸,因此并非完全不可把握和言传。

旨在沟通的第一意义原作与改编几乎对等,本文无意评说。具有意指功能的第二意义相对而言有着比较广阔的论说空间,而具有无限可能性的第三意义则无疑使艺术本文成为一个完全开放性的结构,正是基于对此的认可并在阅读和批评中躬身亲行,才有可能避免诠释作者意图的泛泛而谈,下面将尝试对此作一客观勾画。

1. 家的毁灭和肉体之身的无处着落

在巴金《憩园》的读解中,时时感受到家的毁灭和肉体之身的无处着落。

巴金 40 年代的写作有一种温情的"归家"之感,对家有留恋,也有哀惋。这些"末世之家"的衰亡,也是爱之归宿的消亡,应该有所珍爱的传统文化最后寄居地的消亡,和个体生命暂寓之地的消亡,黎先生重回故乡,感觉自己"好像一个异乡人","一个人默默地在街上散步,热闹和冷静对我并没有差别"。而病中的杨梦痴则对寒儿酸苦地说,"我哪儿还有家? 我有什么权利打扰你们? 那是你们的家。"在与大儿子的不和中,杨梦痴淋雨离开家,他说,"我没有家。我什么都没有。我就只有我一个人。"这些语言把"无家可归"感表述得淋漓尽致。

与家的毁灭相连的是作为灵魂寓所的肉体之身的死亡,生命脆弱、短暂而且无常，"我"只能刻骨铭心地感叹，"又淹死人！怎么我到处都看见灾祸！难道必须不断地提醒我，我是生活在苦难中间。""这就是死！这么快，这么简单，这么真实！"

几乎在没有任何意识形态的包裹下，巴金写着家的毁灭，生命的死亡和青春肉体之身的无处着落。

夏衍的改编基本上传达了这种留恋和哀惋，虽然没有巴金借黎先生而发的主观抒情并因此而稍失反思况味，但夏衍无疑更倾向于现实主义的客观和冷静。撷取连缀生活原生形态作异常冷静而客观的审美观照和再现还原一直是夏衍的写作风格，巴金煽情性的语言风格由于夏衍的理性和节制而得到了抑制，从而有一种更为朴实的美。

2. "走"与"留"

40年代，巴金人到中年，对家园、婚姻以及生活出路等问题有了新的感悟和思考。《憩园》中，"走"与"留"是个问题。

《憩园》之"憩"似乎暗示出一个年届40的人对于家的温暖的隐秘向往，黎先生对昭华有着明显的依恋感，甚至不乏爱慕等暧昧感情。他对昭华说，"诵诗有你这样一位太太，应该是世界上最幸福的人。……"这种暧昧与留恋散布在字里行间，如，"同情使我痛苦。其实我对她有的不止是同情，我无法说明我对她的感情。我可以说，纵使我在现社会中是一个卑不足道的人，我的生命不值一文钱，但是在这时候只要能够给她带来幸福，我什么也不顾惜。""她每一笑，房里便显得明亮多了，同时我心上那个'莫名的重压'（这是寂寞，是愁烦，是悔恨，是渴望，是同情，我也讲不出，我常常觉得有什么重的东西压在我的心上，我总不能拿掉它，是它逼着我写文章的）也似乎轻了些。"

"憩"的本意是休息。"小憩"是惬意的，但长时间地耽于安乐却可能使人的生命意志变得衰弱。"家"这个由日常生活构成的"小圈子"对于人生抱负的实现，似乎总是具有一种危险性。因而，巴金在对家留恋的同时又有着对平庸生活的疑惧和警惕。

"姚国栋"这个名字的反讽意味是相当明显的。"我"在评价"国际饭店"时说,"名字很大的东西实际上往往是很小的。"——这句话是不是对"姚国栋"这个名字也适合?姚国栋在喝了酒之后曾"滔滔不绝地对我讲他的抱负、他的得意和他的不得意",说"我"的小说写的不错,很能写,"就是气魄太小",以至于"我"在他面前显得很寒伧。但"他的小说却始终不曾出版,好像他就没有动过笔似的。"当再次相见,"我"问起时,他哈哈大笑以自我解嘲,"我回家以后写了两年,足足写坏了几千张稿纸,还没有整整齐齐地写上两万字。……从此死了心,准备向你老弟认输,以后再也不吹牛了。"

《憩园》里的"家"是一个复杂的有着难以言说的牵绊的所在,不是能够简单地一走了之的,出走不再具有挣脱牢笼的喜悦,却有着厚重的悲哀和不可无视的沉重,以及对不可知未来的迷惘。

改编本中黎先生的删除使得这层意蕴的表达受到限制——"我"对昭华的朦胧感情无从提起,对于姚国栋曾有理想而最终放弃,电影中也没有表现。这的确不无遗憾。

倘若要为夏衍辩护的话也不是没有根据;小说与电影各自预先具有的范式本身就使完全复制成为不可能,况且,有时也并非必要。罗伯特·沃伦认为:"把一部小说改编成一部影片时,小说只是素材而已。而影片则是新的创作,是毁是誉,都与小说作者全无干系。"①夏衍相对于巴金的特点是简洁和集中,故事节奏快,没有枝蔓。

3. 人情冷暖与人生如梦

多种情感织成一种有机的完成态的情绪风络,构成"情调"。憩园里有一种停滞和衰败的气息,这种气息无孔不入地浸润到作品中的人物和读者的无意识中,尽书之感慨。

---

① (美)爱德华·茂莱:《电影化的想象——作家和电影》,中国电影出版社1989年,第226页。

《憩园》失去了巴金早期飞扬的调子,幸福是渺茫的,人处于两难的困窘之境。重回家园,变易令人惘然,不变也有理想幻灭之苦涩,一种无家可归的凄凉和游子漂泊的疲累构成了作品的叙事背景。夏衍的改编中因为叙述者的缺失,"我"的"回"、"留"与"走"以及其间的种种怀旧与伤感的情绪便无以表达。

寒儿在各种变故中不可避免地早熟,他说,"我晓得钱比什么都有用,我晓得人跟人不能够讲真话,我晓得各人都只顾自己。有时候他们吵得凶了,惊动了旁人,大家来看笑话,却没有人同情我们。"——原作中,故事由寒儿的主观视角来呈现,寒儿在大部分时间里是这个故事全知全能的讲述者,因为洞悉,所以明达。在改编中,故事客观呈现,寒儿的份量便减轻了,他在更多意义上是一个对父亲有爱的懂事的孩子,却没有这份看透人情冷暖的练达。

"憩园"作为布局谋篇的核心,别具匠心地把杨家和姚家的命运交织在一起,最初的改编本以《故园春梦》为题拍摄,固然有商业的因素,但其中一个"梦"字也算是点睛之笔。通篇看来,仿佛大梦一场,又一首"好了歌"。

杨梦痴对寒儿说,"你看这几个字,我当初刻的时候,我比你现在大不了多少。我想不到今天我们两个会站在这儿看它。过两天这个公馆、这个花园就要换主人,连我刻的几个字也保不住。""我刚接亲的时候,跟你妈常常在花圈里头看月亮。……那个时候我跟你妈感情很好,哪儿晓得会有今天这个结果?""你爷爷也喜欢它们。他常常到这儿来。有好几回他跟我一起站在缸子前头,就跟我们今天一样。那几回是我跟我父亲,今天是我跟我儿子。现在想起来我仿佛做了一场大梦。"又一个"年年岁岁花相似,岁岁年年人不同",人去楼空,却又无能为力,正像李老汉在讲述杨老三的故事时说,"人走错了一步,一辈子就算完了。"人生是艰难的,如履薄冰。这个有人生如梦感慨的杨梦痴最终被传染了霍乱,"也没有人理他,三天就死了。尸首给席子一裹,拿出去也不知道丢在哪儿去了。……"

而他的家人则因为对此一无所知而欢快地筹备着他大儿子的婚礼。两相对比，更显得人生无常，造化弄人。"现在我又听见了这欢乐的笑声！他们什么也不知道。他们跟那个抬石头的人相隔这么近，却好像生活在两个世界里面。"作为旁观且全知的"我"怎能不有生死两茫茫，人生虚无之感。行文至篇末，巴金写道，"至于大仙祠，我应当在这里提一句：我有一个时期常常去的那个地方在四五天以前就开始拆毁了，说是要修建什么纪念馆。现在它还在拆毁中，所以我的车子经过的时候，只看见成堆的瓦砾。"——"人面不知何处去，桃花依旧笑春风"里还有着桃花还在开，这里连"大仙祠"也将不知何处去了。

夏衍的改编中将黎先生的所言所为移植到昭华身上，虽人物减少了，但字里行间的"泛音"却相对忠实而完备地保存了下来。况且，仅就故事自身的力量，也完全可以支撑这种虚无感的传达，而对这个故事的讲述，夏衍无疑是滴水不漏的。

三、改编过程中的符号转换及相关技术性要素

通常，人们从艺术精神的传承和艺术形式的转换两个方面谈改编的得失，其实这两者本是不可分的，艺术精神是否传承、如何传承、有无必要传承，都要靠技术性因素的分析得到佐证。

1. 小说不是唯一范本

在作出得失评价之前，首先应该明确的一点是：改编中，小说不是唯一范本。

人们在评说改编是否成功时则约定俗成地把"以忠实的方式将一个文学文本搬上银幕"作为改编的潜在定义，但这样来理解改编必须具有一个前提，那就是：文学叙事与电影叙事之间能够有统一性。而这个前提显然是难以论证的。况且，即使抛开完全统一的可能性不论，我们可以设想一下，如果改编确实把所有的文学价值和文学特征都包括进去的话，那么会是什么样子？

于是，有人就再退一步，考察改编是否吸取了原著的"精华"。对于这个提法，往往也只能停留在形式大于内容的层面，因为对"精华"究竟为何物这个问题本身，人们就常常莫衷一是。

巴拉兹说："如果一位艺术家是真正名副其实的艺术家而不是个劣等工匠的话，那么他在改编小说为舞台剧或改编舞台剧为电影时，就会把原著仅仅当成是未经加工过的素材，从自己的艺术形式的特殊角度来对这段未经加工的现实生活进行观察，而根本不注意素材所已具有的形式。"①这种改编观，把原著看作素材或者"灵感的来源"，而不应该是一种模型，很有点像鲁迅的历史小说，"只取一点因由，随意点染"。

其实强调影片与原作的对等有时极无必要，既然影片改自小说，那也就预先假定有了对等，至少在故事的层面上，有大致相同或相关的重要情节和人物。但小说却并不是改编过程的唯一范本，除了文学本文之外，通常还要对许多其他符号学技法进行改编。因此，电影改编中文学特色的出现或者阙如并不能作为评价改编的标准，更遑论作为唯一标准。

小说本身往往呈现出许多与标准影片不相容的特征。标准影片本身便具有一系列的范式和惯例，比如标准片长，这一个标准便造成改编影片长度与小说篇幅的妥协，并由此决定了许多情节和人物的取舍。

夏衍的叙述方法上贯彻着李渔的"立主脑，减头绪，脱窠臼，贵浅显"，为了让广大观众接受，他提出，"与其深奥也，毋宁平易；与其花哨也，毋宁朴质"的主张。② 于是在他的改编中节奏比原作放快，更加紧凑与集中，"情节非常明了。仿佛抗战末期剧作家提倡用很少的登场人物而留下深刻印象的话剧的整理方法。""包含有比原作

---

① 马拉兹：《电影美学》，中国电影出版社1979年版，第280页。

② 夏衍：《漫谈改编》，《夏衍电影文集》第一卷，中国电影出版社2000年版，第695—696页。

更强烈的紧迫感的结尾。"①夏衍善于抓住小说的主要情节,故事的表达几乎没受什么影响和损害。当然,如果以苛刻的眼光来看,一些次要人物不免由原来的立体多面变得有些符号化道具化,比如杨梦痴所爱的老五,原作中她既无情无义(偷了杨梦痴的东西弃他而去)却又有情有义(做了别人的姨太太境遇好了一点又存三万块差人把钱送给杨梦痴),正是这样一个人,杨梦痴对她欲罢不能,她弃他而去,他依然凭着爱的非理性到处寻找;再比如杨梦痴的太太,杨梦痴在老五身上花光了太太的钱、寻老五而无结果,"像害过一场大病一样"地回到自家门口,杨太太还是接纳了他,虽然接纳,但想起来又有点儿恨他。欲爱不得欲恨不能,剪不断,理还乱。这两个人物在电影中则相对简单得多,只是为了表现杨梦痴的境况才权作交代,他们影响不了故事的讲述,但符号化后却使原作的浑融变得有些单一,缺乏泛音。

原作中一个陌生人的死被删掉了,但他的死因被夏衍移植到小虎身上,这一点极有机心,非常灵活,有点"自作孽,不可活"的味道。当然,原作中由于死亡的重复性(杨老三,陌生人,小虎)而出现的人生无常的幻灭感因此则有所削减。

总体上看,夏衍过于忠实原作成为他的特点,也是他的束缚。如果在改编的观念中不把原作作为唯一的范本,夏衍则可能投入更多的自我思考,那么剧本就会在传达原作的核心意义之外多出一份改编者的精神,这无疑将丰富和拓宽原作的意义,并形成属于影片自身的独立风格。

2.关于"叙事者"

改编中关于"叙事者"的问题也非常值得一谈。

对于小说中第一人称人物的处理,夏衍认为有两种方法,一是把"我"作为剧中人写进去;二是改编者代替"我",不让"我"出场,或

---

① 阿部幸夫:《关于〈憩园〉改编的随想——寄于夏衍百年》。

者把"我"的行为、动作、语言安排到别的人物身上去。①《憩园》即是第二种，"我"的言行嫁接到昭华那里，夏衍的根据是人物的性格，"我"与昭华无疑有颇多的相似之处，所以嫁接后几近天衣无缝。

原作中叙事者较为显在，他可以把读者引入自己的思维之中，并有故事之外的话题和思想。而电影如果要出现这种异体的叙事者的话，就是直接对观众讲话，其实归根到底还是一种文字方式，但电影作为各种艺术的集大成者，并不排斥文字方式，它完全可以灵活地采用拿来主义，为我所用。伍迪·艾伦的影片（比如《安妮·柯尔》）经常会展示这种方式，他告诉我们，电影手段是不拘一格的，完全有可能把一个叙述者置于摄影机前，或多次从不同角度表现同一事件。这种方式的作用是显而易见的：叙事人的存在使观众一方面被故事本身所吸引，另一面，又被叙事人本人和他叙事策略所吸引。以《安妮·柯尔》为例，倘若不是伍迪·艾伦所扮演的男主角不断地跳出来对观众喋喋不休的话，观众永远无法理解这个人物的思考、喜恶、厌倦和虚无感，而没有这种理解，可能就永远无法真正明白他的所作所为，甚至对影片的整个展开的动因都陷入一种自以为是的揣测，最终是觉得作者想要表达的东西遥不可及莫名其妙。作为叙事策略，叙事人的存在和直接向观众讲话则可以使观众和故事的原始潜在的情感力量保持距离，不过分沉迷影片而至忘却居高临下的全览和冷静评价，使影片在间离和吸引之间造成微妙的平衡。

在这一方面，夏衍的电影观是保守而谨慎的，叙事者是隐蔽的而不是公开的，焦点仍停留在外部，不对人物内心作直接描画和表露。当他把电影的功能更多地放在教化上、把电影的观众设定为那个特定时期对形式的理解力相对苍白的大众时，他就无力更无心去顾及丰富电影媒介的表现形式、功能和手段，在这个背景下，夏衍选择了规范而传统的叙事风格，这是合情合理且应该肯定的。总体而

---

① 《对改编问题答客问》，《夏衍电影文集》第一卷，第717页。

言，夏衍更倾向于讲述一个"未经介入"的故事，或者，甚至可以说，夏衍观念中的电影本身就是一个未经介入的故事。

3.细节的真实性和历史的具体性

夏衍认为，"对描写(以至细节)的真实性和历史的具体性，改编者在下笔的时候必须对自己要求得十分严格。"[①]夏衍的电影非常注重场景的具体化。

杨梦痴的孤独与凄凉，夏衍是用一个具有对比意味的场景来表现的——

杨三想了一想，留下来等她(寒儿)，街灯亮了，他退到街灯照不到的阴暗的墙角下。

笑语声从巷子里传来，一个中年男子手里抱了一个三四岁的女孩，他的妻子手里牵着一个十来岁的男孩，边说边笑，男小孩子手里拿了一个假面，跳跳蹦蹦，从杨三的前面走过。

又恢复到静寂。杨三木然。

别人的温暖越发衬托出自己的寒冷。

对于原作稍嫌抽象的时代背景，夏衍是这样来描述和表现的——

从一张用大字标题"敌机滥炸川东"的报纸特定拉出，憩园的下花厅，已经是初夏了……

夏衍还认为，民族风格首先表现在叙述方法(即讲故事的程序)上，"要有头有尾，交代清楚"。[②] 与此相关，当寒儿在街上走时，遇到"招募民工"的招贴和抓壮丁，有一个人想逃，结果挨了一枪托，"这个人穿着一件破长衫，腋下还夹着一张草席子。"既把时代氛围与背景具体化，又为杨梦痴后面的遭遇打下伏笔。

---

① 夏衍:《漫谈改编》,《夏衍电影文集》第一卷,中国电影出版社 2000 年版,第 698 页。

② 夏衍:《漫谈改编》,《夏衍电影文集》第一卷,中国电影出版社 2000 年版,第 696 页。

细节的真实性和历史的具体性对于电影的生活化固然是必不可少的，但若以更为开放的眼光来观照电影，将会看到另外一种令人惊异的事实。

在这里，布莱希特的戏剧理论可以给电影很多启示。最近，拉斯·冯·特里尔作出了与夏衍方向相反的努力，这位获得国际荣誉但是又特力独行的导演，组成了一个真正的梦之队的演员阵容，在瑞典小镇斯奥巴坦的一个摄影棚中拍摄了《狗镇》，导演承认是布莱希特给了他一种风格上的灵感，这种灵感让特里尔决定采取一种更为彻底的方式，观众可以如同俯视一张图像一样看待这部电影，手法近乎极简主义：只有极少的道具，而布景更是近乎于零。整个影片中只看到演员仅仅在毫无装饰的墙前面演出，背景墙壁的线条由粉笔画出，开门时的吱呀响声用的是现成的效果音，甚至连那只狗都是用粉笔画出的！拉斯·冯·特里尔就这种形式所作的解释是："技术工作就是为了接近人物的一个心理学上的推拉镜头"。这非常像一个小孩子在街上画一所房子。这个房子会肯定像个游戏房一样有趣，或者就是一个游戏房。这个游戏中间的术语就成为了全部问题的关键。足够幸运的是，一个人有了这么丰富的想象力，他就可以进入任何一种游戏。即使它需要更多精良的技术，我们依旧要认同这个规则。你不能因为电影院的银幕上放映出一座山脉，你就认为你到了另外一个地方。你不得不认为这是一个想象的产物，这就是一个不同的假定性而已，在我看来，它只是在抽象程度上的多少而已。

这个问题跟前面所论及"叙述者"的问题在根本上是一致的，同是一种间离效果，一种大胆而灵活的假定性，一种人们观念里与电影语言背道而驰的"抽象"程度的提高。在这个问题上，我倾向于相信观众的理解力和接受力，惰性固然让人们对习惯了的形式更容易理解和接受，但新奇的形式则更能牵动人的思考与感觉，观众在观景过程中很快就会在形式上与导演达成一致。

当然，任何论说都离不开也不应该离开具体的历史环境，无法想象夏衍用拉斯·冯·特里尔的电影观念和电影手法来改编《憩园》将会是一种什么样子，这里之所以举出一个与夏衍绝然相反的例子，其目的并不是因此而否定夏衍对此做出的尝试和努力，而是在肯定他的传统表现手法的同时，又不轻易排除探寻另外一种可能性，也就是说，其实电影在夏衍所谈到的"描写（以至细节）的真实性和历史的具体性"与拉斯·冯·特里尔违背成规的大胆的假定性之间，还有一个非常广阔的表现领地。

　　美国电影改编理论家把改编方法归纳为三种：移植式、论释式、近似式。事实上，无论哪一种，都无法完全从复制小说的视角看待影片及评论其成功与否，因为，"一种艺术，它的局限来自活动的形象、广大的观众和工业化的生产方式，另一种艺术，它的局限性来自语言、人数有限的读者和个体的创作方式；两者的差异是必然的，简单地说，小说拍成影片以后，将必然会变成一个和它所根据的小说完全不同的完整的艺术品。"正是从这个意义上讲，小说与影片之间的"差异"也和它们之间的"类似"一样大有文章。值《憩园》将重新被改编为电视剧之际，我这里所做的工作就是尽量客观地描述巴金原作与夏衍改编作品的类似之处和差异之处，并尽力走出夏衍改编本的范围寻找一种另外的可能性，为改编提供一点参照，并无严格而绝对的褒贬之意。

第四辑

——夏衍精神的传承

致夏衍

金喜英

穿越时间的隧道，
在蒙蒙的江南杏花雨中，
在幽幽严家弄的风火墙里，
氤氲出一个挺秀如竹的高大身影。

他以《狂流》凤凰浴血的决绝，
淬炼出《烈火中永生》的钱塘风骨。
他以《包身工》"芦柴棒"无声的呐喊，
掀起了"左联"《拓荒者》的骇浪惊涛。

九十五载风刀霜剑磨砺；
数十年至情至性笔耕——
曾经的鸦青两鬓，
早已经斑白在铸剑为魂的钱塘遗韵里。
渐行渐远处，云山苍苍，江水茫茫，
烟火红尘里，夏公之风，山高水长。

岁月融入这五开间七进深的院落里，
旧日颓败的深宅换上白墙青瓦的新颜：
门扉处端庄凝重的塑像，投射出忠贞坚定的目光，
简朴的现代卧室里，留给我们的是他笔耕不辍的身影，

庄重的八咏堂前,无声诉说着这一生甘心奉献与默默耕耘,

听——

翩翩的,那是秦怡脚步轻捷而来,烽火岁月里,不忘夏公亦师亦友。

锵锵的,那是于蓝步履铿锵而来,《红岩》花开中,共缅曾经光辉岁月。

朗朗的,那是谢晋洒一片笑声而来,相约来生,携手再创激扬人生。

静静的,那是华君武挟画笔而来,素笔勾勒,绘出音容笑貌依然。

瞧——

红领巾们怀着崇敬而来,

走进第二课堂的活动里,

装满了热爱,写满了怀念。

机关干部带着敬仰而来,

感慨于夏公作为共产党人的一肩明月,两袖清风。

立志做夏公一样的无私奉献、俯首为牛的人民公仆。

看——

夏衍研究会继往开来,

十年的薪火相传,十年的研究不辍,

缅怀的是夏公品格折节不挫的风骨;

传承的是夏公作品现实关照的力量,

诠释的是夏公精神赋予时代的强音!

2012,他在摇曳的春光里更行更远,

不久的将来,这里将建成夏衍影视文化特色街区。

极目处:

我仿佛看到了严家弄步行街古朴悠然又玲珑雅致;

看到了电影文化雕塑公园百态千姿又意趣盎然;

我仿佛看到了电影文化主题公园博采众长又标新立异,

看到了电影博物馆海纳百川又包罗万象……

我坚信：

夏公笔耕不缀的勤勉，

夏公默默奉献的无私，

夏公威武不屈的铁骨，

夏公厄难不挫的毅志……

已蕴含在钱塘素练横江的波涛里，

已深藏于这片欣欣向荣的热土中，

已融入进江干文化历史的血脉里，

我们继承着这厚重的文化基因，

我们更肩负着新时代的文化使命！

夏公，

在您充满期待的目光里，

相信我们一定会谱写江干文化的新天地！

故园有迹绿苔深

——访夏衍旧居

方　淳

　　建筑的价值在于它的灵魂。

　　仲春四月的清晨,我站在夏衍旧居前,仰头凝视赵朴初题写的匾额"夏衍旧居"四个拙朴的大字,心中却怀有一丝模糊的不安与困惑:夏衍,这位革命文艺的领军人物,我国电影先驱,文人出身的官员,到底是一个怎样的"人"呢? 何以这样一处所在诞生了如此杰出的人物? 他的最后长成与这片土壤之间有着怎样的内在联系? 这处 90 年代初新建的旧居,真足以承载夏公的英灵吗? 他的灵魂真否回来,隐藏于门墙屋舍下、花木林荫间?

　　人是一种奇妙的存在。诚如臧克家所言:有的人活着,他已经死了;有的人死了,他却还活着。存在主义哲学家海德格尔曾说,死亡属于此在最近的存在,而此在其他可能性的存在都排列在死亡后面。生死的分割,从另一视角来看,死即是生的延续,是生的另一种存在方式罢了。

　　这处旧居,又能让我寻觅到夏公曾经怎样的此在以及如今怎样的存在呢。带着悬念,我一脚迈入及膝的门槛。

一

　　夏衍旧居,位于杭州城东严家弄 50 号。1993 年,经夏衍首肯,于老宅故址上建造而成,1994 年底竣工。2000 年,夏衍百岁诞辰,复又扩建,占地915平米,建筑面积467平米。

旧居是一处仿古江南院落。大门前狭窄的巷道与小商品市场相邻,左近都是农居楼,楼底满藏矮小的店铺,嘈杂与喧嚣此起彼落。院落坐北朝南,两米见宽的朱红大门,进门是四五平米的小小的厅堂,矗立着夏衍的半身塑像,身穿西装,古铜色,与夏公生前风貌契合,一派深沉儒雅。左壁悬着王伯敏的书法,是夏衍等革命志士从香港辗转桂林途中,田汉的诗作:"高歌一曲动华筵,老凤新声似昔年。碎玉正悲香岛远,衔杯何幸桂江边。剃须不作行商状,抵足曾同海盗眠。且把犁锄收拾好,故乡犹有未耕田。"右壁是1991年元宵节江泽民总书记与夏公的照片。左右两厢是展厅,图文并茂,辅以实物,展示了夏衍作为"世纪老人"革命生活创作的一生。

出展厅北门,隔着游廊花圃,正对的是"八咏堂",堂前正中高悬郭仲选题写的匾额,内置长案桌椅。沈家祖籍河南开封,于宋室南迁,战乱中安家,结亲于官宦,城里城外置下房产。全家人住于城内骆驼桥,这处郊外的老宅只是春秋下乡祭祀的别业。老宅五开间七进深,足以容纳三百人居住,高几丈的风火墙,将大院团团围住,雄踞街弄。打听沈家,只消告之"墙里"。沈氏家族传承到夏衍祖父和父亲,已经败落。夏衍便诞生在敝旧古老的宅院里。

游廊向左穿门而过,豁然开朗。约二十平米见方的空地,遍植花木,爬山虎蔓着高墙,满眼葱绿,称作"后院"。夏衍的父亲沈学诗,字雅言,是落第秀才,一生没有正式职业,教过私塾,行过医。教书不收学费,只逢年过节收点鱼虾、鸡蛋,后院便是种百草的地方:薄荷、甘草、麦冬等,有百余种。

再朝西便是沈家蚕房,墙角置放高高的匾架。夏衍出生第三年,农历十二月二十八,沈学诗祭祖上香,突然中风去世,终年48岁。母亲徐绣笙要养活六个孩子,养蚕是家中重要的经济来源。徐氏系养蚕高手,每年养一次"头蚕"和"二蚕",三四张蚕纸,劳动力不够,还得请短工,夏衍五六岁就是养蚕的辅劳力。"掸蚁"、"上山",

一整套养蚕工序没有不会的。这在他改编茅盾《春蚕》时，便派上了大用处，明星公司的摄影棚里，夏衍是唯一懂养蚕的技术顾问。蚕房北墙悬着朱关田的书法"蚕缘"二字，西墙挂着夏公嬉猫的巨照。鼠是蚕的大敌，防鼠得养猫。夏衍爱猫，小时候猫是他的睡伴，常常去陈家荡钓鱼喂猫。及至少年求学，寄居于德清舅父家，感受陌生和孤独时，最好的玩伴也是小花猫。夏衍之爱猫在文艺圈内出了名。夏衍85岁时，华君武画了他的小像，坐在一只大白猫怀中，黄苗子还题了诗："一个老头八十五，创作生涯五十五。果然有'纸'万事足，却道无猫终身苦。你爱猫来猫爱你，'猫道主义'也可以。不拘黑白拿耗子，人生乐事猫怀里！"蚕房前一株高大的桑树，旧居初建时种下，而今绿荫入盖，高高地遮蔽了屋顶如鳞的瓦檐，清风嬉戏，落下萧萧风语。地上散落的桑葚，汁液饱满晶亮，醉紫荼蘼。

蚕房之南，是小小的私塾。五六平米见方，内置几条板凳，一张木桌，甚为简陋。夏衍六岁，母亲送儿子进了私塾。私塾设在邬家店后的小屋里，三张板桌，几条板凳，先生坐在骨牌凳上，前面用一个破旧的柜子作书案，教授《三字经》、描红和写字。这样的穷私塾，与沈家书香门第不相称，不到两年，经城里大姑母劝说，转入"新式学堂"正蒙小学。12岁，送到德清念县立高小，起居在舅父徐士骏家，学费由两个嫁到德清的姐姐供给，直到毕业。

私塾之东，是夏衍的两间卧室。西边一间按照北京寓所的格局布置，只几件简单陈旧的家具：一张小木床，两个木柜，一个铁柜，两把柳条椅。东边一间是童年的居所，更考究些，内置一张雕花大床，一条厚重的桌案，一个龙纹嵌玻璃镜的脸盆架，上面放了黄铜脸盆。楼上是夏衍电影播放厅。

底事无常吟白头，故园有迹绿苔深。夏衍20岁离家东渡日本求学，此后因地下工作需要，足迹历经上海、香港、桂林、昆明、北京等地，回乡大概只有四五次。1954年，随谭震林到浙江视察，住了一星期。故园不再，于抗战时期被烧毁，成了浙江大学农学院的农场。

"文革""监护"期间,也许心生感慨吧,常常梦到自己还在后院橘子树上捉金龟子,出生的旧屋,地板朽烂、墙壁剥落,细节历历在目。1981年,中国电影第一届金鸡奖、第四届百花奖授奖大会在杭州举行,他回到严家弄,无限感慨:"树长高了,我也老了。"还能忆起在这儿钓鱼,为学游泳差点淹死。然而,走到哪里,这里都是他的根,因为"游向社会这个大游泳池,是从这里开始的"。1988年,他获得日本国际文化交流基金奖,向浙江省政府捐赠教育基金5万元。1989年,又将珍藏的明清以来中国文物字画94件捐赠省博物馆。1995年2月6日,夏衍95岁,无疾而终,溘然长逝。临走前,他曾说,自己活得够长了,该回杭州老家了,并嘱咐将骨灰撒进钱塘江。

二

展厅最东侧的展柜内摆放着12本夏衍先生的出版物,其中有一本薄薄的册子是当年通俗读物出版社出版的《包身工》。这篇报告文学,写于1935年夏衍在上海杨树浦日本纱厂调研之后,发表于1936年《光明》创刊号。据夏衍回忆,里面的人和事都是真实的,没有虚构和夸张,甚至"芦柴棒"也确有其人。大抵旧社会反帝反封建的文章,血泪控诉,以感情和思想见长,通过小说、戏剧、杂文等形式表现的文章居多。报告文学追求真实质朴,战斗性强,作家需要强烈的社会责任感,深入火热的现实生活,进行周密细致的调查研究。1935年,是上海党组织遭到破坏的时期,夏衍利用隐蔽机会,在纱厂青年工人的帮助下,换上工装,足足做了两个月的"夜工"。每天早上3点多起床,步行十几里,实地察看包身工上下班的情景。这种身体力行、不怕吃苦的个性与少年时期的磨砺是分不开的。

1914年夏,夏衍从德清县立高等小学以第二名的成绩毕业回家,家里穷得几乎断了炊。母亲几件"出客"衣服和一床备用的丝棉被也当掉了。交不起学费,夏衍只好一直在家呆着。冬天,漫漫长夜,夏衍听到了母亲的啜泣。为了撑持家庭,他瞒着母亲,进城找工作，终于在太平坊"泰兴染坊"做了学徒。每天四五点，他就得起床烧火、抹桌子、摆碗筷，然后在大铁锅碱水里练染。艰苦的劳动，磨炼了意志，强健了身体，使之养成了不畏艰苦、勇于担当的个性，由此踏上了南征北战之路。

忍看朋辈成新鬼。革命路上，处处是陷阱，随时都有牺牲的危险。夏衍凭借稳妥机警的个性得以保全。1935 年 5 月，夏衍接到电通公司拍戏的王莹转来的袁殊的一封信，约他到北四川路虬江路新雅茶室见面，他坐电车到海宁路，忽然想到虬江路是"越界筑路"地区，由租界工部局和国民党市政府共管，不安全，就下车到良友图书公司会了朋友，不想因此躲过一劫，差不多同时，王莹被捕了。这种性格的养成与他少小寄人篱下、学会察言观色的经历是分不开的。

展厅西厢房侧壁张贴着左翼作家联盟成立的图片。左翼作家联盟成立前，创造社、太阳社和鲁迅曾经笔战多时。1929 年秋，夏衍接到江苏省委宣传部潘汉年布置的第一个任务，停止他们之间的战争，划归到统一战线下，为筹建左翼作家联盟做好准备。在长期从事革命文艺的具体实践过程中，夏衍必须要与各种各样的人打交道，在保护自己的同时，协调处理好各种社会关系，谨慎处理各种人际矛盾。这种稳妥、干练的个性与幼年的经历也有着蛛丝马迹的联系。幼处僻乡，父亲早逝，少小离家，出身贫寒，养成了他不爱热闹、真诚质朴、谨言慎行的性情。1928 年，茅盾发表《从牯岭到东京》，大家对《动摇》《幻灭》反感，洪灵菲要夏衍写一篇批评文章，他答应了，但是因为和茅盾的夫人孔德沚在一个小组，经常见面，不时一起散传单、写标语，怕伤了感情，就没参与争论。这种善于化解矛盾、协调关系的能力在他负责文化和统战工作中起了重要作用。正因为他没有搅入这场革命文学的论争中去，夏衍才被委以成立左翼作家联盟的重任。

夏衍因为家贫，从小有自卑感，家里来客或出门做客，总躲在角落里，惟恐受人关注，被称为"洞里猫"。以后"年纪大了，也只想做一个不为别人注意的常人,夹在人丛里面。我不注意人,人不注意我,就觉得心安理得,畅适无比。从这种习性出发,在人多口杂的地方,我就尽可能少作惹人注目的行为,不发引人注意的议论,积习既久,遂成癖性"。这种性情对于一个地下工作者确是必须的素质,在后来的政治斗争中,也因之少获很多罪名。表现在著文上,就是不喜欢专用一个笔名。有人问过他用过多少笔名,他自己也不清楚。他平生最怕被人称作什么家,只想做一个用笔杆为人民服务的记者,写东西尽可能不署名,必须安上的时候,就随意用一个,被人认识了,马上就换。也没有一般文人"敝帚自珍"的习性,在《华商报》工作期间,很多文章都在乱哄哄的编辑室或会客室里草就,有的甚至在车马劳途中赶制而成,一个笔名几个人合用,根本谈不上版权和稿费。正是这种默默无闻、甘于奉献、不引人注目的性格,使之在二十多年的地下党生涯中吉人天相,在后来的文革中,也没有让专案组抓住太多把柄。

三

展厅西侧壁上张贴着一副碳晶素描,是夏衍入党宣誓的画像。夏衍从 1927 年入党,直到 1949 年 5 月任命为华东军事管制委员会文教管制委员会副主任兼文艺处处长,之间从事地下党工作 20 多年,没领到党一分工资,全家生活来源仅靠稿费。是什么因素促使他对党抱着如此忠贞坚定的信念,怀有如此持久不衰的激情,如此无私忘我的奉献之情?

20 世纪早期的中国,"道术将为天下裂",围绕中国的出路问题,百家争鸣,主义纷呈。但总体说来,最有吸引力的,在"五四"之前,是以个性自由为基调的由胡适倡导的自由主义,"五四"之后,是以解决民生问题为目标的激进主义。激进主义以马克思主义为理论核心,主张用暴力革命手段来摧毁旧世界。马克思主义要革资本主义的命,却没有在殖民印度和资本主义日本生根发芽,偏偏选择了封建古老的中国。因为印度有佛学传统，百姓坚持忍让，国父甘地想赶走殖民者，采取的策略是"非暴力"、"不合作"，宁可饿死，也不肯以暴易暴，唯期敌人良心发现，放下屠刀，立地成佛；以泰戈尔为首的民族主义者坚守东方文化主张，试图以东方智慧挽救处于物欲危机中的西方文明。而日本治国传统是改良。中国人却有革命基因。先秦开始，两千多年来，民间底层无不赞同革命。他们明白一个最简单的逻辑：只有革命才能打倒富人，才能使自己摆脱贫穷。"王侯将相宁有种乎"，即是普众革命心理的最好表达。于是，马克思主义作为普罗大众的有利武器，迅速和中国文化土壤相结合。因为它为底层人民说话，因为它有助于"民生主义"理想的实现，在当时就自然为大多数所接受，代表了进步势力。人们相信，马克思就是革命暴力的燎原之火，其目的是要烧掉旧世界，并最终将在废墟上建立金灿灿的新世界。

1915 年 9 月，夏衍在德清高小校长曹续康先生的推荐下，进入浙江甲种工业学校（浙江大学工学院的前身）就读。校长许炳堃是学校创始人，是夏衍人生道路上的决定性人物。许先生以"实业救国"思想治校，对教育事业怀有抱负。他希望学生"有坚强的体魄，健全的道德，正确的知识，果毅的精神，敏活的动作，娴熟的技能"，做到戒欺、戒妄、戒虚、戒浮、戒骄、戒侈、戒惰"七戒"。但是，夏衍入校不久就突破校方阻挠，成为"五四"运动的活跃分子。这种自醒自觉与他苦难的早期经历、改变自身命运的迫切愿望是分不开的。

少年泰兴染坊做工的经历使夏衍从小就接触底层劳动者，了解他们受奴役剥削的真实生活状态；因为家道中落，自己穷得一双防雨的"钉鞋"都买不起，每次会计处墙上张榜公布学生的欠费通知，夏衍就在同学面前压抑得抬不起头来。这种处境，迫使他早早思考自己的命运，思考人生的出路问题，"穷，苦，这难道是命中注定的吗？"这仰头向天的发问，是清醒自觉的开始。"在当时，我只是对现状不满，自己穷，又不想向有钱人低头，但根本想不出也找不到改变这种现状的出路,而这本小册子,才使我想到,问题的症结就在于改造社会。"当宣扬民主和科学的五四思潮来到身边,他立即踏上了对光明执着追求的人生之路。"看了《新青年》这类杂志后,学古文、看旧书的劲头消失了。"就这样,革命的火种就在夏衍小小的心田里播下了。穷得交不起学费,创办《双十》和《浙江新潮》刊物时,他却不知从哪儿搞来一块袁大头。1920年夏,夏衍在染色科成绩虽然名列第一,却因为参加学生运动,"品行"不及格,如果不是许校长的祖护,差点就拿不到毕业证书了。展厅西侧张贴着夏衍当年7月从"甲工"毕业的文凭证书。

甲工毕业,穷困依然是必须直面的现实,正彷徨不知所往之时,又是这位许校长既往不咎,由学校公费出资,将夏衍送上了日本留学之路。谈话中,许校长叮嘱他"好好用功,不要再干那些与学业无关的事",希望他成为一个能够报效祖国的工业人才。但小小火苗,却已经在夏衍的心中炽烧成火焰。留日期间,他的兴趣完全转变到文学与政治上来,阅读了大量进步书籍,如《进化论》、《自然辩证法》、《社会主义从空想到科学的发展》。1923年和日本进步人士一起,偷偷参加群众示威运动,明确了自己的人生方向:"实业救国"的念头渐渐消失了,对于学业,制定了"七十分"方针,努力方向调整到人类社会向前发展的大方向上来。1924年,幸运之船将他载渡到孙中山身边,由李烈钧介绍加入了国民党,成为国民党驻日总支部的组织部长,这是他从事政治活动的开始。1927年,正是大革命处于低潮的时期,共产党人到处遭到屠杀,报上常常可见有人退党,在党最危难的时刻,夏衍冒着连累全家杀头的危险,5月底6月初,在郑汉先和庞大恩的介绍下,在上海毅然加入了共产党,从此开始了他在革命道路上惊涛骇浪的人生。

信仰至上,理想第一。做一个职业革命家的人生追求,对于家人来说,却是沉重的代价。1930年暮春,夏衍已经成长为中共左翼运动的干将,他和蔡淑馨经历了六年风雨磨难,终于花好月圆。夏衍的公开身份是学者、翻译家,蔡淑馨也从日本留学归来,可谓金童玉女,天造地设。展厅西侧张贴着两人的结婚照,蔡淑馨头戴缀着花冠的婚纱,温柔端庄外,眉宇间有男子般的英姿和睿气。但是,倚在青年才俊怀抱里的幸福的新娘何曾想到,从此五十多载的人生,要受尽聚少离多、担惊受怕的折磨。丈夫是地下工作者,随时有性命之虞,变换居所,谨慎设计逃生机关,是家常便饭。为了不给丈夫带来危险,蔡淑馨做教员也不得不经常变换学校,一所学校刚呆熟,又要换了,无论家庭氛围还是工作环境,到处充溢着不安全的气息,很难交到贴心的知己和朋友。丈夫离开香港,辗转于香港、桂林、昆明等地,蔡淑馨一人操持家庭,为远在天边的丈夫提心吊胆。好容易等到解放,总算可以从此过上太平生活了,不想到了文革,丈夫被抓,家被查抄。展厅里有一双夏衍的皮鞋,右脚的鞋子是特制的,比左脚大而高,就是因为夏衍在文革牢狱中右脚被踢断。蔡淑馨一生受尽精神折磨,文革后已到晚年,更陷入了极度的忧虑和恐惧,身心遭受严重摧残,神志失常,时有幻听幻觉,去世前成了植物人。对于这样惨痛的人生灾难,夏衍却无怨无悔,初衷未改。在回忆录中,他引用了屈原的诗句:"路漫漫其修远兮,吾将上下而求索!"老骥伏枥,壮怀激烈! 何等的胸怀与气魄!

"春蚕到死丝方尽,蜡炬成灰泪始干",当是作为一个职业革命家的夏衍,与党一生肝胆相照的人生写照。

四

夏衍是党的革命文艺路线方针的传播者、贯彻者、执行者,又是革命文学的倡导者、研究者、实践者。夏衍坚持"文学为政治服务"的主张,文学在他手下的确成为革命的有效手段和有利武器。1930年3月,在夏衍的精心组织下,中国左翼作家联盟成立,明确了马克思主义文艺路线。作为左联的灵魂人物,鲁迅对联盟的纲领是同意的,表明了他晚期政治倾向性的转变,但同时他也申明:"反正这种性质的文章我是不会做的。"正是这种文艺观的分野使夏衍作为文艺家的人生充满矛盾和纠结。

马克思主义文艺观主张真实描写和揭示人类的现实关系,并把所描写的事实与特定的社会历史环境联系起来,提出作家要表现和歌颂无产阶级的历史任务,适应无产阶级斗争的需要。19世纪三四十年代,马克思、恩格斯曾经对反映工人阶级生活斗争的文艺作品给予高度评价。如恩格斯赞扬宪章派工人爱德华·波米德的诗歌《蒸汽王》"正确地表达了工人中的普遍的情绪",赞美海涅的《西里西亚织工之歌》是他"所知道的最有力的诗歌之一"。列宁1905年也提出文艺应当"为千千万万劳动人民服务"。毛泽东1942年《在延安文艺座谈会上的讲话》中明确提出"文艺为人民大众,首先为工农兵"的问题,其内容要服务对象,表现对象,要求文艺来源于生活,真实反映生活,并更高更典型。他指出,文艺批评有两个标准:第一是政治标准,第二才是艺术标准,要求革命的政治内容与尽可能完美的艺术形式相统一。可见,马克思主义文艺观是时代的需要,是为社会变革、政治斗争、阶级斗争提供服务的产物。

夏衍一生的文学艺术创作正是这种文艺观的实践。1929年上海艺术剧社成立,夏衍和郑伯奇、沈西苓等人一起,喊出了"无产阶级戏剧"口号,为左翼戏剧家联盟成立准备了条件。1932年,夏衍进入电影界,以夏衍为代表的左翼电影艺术家,将电影艺术推进到一个全新时代,掀起了中国电影百年的第一个高潮。1933年至1935年,编剧出品了《时代的儿女》、《脂粉市场》、《上海二十四小时》、《女儿经》、《自由神》、《风云儿女》等作品。1937年,抗日战争打响,夏衍提笔代枪,先后创作了电影《压岁钱》、《白云故乡》,戏剧《法西斯细菌》、《心防》、《上海屋檐下》、《芳草天涯》、《愁城记》等反映抗战的作品。解放战争打响后,夏衍枕戈待旦,笔耕不辍,创作了《恋爱之道》、《结亲》、《一江春水向东流》、《乌鸦与麻雀》等经典作品。解放后,创作了《人民的巨掌》、《祝福》、《林家铺子》、《烈火中永生》、《革命家庭》等优秀电影作品。1994 年 11 月,被国务院授予"国家有杰出贡献的电影艺术家"荣誉称号。除戏剧、影视之外,还有大量杂文、散文的创作。在回忆录中,对于自己的文艺创作,他有明确的论定:"现在看来,我写的东西极大部分是为了配合政治,为政治服务的。"对自己的创作,夏衍始终抱着谦虚的态度。在晚年论创作的文章中,说自己"只是一个文艺园地里的杂工,干了一些碎活"。

但是,他也清醒地认识到:"文艺为政治服务这个口号,经过多年的实践检验,证明它不仅不很完善,而且很明显地带着左倾思潮的烙印。"1959 年,身为文化部副部长的他,曾有过"离经叛道"的言论:"我们现在的影片是老一套的'革命经'和'战争道',离开了这一'经'一'道',就没有东西。这样是搞不出新品种的。"在长期的剧本创作实践中,他探索出了一条秉承人文精神和现实主义传统的创作之路,这使他的作品既因为"不够革命"而曾遭到左翼电影评论的批判,又因为"为政治服务"而受到批评。对自己作为文艺家的这种尴尬处境,他非常坦然,"任何一个人,在一个特定的时代和环境中,不可能不受到历史、社会条件的影响和制约,而当时,正是革命和战争最剧烈的时候",对于 50 年代以后的文章,他也诚恳地认为"难免有违心之论,歌德之词"。他并没有后悔的意思,也不想修改。"让它留下历史的斑痕,而没有加以装饰和掩盖。"

怀旧空吟闻笛赋,到乡翻似烂柯人。人生如梦,沧海桑田。一切怎么脱离得了历史的轨迹?从历史角度客观地分析,作为集翻译家、电影家、戏剧家、散文家、新闻家、社会活动家、文化战线领导人于一身的杰出的文化名人,夏公对后世的影响功垂千古,彪炳千秋。而他这种真实质朴的自我观照,坦荡的胸襟与浩然的正气,更令人高山仰止!

"八咏堂"前,枇杷荫荫,仿佛依稀听到童年夏公咳嗽,母亲熬好枇杷汁唤他喝下的声音。驻足旧居厢庑游廊间,看鸟雀在绿荫黑瓦上啁啾一片,我想,夏公,他的灵魂,应该回来了吧!

华君武先生和夏衍旧居的情缘

竹 子

华君武老先生仙逝,报刊追忆文章很多。夏衍旧居,这一杰出的革命文艺家、中国电影的先驱者夏衍先生的出生地,也曾在2001年,迎接过华老的悄然而至。现将华老当时来旧居时的情景及随后发生的故事呈现给广大热爱他并怀念他的人们。

华老于2001年5月21日,在他儿子华端端陪同下来到了位于江干区严家弄50号的夏衍旧居,当时负责接待的有时任江干区委常委、宣传部部长刘兴仙同志和夏衍旧居负责人柴欢慈同志。那天,华老进门后,认真地逐一参观了各展厅及内部的一些摆设,对夏公生前用过的物品、手稿更是细细地一一询问,当看到旧居内八咏堂悬挂着的黄胄先生为夏公所画的"猫"图时,他和走在身边的同志们说:"夏公喜欢猫,我也曾经给夏公画过几幅,但一直没有画夏公抱着猫的画,画的都是猫抱着夏公。"一番话说完,他自己没有笑,却引得现场的几位同志哈哈大笑起来,华老作为漫画大家的幽默与风趣的特性,也在此刻淋漓尽致流露出来。

在参观完一楼的各展厅后,负责接待的同志邀请他到位于旧居二楼的贵宾接待厅就座,他却说:不用了,还说:"我这次来本就不想麻烦大家的,所以,都没有和省里市里有关部门说起我来杭州了,别的地方也没有去,到你们这来,是因为和夏公有感情。"(华老和夏公的交情,当时他并没有细说,近来旧居工作人员在访谈夏公的女公子沈宁女士时,她告诉旧居的工作人员,华老和夏公的交往很深,他们的友谊从30年代就开始了,印象最深刻的,就是当夏公85岁时,华老画了夏公的小像坐在一只大白猫的怀中，黄苗子还题了一首诗："一个老头八十五，创作生涯五十五。果然有'纸'万事足，却道无猫终身苦。你爱猫来猫爱你，'猫道主义'也可以。不拘黑白拿耗子，人生乐事猫怀里！"华老画给夏公的这幅漫画已被沈宁女士捐献给了上海历史博物馆珍藏。）

之后，在旧居负责人的请求下，他欣然为夏衍旧居题字，一行人回到八咏堂，在八咏堂内的八仙桌上、在宣纸做成的册页上，题写："夏衍同志是老革命，是文艺界的老前辈，待人平等、受人敬爱，今天来杭州，特来敬谒。"许是因笔画问题，题字中的"谒"字（意为：拜见），他写成了"竭"，写完后，他轻轻地自言自语说："好像写错了！"（可能他当时的心里有这样的意识这个字错了）但也没有多说，随后和接待的人员一一告别。

华老回京后不久，夏衍旧居负责人柴欢慈同志收到了一封华老的来信，信中内容主要说明了他此次来夏衍旧居感到印象很深，不仅朴素、亲切还很有人情味，一扫时下风气。并对在旧居内题字时发生的错字，深表歉意，希望旧居能寄回原稿，还随信将一幅对夏公有着更深切怀念的题字赠于旧居收藏，内容为："夏衍同志是老革命、老作家，又是文艺界的老前辈，他待人平等，人人愿意接近他、敬重他，今见故居陈列朴素、大方，也无官气，益增我对夏公之思念。"

多年前的只字片言、短暂停留与专门来信对自己失误的严谨，这一切的一切，留给我们的，是华老对夏公的敬重、情感和对从事艺术事业谦虚、认真的态度，值得我们后人和晚辈学习与景仰！

许是华老和夏公今生有缘，都在 95 岁高龄时驾鹤西游……

随文章附上当时他来旧居时的照片和留给旧居的墨宝的印件，也以表示对华老沉痛的哀悼和深切缅怀。华老虽已西去，但是，他的作品和人品犹如闪烁的恒星，将永远带给我们爱与温暖。

2010 年 6 月 18 日夜

夏衍旧居：市民生活中的历史气息

刘乐平

打上了出租车，说去夏衍旧居。师傅说："是不是老东站附近，严家弄那边？"我答："嗯，就是那里。"窃喜，心中原已准备好的一套指路说辞没了用武之地。在弄堂口下车，一直往里走，很快就看到一座老宅，古朴素雅的气息，在喧喧闹闹的都市中它的布置显得格外注目，这便是夏衍旧居了。

家门口的文化景观

眼前的严家弄，其实就是一条两三百米的小巷子，看起来很像是城市与农村的过渡地带。小吃店、缝纫店、拉链商行、小发廊……临街的商铺紧密错落地排列着一种特有的无序和喧嚣气息弥漫着。

走进老宅那一刻，就像换了世界。一股清雅、质朴的气息扑面而来。夏衍的手稿、生前使用过的物品、电影海报整齐地陈列着，散发着历史的醇香。早晨的故居清净得很，馆内一个游人也没有，保安小陈在门口等我。

小陈是河南人，在夏衍旧居已经待了三年。这天早上，我来得有些早，负责人柳竹慧女士临时外出开会了。他便热情地引导我，把旧居里里外外参观了一遍，还作了详细的解说。看得出来，他对这里一切非常熟稔，馆藏品对他来说如数家珍。

旧居负责人柳竹慧不无遗憾地说，夏衍旧居是城东仅有的一处人文景观，地理位置上也显得较为尴尬，与西湖边的名人故居相比，外围的文化氛围显得淡了一些。反倒是人间烟火味很足，各色人等杂居其间。

一位在杭读书的大学生在博客里这样描写他和夏衍旧居的"邂逅","本来是去东站小商品市场逛街的,听朋友说有条近路,走着走着,突然前面一间黑瓦白墙的民居,与周围乱乱的住房格格不入,显得很奇怪,走进了才发现,原来这里是夏衍的旧居。至今还深刻地记得,小学课本上那句'冬,咯血'……"

对于这个家门口的文化景观,故居斜对门的"沙县小吃"老板娘说,这里以前很破旧,前几年整得很漂亮了,这才知道原来这里住的是个大文化人。"经常有一批批学生来参观,人多的时候我生意也跟着好。"巷口一家缝纫店的大妈说,街坊邻居都知道以前这里住过一个大知识分子。"那个纪念馆修好以后,经常有人来问,夏衍老房子怎么走。"

夏衍旧居近年的"深入人心",柳竹慧曾亲历一件小事。"有一次,我在一个加油站加油,等待的间隙百无聊赖,翻着手边有关夏衍的宣传资料。一个姑娘看见了冲我一笑,说,'这里是我以前上学时候去过的。'那一刻我觉得非常有成就感!"

青少年的第二课堂

2011 年 6 月,夏衍旧居被中共杭州市委授予"杭州市首批党史教育基地"和"杭州市爱国主义教育示范基地"荣誉称号。作为具有示范和引领作用的爱国主义教育基地、青少年学生第二课堂活动先进基地,精心谋划,开展丰富多彩、寓教于乐的活动,2011 年累计迎接各类参观人员 10 万余人。

"我们在夏衍旧居展厅的布展上加强了对夏衍精神的总结提炼,将其精神核心与时代发展相结合。"夏衍旧居负责人柳竹慧说。故居布展内容不仅适应成人的理解,还专门推出兼顾青少年学生的展版、读本、影片。选取青少年课本教育中的夏衍有关经典作品,制作展版和配以夏衍电影《包身工》、《春蚕》,以"夏衍文化进校园"的形式,送到江干区属各小学校与青少年学生进行互动交流。

如果上面的活动是送出去,那么"走进名人旧居,感受江干文明"青少年第二课堂系列活动就是"走进来"。去年,夏衍研究会和夏衍旧居管理办公室策划并承办由区文明办、文广新局、教育局、科协联合主办"走进名人旧居,感受江干文明"青少年第二课堂活动,结合少先队的"雏鹰争章"活动,吸引近6万余名青少年学生来旧居参观、学习、体验。

采荷二小408班的林子渊同学参观完故居,颇有感悟地写道,"夏衍爷爷的坚强、执着、自尊、自爱的精神深深感动了我。小时候家境的困苦,不但没有吓坏一个少年,而且让这位少年更加懂事,更加明白幸福是什么。而我这位新世纪的少年,却经常因一点小困难烦恼。"

活动中免费向前来参观的家长和青少年发放夏衍知识宣传手册和部分优秀的古代文学作品书籍。旧居内"我对夏衍爷爷说句话"留言墙上,几万张留言纸不断地更替,贴满了孩子们对夏衍的怀念和崇敬,同时,也成为了孩子们励志的文化角,纷纷将自己在学习和向未来的心愿予以表达。

故居还充分发挥电教功能,定期播放《党建大百科》光盘、《夏衍文化》光盘、《国学》光盘和青少年励志电影,积极引导参观者在学习夏衍文化、中国传统文化的同时,潜移默化地接受爱国主义、道德规范的教育。

电影文化强大载体

一年一度的夏衍研究会年会已经成为江干响当当的文化品牌之一。著名电影艺术家秦怡、著名导演吴贻弓、中国电影家协会分党组书记、常务副主席康健民、著名剧作家苏叔阳等一大批国内著名的艺术家都对研究会的工作给予了关注和支持。

"深入研究夏衍、研究夏衍所关注的文化范畴并更好地传承和发展是研究会的主要职责。"夏衍旧居负责人柳竹慧介绍,去年初,区文广新局、民宗局、财政局联合成立了《新中国少数民族题材电影戏剧研究》课题组,共同开展相关研究工作,课题研究依托夏衍研究会具体实施开展。

关于夏衍的研究不是太多,而是太少了。著名电影艺术家秦怡就曾直言,在如今过分商业化的影坛,像夏衍先生这样写出"有灵魂"剧本的编剧实在是太少了。苏叔阳更是直言,对于先贤的作品,我们理当尊重、学习并发扬光大,"只有敬畏的义务,没有轻薄的权利"。

经过认真筹备,以夏衍电影和夏衍关注的民族问题为主线,以课题工作专家和领导座谈会、课题工作启动会、课题组长座谈会、电影沙龙等形式,通过向专家约稿和组织研究会会员开展具体研究工作,课题组共收到专家约稿 10 篇,会员作品 10 篇,形成约 13 万字的研究成果,以夏衍研究会年会特刊形式,顺利圆满地完成《新中国少数民族题材电影戏剧研究文集》编辑出版工作,于 2011 年夏衍年会当天,举行首发式。

研究会还在传播电影文化上下功夫,尝试并创设电影文化互动平台。在做好研究工作的同时,注重在原有的基础上不断深入和丰富其内涵。柳竹慧介绍,2011 年年会,尝试增设的"影约钱塘"论坛,通过论坛的形式,倾听和分享到更多具体从事研究工作的艺术家、专家、会员的真知灼见。

做深做细名人文章

夏衍是新中国新文化运动的先驱者之一,中国著名文学、电影、戏剧作家,如何将其无形的精神财富更好地继承和发扬光大是夏衍旧居工作人员一直思考的问题。

关心和支持夏衍文化研究的有关领导、专家学者是夏衍旧居宝贵的资源。夏衍旧居的工作人员为此做了大量的工作。比如,赴上海拜访老电影艺术家秦怡,并经常性地进行电话沟通;在局领导的带领下,经常性地看望、拜访史行、钟伯熙、张浚生、毛昭晰、沈祖安、陈坚等老领导与专家;经常性地与对旧居和研究会工作给予帮助的北京师范大学资深教授黄会林、中国电影家协会主席康健民和夏衍亲属沈宁女士、沈旦华先生等进行联络沟通,"在情感上拉近距离"。

"我们还依托夏衍研究会,争取多方支持,秦怡、苏叔阳,吴贻弓等老艺术家;中国电影家协会主席、书记康健民;老领导张浚生、钟伯熙等担任顾问;省文物专家毛昭晰教授、老戏剧理论家沈祖安、浙江大学教授陈坚担任名誉会长,共同致力于文化研究,每年召开年会和出版书籍。"柳竹慧说。

这其中,很多人对夏衍旧居充满感情。夏衍研究专家、北京师范大学资深教授黄会林在参观完旧居后就曾当场表示,适时将收藏的夏公亲笔信及部分物件捐献旧居,用于丰富馆藏资料,期望夏公精神能得到学习传承、发扬光大。

夏衍旧居还积极与中国电影家协会、浙江省电影家协会、杭州市电影家协会进行汇报联系。加强与运河江干段分指挥部办公室的沟通联系,做好夏衍影视文化特色街区有关工作对策。

值得一提的是,夏衍旧居与江干区区属33所中小学校签定共建协议,形成完善了"基地——学校"两级教育网络;以"江干区志愿者服务基地"为依托,以志愿服务为主要方式,吸收社会各界人士加入社会化工作队伍。春假、暑假和秋假期间,100多名志愿辅导员来到旧居帮助维持秩序,协助做好引导、讲解的工作。

2011年以来,夏衍旧居陆续被中共杭州市委授予"杭州市首批党史教育基地"、"杭州市爱国主义教育示范基地"和"青少年第二课堂活动先进基地";浙江省委常委、宣传部长茅临生,杭州市委副书记叶明,市委常委、宣传部长翁卫军等领导均亲临夏衍旧居视察,对夏衍旧居整体工作给予较高评价。

附：夏衍大事年表

李 华

1900 年（光绪二十六年） 1 岁

10 月 30 日（农历九月初八）出生于浙江省杭州庆春门外严家弄 27 号（今 50 号），名沈乃熙，字端轩。祖籍河南开封，南宋时移居临安。

"甲工"时期写的《木棉漂白之过去及将来》，刊于《学生杂志》第 6 卷第 6 号（民国 8 年 6 月 5 日版），为夏衍发表的第一篇学术论文。

1903 年（光绪二十九年） 4 岁

1 月 26 日（农历十二月二十八日）父沈学诗中风去世，年仅 48 岁。

1906 年（光绪三十二年） 7 岁

入私塾"破蒙"。

1908 年（光绪三十四年） 9 岁

2 月进杭州正蒙小学二年级。

1910 年（宣统二年） 11 岁

辍学在家自修，学做农活。

1912 年（民国元年） 13 岁

入德清县立高小。

1914 年（民国 3 年） 15 岁

高小毕业，因无力升学进杭州泰兴染坊当学徒。

1915 年（民国 4 年）　16 岁

9 月由德清县公费保送入浙江省立甲种工业学校染色科。

1919 年（民国 8 年）　20 岁

受"五四"运动影响，投入杭州爱国学生运动；10 月参与创办进步刊物《双十》（后改名为《浙江新潮》），以"宰白"为笔名，在"随感录"专栏中发表文章。

1920 年（民国 9 年）　21 岁

1920 年 7 月夏衍在"甲工"毕业时取得的文凭。

8 月"甲工"毕业，经校长许炳堃推荐以公费保送到日本留学。

9 月下旬到达东京，补习日语。

1921 年（民国 10 年）22 岁

2 月初考入日本福冈明治专门学校电机科，一年预科。

1922 年（民国 11 年）　23 岁

4 月入本科学习。

大量阅读外国文学名著。

1923 年（民国 12 年）　24 岁

10 月研读马恩经典著作，参加日本进步学生组织的"社会科学研究会"。

在《创造日汇刊》、《狮吼》、《民国日报》副刊等处陆续发表作品。

1924 年（民国 13 年）　25 岁

11 月初在日本门司受到孙中山先生的接见并由李烈钧介绍加入中国国民党。

译菊池宽《戏曲论》（即《戏剧研究》）。

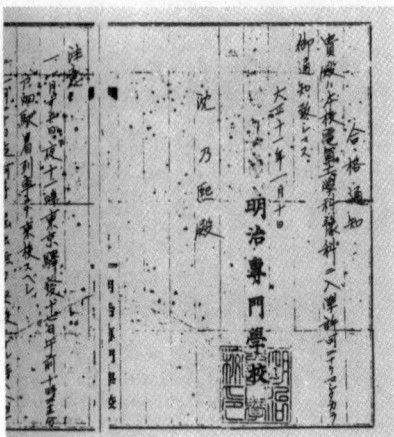

大正 11 年（1922 年）1 月 10 日，明治专门学校发给预科生夏衍入学本科的"合格通知"。

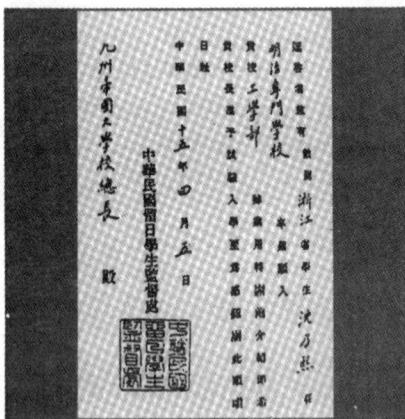

1926 年 4 月，夏衍又入九洲帝国大学工学部。此系中国当局开出的入学介绍信。

1926 年（民国 15 年）27 岁

3 月明治专门学校毕业，获工学士学位。

4 月入九州帝国大学工学部冶金科。

10 月赴东京任国民党中央海外部驻日神田总支部常委、组织部长。

1927 年（民国 16 年）28 岁

4 月蒋介石发动"四一二"政变，东京国民党西山会议派捣毁属左派的驻日神田总支部，被迫离东京经神户、长崎潜回上海。

5 月经郑汉先、庞大恩介绍加入中国共产党，编入闸北区第三街道支部，在提篮桥、杨树浦一带从事工人运动，同时在立达学园、上海劳动大学任教。经吴觉农推介为开明书店编写教科书《物理学》，翻译倍倍尔《妇女与社会主义》。

1928 年（民国 17 年）　29 岁

翻译出版本间久雄《欧洲近代文艺思潮概论》、金子洋文《地狱》、柯伦泰《恋爱之路》等。

在内山书店结识鲁迅和日本友人尾崎秀实、山上正义。

1929 年（民国 18 年） 30 岁

6 月与郑伯奇、陶晶孙等创办上海艺术剧社,于翌年 1 月进行首次公演。

9 月被聘为中华艺术大学文科主任。

由闸北区第三街道支部调出,参与筹备组建"左翼作家联盟"。

10 月出版译著《母亲》第一部(高尔基著),第二部于翌年 11 月印行。

1930 年（民国 19 年） 31 岁

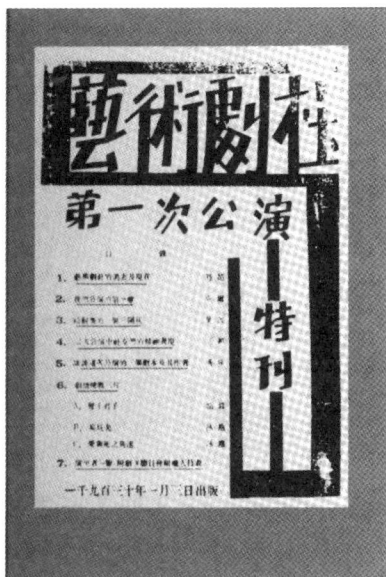

1930 年 1 月,艺术剧社在上海虞洽卿路(今西藏路)宁波同乡会礼堂作第一次公演时出版的特刊。/自藏

3 月 2 日"中国左翼作家联盟"成立,当选为执行委员。

3 月出版《艺术》月刊,6 月出版《沙仑》月刊,任主编,发表第一篇关于电影的文章《有声电影的前途》。

4 月与蔡淑馨完婚。

8 月与田汉等人成立"左翼剧团联盟",后改为"中国左翼戏剧家联盟"。

1931 年（民国 20 年） 32 岁

9 月女儿沈宁出生。

1932 年（民国 21 年） 33 岁

任中共中央宣传部文化工作委员会(简称文委)成员。5 月与钱杏邨、郑伯奇三人分别化名黄子布、张凤梧、席耐芳,任明星电影公司编剧顾问。

7 月建立"剧联"领导的"影评人"小组,在《晨报·每日电影》发表影评。

期间创作一系列电影剧本:《狂流》,明星影片公司摄制,程步高导演;《上海二十四小时》,明星影片公司摄制,沈西苓导演;《时代的儿女》,明星影片公司摄制,李萍倩导演。

1933 年(民国 22 年)　34 岁

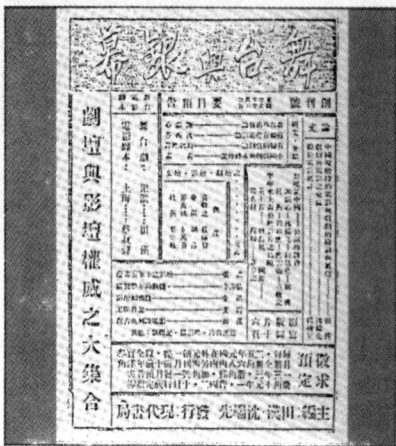

1933 年由田汉与夏衍合编的《舞台与银幕》创刊号要目预告。/上海图书馆藏

2 月中国电影文化协会在上海成立,与聂耳、沈西苓分别负责文学部、组织部和宣传部的工作。

3 月党的电影小组成立,任组长。

创作电影剧本《前程》,明星影片公司摄制,程步高、张石川等导演;《压迫》,明星影片公司摄制,高梨痕导演;《同仇》,明星影片公司 1934 年摄制,程步高导演。

11 月"上海电影界铲共同志会"向上海各电影院发出"警告",声称对陈瑜(田汉)、沈端先(夏衍)、卜万苍、胡萍、金焰等所导演、所编剧、所主演之各项鼓吹阶级斗争、贫富对立的"反动电影"一律不予放映,否则必以暴力手段对付。

1934 年(民国 23 年)　35 岁

10 月在反动当局迫害下,被迫退出明星影片公司,与司徒慧敏等组成电通影片公司。

与洪深、郑正秋、阿英等集体创作电影剧本《女儿经》,明星电影公司摄制,程步高、张石川等导演。

1935 年(民国 24 年)　36 岁

3 月根据田汉的提纲创作电影剧本《风云儿女》,电通影片公司摄制,许幸之导演。

创作电影剧本《自由神》,电通影片公司摄制,司徒慧敏导演。

创作电影剧本《压岁钱》,明星影片公司摄制,张石川导演。

5月因叛徒出卖被追捕,避居在卡德路白俄公寓,期间创作多幕剧《赛金花》和独幕剧《都会的一角》。

1936年(民国25年) 37岁

6月发表报告文学《包身工》。

10月与周扬、章汉夫等人恢复"文委",积极开展救亡戏剧、电影、音乐运动,撰写时事述评。

1937年(民国26年) 38岁

初春创作三幕话剧《上海屋檐下》。

4月初母亲徐绣笙去世,秘密赴杭州奔丧。

7月"卢沟桥事变"爆发,上海文艺界救亡协会成立,当选为理事。由潘汉年介绍在上海初见周恩来,从此以文化人的身份从事抗日统战和新闻工作。

8月《救亡日报》创刊,任总编辑、党支部书记。同月儿子沈旦华出生。

11月上海沦陷,《救亡日报》被查封。

12月与潘汉年离开上海经香港抵达广州。

1938年(民国27年) 39岁

1月《救亡日报》在广州复刊。

9月创作四幕话剧《一年间》。

10月广州沦陷,带领《救亡日报》同人长途跋涉,经三水、柳州达桂林。

1939年(民国28年) 40岁

1月《救亡日报》在桂林复刊,主持社务,撰写大量时评、社论。

10月中华全国文艺界抗战协会桂林分会在广西成立,当选为第一届理事会成员。

创作电影剧本《白云故乡》,首次公开在影片中署名夏衍编剧,影片由香港大地影业公司于 1940 年摄制,司徒慧敏导演。

1940 年(民国 29 岁)　41 岁

创作四幕话剧《心防》与《愁城记》。

与秦似、孟超、聂绀弩、宋云彬等创办杂文刊物《野草》,在 8 月的创刊号上发表《旧家的火葬》一文,同时期发表《野草》等散文、随笔。

1941 年(民国 30 年)　42 岁

1 月爆发"皖南事变",撤离桂林赴香港。

4 月参与创办《华商报》,任社务委员、党支部书记,主持文艺副刊,并任邹韬奋主编的《大众生活》周刊编委。创作中篇小说《春寒》。

12 月 8 日太平洋战争爆发,受周恩来急电指示组织戏剧界转赴西南各地。

1942 年(民国 31 年)　43 岁

1942 年 3 月 6 日新中国剧社在桂林新华剧院首演田汉、夏衍、洪深合编以香港战争为背景的话剧《再会吧,香港》,此剧演完第一幕后即被禁。图为街头海报。/上海图书馆藏

1 月化名黄坤,与金山、司徒慧敏、蔡楚生、王莹、郁风、金仲华、张云乔、谢和赓、郑安娜等 16 人偷渡伶仃洋,经澳门、台山、柳州返回桂林。与田汉、洪深合作话剧《再会吧,香港》,在桂林演出时被禁,后改名为《风雨同舟》仍在桂林上演。

4 月赴重庆,任中共南方局办事处文化组副组长,负责文化界的统战工作。为《新华日报》特约评论员,撰写时评及杂文。

6 月创作四幕话剧《水乡吟》。

8 月完成五幕话剧《法西斯细菌》,10 月由中华剧艺社在重庆上演。

1943 年（民国 32 年） 44 岁

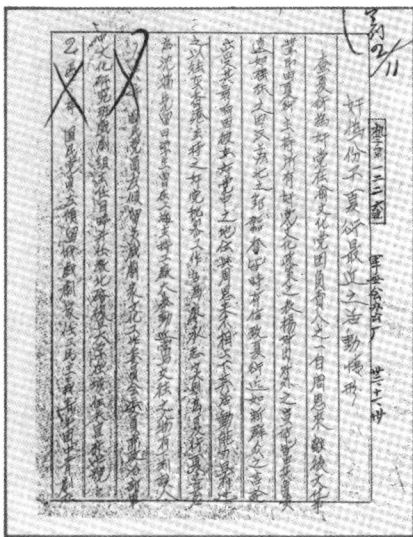

1943 年 11 月，国民党特务对夏衍等在渝进步文化人士的活动严密监视后投报的一份密告材料。/自藏（复制件）

1 月与于伶、金山等人创办中国艺术剧社。

4 月将托尔斯泰的长篇小说《复活》改编为六幕话剧，由中华剧艺社在重庆上演。

9 月与于伶、宋之的合作五幕话剧《戏剧春秋》。

1944 年（民国 33 年） 45 岁

8 月任《新华日报》代总编辑，撰写"欧洲战事述评"。

9 月杂文集《边鼓集》由重庆美学出版社出版。

1945 年（民国 34 年） 46 岁

时评《从原子炸弹所想起的》（载《新华日报》1945 年 8 月 9 日）。/上海图书馆藏

春季四幕话剧《芳草天涯》改定，9 月由中国艺术剧社在重庆上演，《新华日报》开展讨论与批判。

8 月日本投降，毛泽东赴重庆与国民党谈判，为《新华日报》采写"本报讯"和"本报特写"。

9 月回上海筹办《救亡日报》的复刊事宜。

10 月《救亡日报》更名

为《建国日报》复刊,任总编辑,一周后被国民党查封。

1946 年(民国 35 年) 47 岁

年初在上海《世界晨报》开设"蚯蚓眼"专栏,发表时评、杂感。

与金仲华、姚溱等编《消息》半周刊。

7 月赴南京梅园新村中共代表团工作。

10 月逗留于香港,等待赴新加坡的入境签证,期间任中共香港工作委员会成员,南方分局(中共中央香港分局,1949 年 2 月更名为中共中央华南分局)成员,香港文委书记。

1947 年(民国 36 年) 48 岁

3 月化名抵达新加坡,向华侨领袖陈嘉庚传达中共中央军政方针,并应陈嘉庚、胡愈之邀请任《南侨日报》主笔,半年后因化名被新加坡当局识破,被礼送出境,返回香港任《华商报》编委,与六位友人合作开设"七人影评"专栏,用各种笔名撰写杂文、政论、随笔、影评。

8 月在《群众》周刊设"茶亭杂话"专栏,署名汪老吉。

1948 年(民国 37 年) 49 岁

6 月在香港《群众》杂志开设"蜗楼随笔"专栏,在香港参与策动国民党资源委员会主任钱昌照起义,参与策动国民党上海海关关长丁贵堂起义。

创作电影剧本《恋爱之道》,香港南群影业公司摄制,欧阳予倩导演。

10 月任香港工委书记,负责与各民主党派的联络,为筹备召开新政协,先后送李济深、沈钧儒、黄炎培、叶圣陶、曹禺等到河北解放区。

1949 年 50 岁

将葛琴的同名小说改编为电影剧本《结亲》(又名《风雨江南》),由香港南群影业公司摄制,章泯导演。

4 月南京解放,以新华社香港分社的名义举行庆祝酒会。月底,与潘汉年、许涤新奉命北上。

5月初抵达北平,受毛泽东、周恩来委派,为接管上海南下,途经济南到丹阳第三野战军总部会见陈毅。下旬,随军进驻上海,任华东军事管制委员会文教委员会副主任,兼文艺处处长,负责文化新闻单位的接管工作。中共上海市委宣传部与华东局宣传部合一办公,任华东局暨上海市委宣传部副部长、华东军政委员会文化部长、华东军政委员会委员。

7月当选为中国文联第一届全国委员会委员。

中华全国电影艺术工作者协会第一次代表大会召开,当选为委员。

9月出席第一届全国政协会议;中苏友好协会上海分会成立,任副会长。

在《新民晚报》上开设"灯下闲话"专栏。

10月1日出席开国盛典。

1950年　51岁

1950年与吴祖光在北京。/自藏

3月华东局与上海市分开,任上海市委常委、上海市委宣传部部长、上海市文化局局长。

8月上海人民艺术剧院成立,兼任院长。

9月创作电影剧本《人民的巨掌》,昆仑影业公司摄制,陈鲤庭导演。

1951年　52岁

5月随同林伯渠、沈钧儒赴苏联参加"五一"节观礼活动。

6月随同沈钧儒率团赴德意志民主共和国访问。

7月对电影《武训传》的批判展开(5月20日,毛泽东在《人民日报》发表社论《应当重视电影〈武训传〉的讨论》),被迫作检讨,8月在《人民日报》刊出《从〈武训传〉的批判检讨我在上海文化艺术界的工作》。

1952年　53岁

3月上海电影剧本创作所成立,任首任所长。

5月文艺界整风运动开始,被免去上海市委宣传部长一职,任华东局宣传部副部长。

赴印度访问之前,1953年11月22日与女儿在北京留影。/北京中国商行照相部摄·自藏

《考验》是1954年9月"华东区话剧观摩演出"获奖剧目之一,此系该剧的演出说明书。/上海人艺艺档室藏·桑孩摄

1953年　54岁

创作五幕六场话剧《考验》。

1954年　55岁

1月与丁西林、谢冰心等率中印友好代表团赴印度、缅甸访问。

1955年　56岁

4月参加党的全国代表会议。

5月受潘汉年冤案牵连,在北京被隔离,接受中组部审查。

7月到文化部工作,任副部长、党组成员,负责电影和外事工作。

1956年　57岁

将鲁迅小说《祝福》改编为电影剧本,北京电影制片厂摄制,桑弧导演。

巨匠光华映钱塘——夏衍研究文集

与古巴民兵合影。/自藏

1957 年　58 岁

1 月与欧阳予倩、田汉、阳翰笙等提出"举办话剧运动五十周年纪念及搜集整理话剧运动资料出版话剧史料集的建议"。(1958 年 2 月出版《中国话剧运动五十年史料集》第一集,1959 年 4 月出版第二集,1963 年 4 月出版第三集)

5 月全党整风转为反右运动。审查结束后任文化部党组副书记。

8 月在作家协会党组扩大会议第十七次会议上作所谓"爆炸性"发言。

1958 年　59 岁

3 月将茅盾的短篇小说《林家铺子》改编成电影剧本,北京电影制片厂摄制,水华导演。

1959 年　60 岁

3 月《杂文与政论》一书由北京出版社出版。

4 月将陶承自传《我的一家》改编成电影剧本《革命家庭》,北京电影制片厂摄制,水华导演。《写电影剧本的几个问题》一书由中国电影出版社出版。

9 月《夏衍选集》由人民文学出版社出版。

1960 年　61 岁

7 月当选为第三届中国文联副主席、中国电影工作者联谊会常务理事。

1961 年　62 岁

初春因心脏病赴苏州休养。

6 月"全国故事片创作会议"在北京新侨饭店召开,主持会议,制定"电影三十二条",并将在会议上的讲话整理成《提高电影质量的几个问题》一文在《电影艺术》第四期发表。

1962年全家在北京香山。/自藏

1962年　63岁

2月随茅盾率中国作家代表团赴开罗参加第二届亚非作家会议。

3月出席在广州召开的全国话剧、歌剧创作座谈会,即广州会议。回京后在翠明庄召开"电影工作座谈会"。

4月影片《革命家庭》获《大众电影》首届"百花奖"最佳电影编剧奖。

5月与吴晗、廖沫沙、孟超、唐弢为《人民日报》"长短录"专栏撰写杂文,署名黄似。

9月将巴金同名小说改编成电影剧本《憩园》,1963年由香港凤凰影业公司摄制,影片更名为《故园春梦》,朱石麟导演。

1964年春与二姐在北京寓所院内。/袁宗灿藏

1963年　64岁

12月《电影论文集》由中国电影出版社出版。

根据小说《红岩》改编电影剧本《烈火中永生》,北京电影制片厂摄制,编剧署名周皓,水华导演。

1964年　65岁

7月影协开始文艺整风,在党组扩大会议上作检查。

1965 年　66 岁

4 月中共中央发出《关于调整文化部领导的批复》,被免去副部长职务。报刊上开始对《电影论文集》和《林家铺子》等影片进行批判。

1966 年　67 岁

2 月至 5 月在山西介休参加"四清"运动。

5 月"五一六通知"发表,于 20 日回京"投案自首"。

6 月"文化大革命"开始,被集中到社会主义学院。

8 月被关押在文化部机关"大庙"内,在群众大会上遭到批斗。

12 月被红卫兵从朝内南小街的家中揪走,此后在大红门卫戍区某部两年余,遭逼供和殴打,腿部被踢成骨折,移到交通干校,后因十二指肠溃疡出血,入空军医院治疗一年,继续受审。

1970 年　71 岁

3 月出院后回交通干校接受"监护"。

1975 年　76 岁

6 月 3 日被送至秦城监狱。

7 月中旬解除"监护",出狱回家。

1976 年　77 岁

1 月周恩来总理逝世,由邓颖超安排,参加遗体告别。

1977 年　78 岁

8 月恢复党组织关系。

9 月 30 日出席国庆招待会,从此复出。

1978 年　79 岁

2 月当选为第五届全国政协委员。

4 月任中国人民对外友好协会副会长,党组副书记。

11 月任中央文化部顾问。

电影剧本《祝福》由中国电影出版社出版。

1979 年　80 岁

10 月出席中国文学艺术工作者第四次代表大会,当选为第四届中国文联副主席。

11 月出席中国电影工作者协会第二次会员代表大会,当选为中国电影家协会主席。

12 月《电影论文集》由中国电影出版社再版。

1980 年　81 岁

2 月《长短录》由《人民日报》出版社出版。

8 月《夏衍近作》由四川人民出版社出版,《夏衍杂文随笔集》由三联书店出版。

9 月应日中友协邀请,率中日友好代表团赴日本访问,出席日中友协成立 30 周年庆祝活动。电影剧本《革命家庭》由中国电影出版社出版。

12 月《戏剧春秋》由中国戏剧出版社出版。

5 月主持在浙江杭州举行的中国电影第一届"金鸡奖"、第四届"百花奖"授奖大会。

12 月《上海屋檐下》由中国戏剧出版社出版。

1982 年在平壤市/自藏

1982 年　83 岁

4 月回故乡杭州。

8 月率中朝友好代表团赴朝鲜访问。

9 月当选为中共中央顾问委员会委员。

10 月《夏衍论创作》由上海文艺出版社出版。

11 月《蜗楼随笔》由人民日报出版社出版。

1983 年 3 月访日时与儿子沈旦华在岚山周恩来诗碑前留影。/沈旦华藏

1984 年 6 月 5 日夏衍在孔庙内题字："斯文永在"。/自藏

党主席竹人义胜率领的访华团。

11 月应日本九州工业大学校长井上顺吉邀请出席母校 75 周年

1985 年 3 月,夏衍(右二)在纪念阮玲玉浙世 50 周年学术讨论会上。/据《夏衍的电影道路》

1983 年　84 岁

3 月率中日友好代表团访问日本。

4 月《杂碎集》由四川人民出版社出版。

7 月任中日友好协会会长。

1984 年　85 岁

6 月出席在济南举行的中国电影第四届"金鸡奖"、第七届"百花奖"授奖大会。

10 月 1 日,出席中华人民共和国成立 35 周年典礼。夫人蔡淑馨去世。

10 月分别陪同邓小平、胡耀邦会见日本自民

校庆。

1985 年　86 岁

5 月出席在成都举行的中国电影第五届"金鸡奖"、第八届"百花奖"授奖大会。

7 月《懒寻旧梦录》由三联书店出版,此后两次再版。

附：夏衍大事年表

1985年5月底,夏衍在寓所与专题片《战士和作家——夏衍》撰稿人陈坚(中),沈祖安(右)谈话。/陈坚藏

中国电影艺术研究中心,中国电影家协会,北京电影学院合编《夏衍的电影道路》画册,中国电影出版社1985年12月出版,作为庆祝活动的献礼。/桑孩藏

　　10月《夏衍电影剧作集》、《夏衍的电影道路》画册由中国电影出版社出版。

　　12月"夏衍电影创作与理论"讨论会在北京西山召开,闭幕时发表题为《我的一些经验教训》的讲话。

1986年5月,应浙江省委宣传部之邀夏衍再次回故乡。经上海时参观"周公馆"——中共代表团驻沪办事处纪念馆。/自藏

1986年　87岁

　　3月《夏衍剧作集》(三卷本)由中国戏剧出版社出版。

　　5月出席在上海召开的城市文化发展战略研讨会。

　　《白头记者话当年》由重庆出版社出版。

1987年　88岁

　　1月应新华社香港分社的邀请,率电影代表团访问香港。

　　10月以特邀代表身份出席中国共产党第十三次全国代表大会。

《人民画报》1988年第4期刊图文报道：《夏衍与中国电影》（李文斌撰文）。/桑孩藏

日本学者阿部幸夫翻译的日译本《懒寻旧梦录》，书名易为《我的自传》（三卷本）。/谢光辉藏

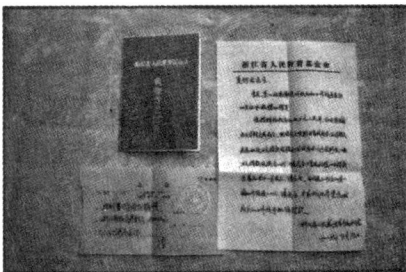

1988年12月，夏衍将所得日本国际交流基金奖（折合人民币）5万元，捐赠浙江省人民教育基金会。该会向夏衍颁发了"捐款荣誉证书"并致谢函。/自藏·谢光辉摄

1988年　89岁

1月赴广州、深圳、珠海经济特区参观。

2月《时评与通讯》由人民日报出版社出版。

6月《懒寻旧梦录》日译本《我的自传》（三卷本，阿部幸夫译）由日本东方书店出版。

7月《夏衍选集》（四卷本）由四川文艺出版社出版。

8月将珍藏的清代纳兰性德的书简卷捐献给上海博物馆。

10月被日本国际交流基金会授予"国际文化交流奖"。

11月中国文学艺术界联合会在北京召开第五次代表大会，致开幕词，辞去副主席一职。

12月向浙江省政府捐赠教育基金5万元。

1989年　90岁

10月将珍藏的明清以来的中国名家字画94件捐赠给浙江省博物馆。

1990 年　91 岁

10 月"夏衍创作生涯 60 周年学术研讨会"在杭州举行。

10 月上海图书馆、上海作协举办"夏衍文学创作生涯 60 年展览"。

鲁道夫·瓦格纳领导的德国海德堡大学汉学研究所 1990 年春组织学生排演了《赛金花》。这是演出海报/自藏

1990 年 10 月,在故乡的杭州大学"夏衍创作生涯 60 周年学术研讨会"。/陈坚藏

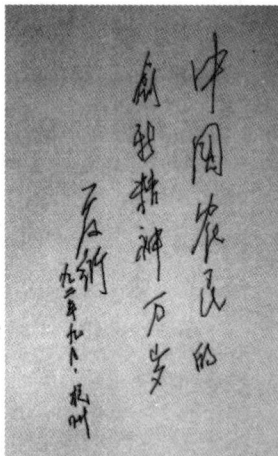

1992 年 10 月 2 日,参观浙江萧山万向节总厂时为农民企业家鲁冠球领导的该厂题词:中国农民的创新精神万岁!/万向集团公司藏

1991 年　92 岁

1 月将珍藏的邮票珍品全部捐赠给上海博物馆。

3 月中国现代文学馆、北京图书馆、上海图书馆在京联合举办"夏衍文学创作生涯 60 年展览"。

5 月《夏衍珍藏书画选集》由浙江人民美术出版社出版。

1992 年　93 岁

8 月《天南海北谈》由花城出版社出版。

10 月以特邀代表身份出席中国共产党第十四次全国代表大会。

1993 年　94 岁

12 月《夏衍》画册由浙江摄影出版社出版。

1994 年　95 岁

4 月因感冒肺炎进北京医院治疗。

6 月向中国现代文学馆捐赠第一批藏书 2800 册,译著《母亲》再版。

7 月 16 日在《文汇电影时报》上发表回忆文章《"武训传"事件始末》。

10 月"纪念夏衍同志从事革命文艺工作 65 周年报告会"在京举行,"夏衍电影回顾展"开幕。

10 月被国务院授予"国家有杰出贡献的电影艺术家"称号。

1995 年　96 岁

2 月 6 日在北京医院逝世。

后　记

　　夏衍先生是享有盛誉的现代文化巨匠,是"国家有杰出贡献的电影艺术家"。他从青少年时代投身革命起,就在文学、电影、戏剧、新闻、统战、外交等诸多领域,奋力开拓,辛勤耕耘,虽历经磨难而矢志不渝,始终与时代进步同行,始终引领着先进文化的发展,以坚定的信念和无限的忠诚将自己毕生的心血和智慧奉献给祖国和人民。

　　夏衍先生诞生在杭州江干严家弄"沈家墙里",他的一生与杭州有着不解之缘;直至生命的最后时刻,仍清醒地对家人说:"我要回杭州去了。"他还留下遗言,将骨灰撒入钱塘江。遵从先生的遗愿,夏公终于魂归故里,与杭州山河同在。

　　2002 年,夏衍研究会在先生的故里成立。10 年来的默默耕耘,在研究和弘扬夏衍精神方面,获得了可喜的成果。本书收录了夏衍研究会自建会以来,夏衍研究专家、学者和会员的论文,以此来纪念夏公诞辰 112 周年和向夏衍研究会建会 10 周年献礼。

　　论文以研究夏公电影、戏剧、文学及夏公的品德、生平等方面为主。在编撰工作中,我们还陆续收到了各位老领导、老前辈和艺术家的亲笔题词及推荐的文稿……这让我们感动,在一并辑录入本书的同时,更体会到从事夏衍研究工作的责任及意义的重大。在此,特向一直关心、支持、帮助夏衍研究会发展的领导、前辈、会员及同仁表达我们由衷的感谢。

巨匠光华映钱塘——夏衍研究文集

由于我们的水平所限,为编撰工作中可能会有的缺陷、疏漏之处,颇为惶恐不安。只能祈愿夏公在天之灵及所有关爱夏公的人们多多谅解;不当之处,恳请指正。

二〇一二年九月

图书在版编目(CIP)数据

巨匠光华映钱塘:夏衍研究文集 / 夏衍研究会编.
—杭州:浙江大学出版社,2012.11
ISBN 978-7-308-10712-9

Ⅰ.①巨… Ⅱ.①夏… Ⅲ.①夏衍(1900～1995)—
人物研究—文集 Ⅳ.①K825.6—53

中国版本图书馆 CIP 数据核字(2012)第 241474 号

巨匠光华映钱塘:夏衍研究文集
夏衍研究会 编

责任编辑	宋旭华	
封面设计	续设计	
出版发行	浙江大学出版社	
	(杭州市天目山路 148 号　邮政编码 310007)	
	(网址:http://www.zjupress.com)	
排　版	浙江时代出版服务有限公司	
印　刷	浙江省邮电印刷股份有限公司	
开　本	710mm×1000mm　1/16	
印　张	23.5	
彩　页	4	
字　数	314 千	
版印次	2012 年 11 月第 1 版　2012 年 11 月第 1 次印刷	
书　号	ISBN 978-7-308-10712-9	
定　价	55.00 元	